Executions-Ordnung

für

die Gerichte

zusammengestellt

aus

den noch gültigen Vorschriften des Tit. 24. Th. I. der Gerichts-Ordnung, der Verordnung vom 4. März 1834 und aus den spätern Verordnungen zu derselben ꝛc.

(nebst Beilagen)

von

C. F. Uecke,
Stadt-Gerichts-Präsident.

Breslau,
bei Georg Philipp Aderholz.
1856.

Vorwort.

Die Gesetzgebung in Betreff der Executiv=Rechtspflege hat im Laufe der Jahre und selbst noch in den Jahren 1854. und 1855. so mannigfache Abänderungen erlitten, daß es selbst für den praktischen Juristen ein dringendes Bedürfniß ist, die ältere und neuere Gesetzgebung in jenem Geschäftszweige übersichtlich zusammen zu stellen. Noch dringender ist das fragliche Bedürfniß für den angehenden Juristen, und nicht minder nothwendig für das größere Publikum, welches seine Befriedigung Hinsichts der rechtskräftig erstrittenen Forderungen durch die Gerichte im Wege der Execution vermitteln lassen muß. Zunächst das für mich selbst hervortretende Bedürfniß, anderer Seits die Rücksicht, den zuletzt gedachten Interessen vielleicht nützlich zu werden, haben mich veranlaßt, zum völligen Verständniß und zur vollständigen Uebersicht die noch geltenden gesetzlichen Vorschriften bezüglich auf die Executiv=Rechtspflege nach dem System der Gerichts=Ordnung im Titel 24., mit möglichster Beibehaltung der Wortfassung, zusammen zu stellen, der Zusammenstellung Extracte aus der Concurs=Ordnung vom 8. Mai 1855., so weit die darin enthaltenen Vorschriften in die Ausübung der Executiv=Rechtspflege eingreifen, ingleichem einen Auszug aus der Gebühren=Taxe von 1851., 1853., 1854. rc. bezüglich auf die Kosten in der Executions=Instanz und für die abzuhaltenden Auctionen, einschließlich der Tarife, so wie in Bezug auf den in dem Civil=Gefängnisse abzubüßenden Personal=Arrest die allgemeine Instruction für die Gefangen=Inspectoren vom 24. October 1837 rc. als Beilagen zu annectiren.

Nicht minder habe ich es mit Rücksicht auf die mannigfachen Anfragen über die Organisation der Executiv-Rechtspflege bei dem hiesigen Stadt-Gerichte Seitens auswärtiger größerer Gerichte erster Instanz und im Hinblick darauf, daß es für die Gerichts-Eingesessenen selbst nothwendig ist, die Gerichts-Verfassung in allen Theilen kennen zu lernen, für nützlich erachtet, der Zusammenstellung eine detaillirte Uebersicht von jener Organisation nebst den dabei zur Anwendung kommenden Formularen beizufügen, und jene mit dem Gesetze vom 30. Juli 1853., betreffend die executivische Beitreibung der directen und indirecten Steuern, welches wegen der Bezugnahmen darin auf die gesetzlichen Vorschriften in der gerichtlichen Executions-Ordnung durch diese erst zum vollständigen Verständnisse gelangen läßt, zu schließen.

Möge die Zusammenstellung, indem ich sie der Oeffentlichkeit übergebe, dem Bedürfnisse und dem Zwecke genügen, welchen ich vor Augen gehabt habe.

Breslau, den 28. Februar 1856.

Ucke.

Erster Abschnitt.

Von der Nachsuchung und der Verfügung der Execution.

§. 1.

Niemand ist befugt, sich selbst Recht zu verschaffen oder ein wider den Andern erstrittenes Urtel eigenmächtig zu vollstrecken; die Execution eines solchen Urtels muß vielmehr bei demjenigen Gerichte, vor welches die Instruction der Sache in erster Instanz gehört hat, geziemend nachgesucht werden. Wenn daher in einem Processe, welcher bei einem Gerichte erster Instanz geschwebt hat, in den fernern Instanzen bei dem Obergerichte gesprochen wird, so muß dieses, nach entschiedener Sache, die Acten sofort von Amtswegen an das Gericht erster Instanz zurücksenden und ihm unter Zufertigung der weiteren Urtel aufgeben, für deren Befolgung Sorge zu tragen, wenn darauf Seitens des Berechtigten angetragen wird. — (conf. §. 28.) (§. 1. Tit. 24. Thl. I. der Ger. Ord.)

Wo die Execution nachgesucht und verfügt werden muß.

§. 2.

Die Execution kann nachgesucht werden:

a) aus einem rechtskräftigen Urtel, so wie aus einem Contumacial-Bescheide, wider welchen der Gegner kein Rechtsmittel innerhalb der gesetzten Frist eingewendet hat,
b) aus einem im Mandats-Processe und in dem Bagatell-Processe erlassenen, rechtskräftig gewordenen Mandate,
c) aus einem gerichtlichen Anerkenntnisse der Schuld und der auf den Grund desselben abgefaßten Agnitions-Resolution,
d) aus gerichtlichen Vergleichen über rechtshängige Gegenstände, selbst dann, wenn diese Vergleiche vor einem andern, als dem Proceß-Richter, jedoch im Inlande, geschlossen worden sind.

Woraus kann die Execution nachgesucht werden.

Wird ein solcher Vergleich über Wechsel-Verpflichtungen geschlossen, so ist die Wechsel-Execution zuläßig.

e) aus vor Schiedsmännern abgeschlossenen Vergleichen.

(§. 4 Tit. 24. l. c. — §. 1. der Verord. vom 4. März 1834. — Verord vom 1. Juni 1833. §§. 1—5 und §. 68. — Verord. vom 9. Februar 1849. §. 21. Ges. S. S. 116.) ad e. Cab. Ord. vom 14. August 1832. — Verord. wegen der zu bestellenden Schiedsmänner v. 26. September 1832. §. 28 und 29. — Ministerial-Instruction vom 1. Mai 1841. §. 20. — Min. Rescr. vom 2. October ejusd. a. und vom 15. März 1844.

Die Execution aus Agnitions-Resolutionen, in welchen keine richterliche Entscheidung über einen nicht ausdrücklich anerkannten Anspruch oder Theil desselben enthalten ist, findet auch trotz des etwa eingewandten Rechtsmittels statt, indem dieses Rechtsmittel in einem solchen Falle nicht zulässig ist.

(Verord. vom 14. December 1833. §. 7. Ges. S. S. 302. — Min. Instr. vom 6. April 1839. G. S.)

Nur diejenige Behörde, bei welcher das Rechtsmittel angebracht werden muß, ist die Rechtskraft des Erkenntnisses zu attestiren befugt. (Verord. vom 21. Juli 1843. §. 1. Ges. S. S. 294.)

§. 3.

Wie bald und wie lange das Executionsgesuch stattfindet.

Das Executions-Gesuch findet statt, sobald das Urtel, resp. das Mandat in den Mandats- und in den Bagatell-Sachen die Rechtskraft beschritten hat, oder die anderweitigen im §. 2 bezeichneten Bedingungen eingetreten sind.

Im Urtel festzusetzende Fristbestimmungen (conf. §. 2. und 31. Tit. 24. der Ger. Ord.) finden der Regel nach nicht mehr statt.

Die etwa in den im §. 2 gedachten Vergleichen ꝛc. stipulirten Fristbestimmungen dürfen jedoch weder Seitens des Executionssuchers, noch Seitens des Executions-Richters bei der Formirung der Executions-Anträge und bei der Verfügung darauf unbeachtet bleiben.

Der Einleitung der Subhastation im Wege der Execution muß ein Zahlungsbefehl an den Schuldner nach Maßgabe des §. 33. dieser Zusammenstellung vorangehen.

In Wechsel-Processen verbleibt es bei dem §. 45. Tit. 28. Thl. I. der Ger. Ord. — Die achttägige Zahlungsfrist in den Fällen des §. 7. Tit. 28. Thl. I. der Ger. Ord. fällt weg.

(§. 2. Tit. 24. l. c. — Gesetz vom 20. März 1854. §. 15. 16. G. S. S. 115. — Rescr. vom 13. Juni 1834. Kamptz Jahrb. Bd. 63. S. 485.)

NB. Nach dem §. 45. Tit. 27. Thl. I. der Ger. Ord. ist, wenn nach dem Gerichtsgebrauche keine Befristungen üblich sind, die Wechsel-Execution sofort nach der Publication des ersten Urtels im Falle der Nichtzahlung auf den Antrag des Klägers zu verfügen.

§. 4.

Wenn Jemand ein ganzes Jahr, vom Tage der beschrittenen Rechtskraft an gerechnet, verstreichen läßt, ohne die Vollstreckung des Urtels nachzusuchen, so kann dieselbe hiernächst nicht weiter verfügt, sondern es muß aus dem rechtskräftigen Urtel von Neuem geklagt werden. Ist in dem Urtel 2c., so wie in dem Vergleiche ein gewisser Termin, innerhalb dessen etwas gezahlt oder geleistet werden soll, bestimmt, so wird das Jahr, von dem Ablaufe dieses Termines an, gerechnet.

Erhellt aus den Acten, oder wird von dem Extrahenten bei Anbringung des Executionsgesuchs bescheinigt, daß er dem Schuldner auf sein Verlangen, es sei gerichtlich oder außergerichtlich auf eine bestimmte Zeit, zur Befolgung des Urtels 2c. Nachsicht verstattet habe, so wird die Verjährungsfrist von dem Tage, an welchem diese Nachsicht zu Ende gelaufen ist, gerechnet. Ist das Urtel dahin gerichtet, daß der Gegner etwas unterlassen soll, so behält dasselbe auch nach Jahr und Tag seine volle Wirkung, und der obsiegende Theil kann sich damit wider die Beeinträchtigungen zu allen Zeiten schützen.

Ist die zeitig nachgesuchte Execution wegen Mangels eines Objectes, oder weil der Schuldner latitirt, vergeblich gewesen, oder kann der Gläubiger nachweisen, daß, wenn auch die Execution nachgesucht oder verfügt worden wäre, solche dennoch ohne Erfolg gewesen sein würde, so steht demselben nach gehobenem Hindernisse frei, die Execution nachzusuchen, wenn auch ein Jahr nach beschrittener Rechtskraft des Urtels schon abgelaufen sein sollte. — In einem solchen Falle fängt daher die einjährige Frist, binnen welcher noch Execution nachgesucht werden kann, erst von der Zeit zu laufen an, zu der das Hinderniß, welches der Execution entgegen gestanden hat, wieder gehoben worden ist.

(§. 3. Tit. 24. — §. 148. des Anhanges zur Ger. Ord.)

§. 5.

Ist seit dem Tage des Judicates 2c. ein fünfjähriger Zeitraum oder mehr verflossen, so muß in jedem Falle von Neuem geklagt werden (im Wege des summarischen Processes).

(§. 14. Tit. 28. der Ger. Ord. — Verord. vom 1. Juni 1833. §. 1. Nr. 3. — §. 195. des Anhanges zur Ger. Ord.)

§. 6.

Die Nachsuchung der Execution bei einem incompetenten Richter unterbricht die Verjährung nur dann, wenn binnen einem Jahre

nach erfolgter Zurückweisung das Gesuch bei dem gehörigen Richter erneuert resp. angemeldet wird. So lange die Sache durch die Schuld des Richters liegen bleibt, läuft keine Verjährung.
(§. 552. 553. Tit. 9. Thl. I. A. L. R.)

§. 7.

Gegen wen findet die Execution statt.

Das Executionsgesuch findet nur gegen denjenigen statt, welcher in dem ergangenen Urtel, Mandate, Contumacial=Bescheide, in der abgefaßten Agnitions=Resolution oder in einem gerichtlich abgeschlossenen Vergleiche verurtheilt ist, resp. sich der Zahlung bei Vermeidung der Execution unterworfen hat. Gegen einen Dritten hat dergleichen Urtel ꝛc. der Regel nach keine Wirkung.
(§. 5. Tit. 24. l. c.)

§. 8.

In wie fern gegen Erben.

Es muß aber zuvörderst auch ein Erbe die gegen den Erblasser ergangenen Urtel ꝛc. wider sich gelten lassen. Wie weit er dafür nach Verhältniß seines Erbtheiles haftet und in wie fern ihm die Rechtswohlthat des Inventarium zu Statten kommt, ist in den Gesetzen bestimmt (A. L. R. Tit. 9. §. 367, 368. §. 422 u. s. w. Tit. 17. §. 127. u. s. w.)

§. 9.

Gegen eine hereditatem jacentem.

Ist derjenige, gegen welchen ein Urtel ꝛc. ergangen, verstorben, und wer sein Erbe sei, oder wo derselbe sich aufhalte, unbekannt, so muß der alsdann zu bestellende Curator für die Befriedigung des obsiegenden Theiles aus der Verlassenschaft nach Vorschrift der Gesetze, ebenso, wie es einem Beneficial=Erben obliegt, Sorge tragen — und kann zur Beobachtung dieser seiner Obliegenheit durch Execution angehalten werden. Ist die Erbschaft streitig, so finden die Vorschriften Tit. 20. §. 4. Anwendung und der Erbschaftsgläubiger ist mit der Execution auf die Entscheidung des Streites unter den Prätendenten zu warten nicht schuldig. (§. 14. Tit. 24. l. c.)

§. 10.

Nähere Bestimmung wegen der Execution gegen Erben.

Sind Erben vorhanden, so kömmt denselben die in den Gesetzen geordnete Deliberations=Frist zu Statten; während derselben kann die Execution nicht verfügt werden. Doch steht dem obsiegenden Theile frei, wenn Umstände, wo Gefahr aus dem Verzuge zu besorgen ist, obwalten, unter gehöriger Bescheinigung derselben, die Siegelung des Nachlasses, die Verkümmerung der ausstehenden

Schulden, oder andere nach Lage der Sache zu seiner Sicherstellung erforderlichen Verfügungen nachzusuchen. (A. L. R. Thl. I. Tit. 9. §§. 383–387. Ger. Ord. Thl. II. Tit. 5. §§. 8–12.)
(§. 15. Tit. 24. l. c.)

§. 11.

Wenn nach abgelaufener Ueberlegungsfrist der Erbe der Verlassenschaft ganz entsagt, so ist nach Anweisung der Gesetze im A. L. R. Thl. I. Tit. 9. §§. 406–410. einschließlich, und nach der Concurs-Ordnung v. 8. Mai 1855. Tit. II. §§. 113. seq. — Tit. III. §§. 319. seq., Tit. I. §§. 1. seq., zu verfahren. (§. 16. Tit. 24. l. c.)

§. 12.

Wenn er sich, Erbe sein zu wollen, ohne Vorbehalt erklärt, so muß gegen ihn die Execution nach dem ganzen Umfange des Urtels ꝛc. verfügt werden — es wäre denn, daß gegen den Erblasser auf eine gewisse, blos an seine Person gebundene Prästation, z. B. Verfertigung eines Kunstwerkes u. s. w. erkannt worden, — in welchem Falle der Erbe nur zur Vergütung des Interesses gehalten und daher nach den weiter unten folgenden Vorschriften zu verfahren ist. (§. 17. Tit. 24. l. c.)

Bei einer etwaigen Confusion des ererbten Vermögens mit dem eigenen Vermögen kann die Execution gegen den Erben ohne Vorbehalt auch in das letztere vollstreckt werden.
(Min. Rescr. vom 22. November 1833. Ergänzungen zur Ger. Ord. Abthl. I. S. 525. – Mannkopf Ger. Ord. Bd. II. S. 277.)

§. 13.

Hat sich der Erbe bis zum Ablaufe der Ueberlegungsfrist gar nicht oder ausdrücklich nur unter Berufung auf die Rechtswohlthat des Inventarium erklärt, so muß er, wenn er sich dieser Wohlthat bedienen will, binnen längstens 6 Monaten vom Ablaufe der Deliberationsfrist an, oder binnen der vom Richter der Erbschaft ihm dazu gestatteten längeren Frist ein vollständiges Inventarium aufnehmen, niederlegen und dieses bescheinigen (A. L. R. Thl. I. Tit. 9. §§. 420—427.), widrigenfalls er der gedachten Rechtswohlthat verlustig und für einen solchen erachtet wird, welcher die Erbschaft ohne Vorbehalt angetreten hat. (§§. 18. 20. Tit. 24. l. c.)

§. 14.

Der Antritt einer Erbschaft unter der Rechtswohlthat des Inventariums hemmt, dem Erbschafts-Gläubiger gegenüber, die Execution nicht. Der Beneficial=Erbe und der Verlassenschafts=Curator können die Execution, wegen persönlicher Ansprüche, in den Nachlaß, wenn das Inventarium über denselben bereits angefertigt worden, nur durch den Antrag auf Eröffnung des erbschaftlichen Liquidations=Processes, wenn das Inventarium aber noch nicht angefertigt ist, nur durch den Antrag auf gerichtliche Inventur und Einleitung des erbschaftlichen Liquidations=Processes abwenden. Eine Berufung auf die im A. L. R. Thl. I. Tit. 9. §. 424. bestimmte Frist findet hierbei nicht statt.

Läßt es der Erbe zur Execution kommen, so treten auch in diesem Falle die Vorschriften des A. L. R. Thl. I. Tit. 9. §§. 452. bis 454. ein.

(§. 2. der Verord. vom 4. März 1834. — Concurs=Ordnung vom 8. Mai 1855. Tit. IV. §§. 343, 345.)

§. 15.

Faustpfand=Gläubiger und andere Real=Gläubiger (§§. 31—33. der allegirten Concurs=Ordnung), befreit von der Einlassung auf den erbschaftlichen Liquidations=Proceß, insoweit sie ihre Befriedigung aus den ihrem Realrechte unterworfenen Nachlaßgegenständen suchen, haben ohne Rücksicht auf den eröffneten erbschaftlichen Liquidations=Proceß die Befugniß, ihre Forderungen gegen den Erben im gewöhnlichen Wege geltend zu machen und sich an die verhafteten Gegenstände nach den allgemeinen Vorschriften über die Execution und die nothwendige Subhastation zu halten.

(§§. 359. 361. Tit. IV. der Concurs=Ordnung vom 8. Mai 1855.)

Anmerkung. Der §. 19. Tit. 24. l. c. ist durch den §. 2. der Verordnung vom 4. März 1834. aufgehoben. In Folge dieser Aufhebung hat das Ober=Tribunal nach dem zu diesem ergangenen Präjudicate vom 14. Mai 1838. angenommen, daß der Einwand der Beneficial=Eigenschaft, wenn er nicht mindestens vor rechtskräftiger Entscheidung zu den Akten angezeigt ist, gänzlich verloren geht. (Präjudicien des Ober=Tribunals pro 1832 bis 1848. S. 248.)

Wird der Einwand gemacht, so darf er nicht in die Executions=Instanz verwiesen, sondern er muß erörtert und es muß darüber im Erkenntnisse Bestimmung getroffen werden. (Erkenntniß des Ober=Tribunals vom 21. Januar 1839. — juristische Wochenschrift.)

§. 16.

gegen den successorem singularem.

Derjenige, dessen Gerechtsame in Ansehung eines gewissen Gegenstandes lediglich von den Gerechtsamen eines Andern abhängen, muß alles Dasjenige gegen sich gelten lassen, was wider Jenen wegen solchen Gegenstandes rechtlich erkannt worden ist.

(§§. 7. Tit. 24. l. c.)

§. 17.

In wie fern das gegen den Hauptschuldner ergangene Urtel dem Bürgen entgegensteht, wird nach Unterschied der Fälle in den Gesetzen vorgeschrieben (A. L. R. Thl. I. Tit. 14. §§. 310—315.) (§. 8. Tit. 24. l. c.)

Gegen den Bürgen.

§. 18.

Wenn Jemand einen im Streite befangenen Gegenstand erst nach der Zeit, da dem bisherigen Inhaber die gerichtliche Vorladung zugestellt worden, durch Kauf, Tausch, Cession, Schenkung oder auf andere Art erhalten hat, so muß er sich demjenigen unterwerfen, was darüber im rechtshängigen Processe entschieden wird, wenn er bei diesem Processe auch nicht zugezogen worden ist. (A. L. R. Thl. I. Tit. 11. §. 383. 384.) (§. 9. Tit. 24. l. c.)

Gegen den Inhaber einer res litigiosa.

Anmerkung.

1) Nach dem Präjudicate des Ober-Tribunals vom 2. Juni 1837. findet diese Bestimmung auch statt, wenn das zur Sicherheit eines Anspruchs bestellte Pfand während des Processes und im Laufe der Executions-Instanz veräußert worden ist.

2) Hat der Gläubiger auf den Grund eines rechtskräftigen Erkenntnisses die erstrittene Forderung eintragen lassen, und veräußert demnächst der Schuldner das Grundstück, so kann der Gläubiger innerhalb der Executions-Frist auch gegen den dritten Erwerber die Subhastation des Grundstückes ohne eine neue Klage nachsuchen. (Min. Rescr. vom 3. Juli 1839. Just. Min. Bl. S. 247.)

3) Wenn ein Hypotheken-Gläubiger seine Forderung gegen den eingetragenen Besitzer ausgeklagt und rechtskräftig erstritten hat, so findet die Subhastation im Wege der Execution gegen den dritten Besitzer statt, wenn die Veräußerung erst nach der Insinuation der Klage geschehen ist. (Cab. Ordre vom 8. April 1834. in Verbindung mit dem Rescr. vom 15. April 1836. rc. v. Kamptz Jahrb. Bd. 47. S. 547—554.)

§. 19.

Wer wissentlich eine falsche Vollmacht beigebracht, oder sich ohne erhaltenen Auftrag als Bevollmächtigten angegeben hat, wird dadurch, wenn das ergehende Urtel rc. gegen die Haupt-Partei nicht in Ausübung gebracht werden kann, zur vollständigen Entschädigung des Gegners verpflichtet. (§. 10. Tit. 24. l. c.)

Gegen einen falschen Bevollmächtigten.

§. 20.

Wenn Jemand wegen solcher Gerechtsame, deren Vertheidigung ihm entweder gar nicht, oder nicht allein, oder nicht hauptsächlich obliegt, in einen Proceß sich eingelassen und bei seiner Vernehmung über den Legitimations-Punkt das wahre Verhältniß der Sache verschwiegen, mithin veranlaßt hat, daß die Haupt- und Mitinter-

Gegen den, welcher sich liti offerirt.

essenten nicht zugezogen sind, so findet wegen der von ihm zu leistenden Entschädigung die Vorschrift §. 19. Anwendung.

Wider die nicht zugezogenen Interessenten hingegen bleibt ein solches Erkenntniß auch selbst in dem Falle ohne Wirkung, wenn sie davon Wissenschaft gehabt haben, daß über ihre Gerechtsame gestritten werde, indem sie, ehe deshalb eine Vorladung an sie ergangen ist, sich in den Proceß einzulassen nicht schuldig sind.

(§. 11. Tit. 24. l. c.)

§. 21.

Wenn Jemand als Vormund oder Curator einer minderjährigen oder sonst unter Curatel stehenden Partei, als Vorsteher einer Kirche, Schule, Hospitals oder andern milden Stiftung, als Administrator einer Kasse, Kämmerei, Domainen-Amtes ꝛc. den Proceß geführt hat, und darin sachfällig geworden ist, so kann, wenn das Urtel auch namentlich wider ihn gerichtet wäre, die Execution dennoch nur in das Vermögen des Pflegebefohlenen, Hospitales u. s. w. statt finden. Doch steht dem obsiegenden Theile frei, wenn ein solcher Vormund oder Curator in Nachsuchung der zur Befriedigung desselben erforderlichen Verfügungen bei der vorgesetzten Behörde säumig ist, ihn zur Beobachtung dieser seiner Obliegenheit durch Strafbefehle und andere executivische Zwangsmittel (executio ad faciendum) anhalten zu lassen.

(§. 12. Tit. 24. l. c.)

§. 22.

Gegen Litis-Consorten.

Wenn mehrere Litisconsorten verurtheilt worden sind, so kommt es auf den Inhalt des Erkenntnisses an, ob die Execution gegen einen unter ihnen, nach der Wahl des obsiegenden Theiles auf das Ganze oder gegen Jeden für seinen Antheil zu vollstrecken sei. Im zweifelhaften Falle entscheidet die Vorschrift der Gesetze. (A. L. R. Thl. I. Tit. 5. §§. 424. seq. Tit. 6. §§. 29. seq.) (§. 13. Tit. 24. l. c.)

§. 23.

Executionen finden von Amtswegen nicht statt.

Die Execution von Amtswegen zu verfügen, ist der Richter weder befugt, noch schuldig, sondern es ist die Sache des obsiegenden Theiles, dieselbe entweder durch sich selbst oder durch seinen Bevollmächtigten gehörig zu betreiben.

(§. 21. Tit. 24. l. c. — conf. zugleich das Rescript vom 4. Januar 1842., Min. Bl. S. 23. betreff. die Berechtigung der vormundschaftl. Behörden, unmittelbar die Executionen zu beantragen u. weiter zu verfolgen.)

Anmerkung. Eine Ausnahme findet im Falle eines kaufmännischen Concurses in Betreff der Verhaftung des Gemeinschuldners statt.

(§§. 137—140. der Concurs-Ordnung vom 8. Mai 1855.)

§. 24.

Das Executionsgesuch muß deutlich, bestimmt und genau nach dem Inhalte des Urtels ꝛc. eingerichtet sein. Ist auf Bezahlung einer Geldsumme erkannt, so muß darin die Summe unter gehöriger Bezeichnung der Münzsorten ausgedrückt werden. Sind dem obsiegenden Theile auch Zinsen zugesprochen, so müssen solche nach dem erkannten Satze von dem im Urtel feststehenden Termine an möglichst richtig berechnet werden. Sind auch Kosten zu erstatten, so ist der Betrag derselben mit Beziehung auf das Urtel ꝛc. in welchem sie festgesetzt worden und unter Beifügung einer Specification derjenigen, welche etwa nachher noch aufgelaufen sind, oder dem Extrahenten durch das Erkenntniß selbst verursacht worden, gehörig auszuwerfen. (§. 22. Tit. 24. l. c.)

Erfordernisse eines Executionsgesuches.

In dem Executionsgesuche muß auch bestimmt angegeben werden, ob die Execution in das Vermögen oder gegen die Person, und im ersteren Falle, in welche Gattungen oder in welche einzelne Gegenstände des Vermögens dieselbe verlangt wird.

(§. 3. der Verord. vom 4. März 1834.)

§. 25.

Hat der Proceß mehrere Punkte, Forderungen und Gegenforderungen oder gar eine förmliche Berechnungs-Sache betroffen, und ist über das liquidum selbst nicht etwa schon besonders erkannt, so muß dem Executionsgesuche eine nach dem ergangenen Urtel ꝛc. angelegte und bei jeder Post auf das Erkenntniß, wodurch sie rechtskräftig festgesetzt worden, sich beziehende, auch von einem vereideten Calculator als richtig attestirte Liquidation beigefügt werden — (durch Vermittelung des Gerichtes). (§. 23. Tit. 24. l. c.)

§. 26.

Jedes Executionsgesuch muß von dem ordentlichen Decernenten dem Collegium gehörig vorgetragen, und wenn sich findet, daß es mit obgenannten Erfordernissen versehen ist, die Execution selbst nach den Vorschriften des folgenden Abschnittes sofort verfügt werden. Eines monitorischen Zahlungsbefehles an den Schuldner bedarf es nicht ferner. Der Befehl zur Vollstreckung der Execution ist dem Executor nebst der Benachrichtigung davon an den Schuldner zur Behändigung an denselben ungesäumt zuzufertigen.

Vortrag und Prüfung des Executionsgesuches.

(§. 24. Tit. 24. l. c. — Ges. vom 20. März 1854. §. 15. G. S. S. 115.)

Anmerkung. Nach dem Geschäfts-Regulative vom 18. Juli 1850. §. 10. bedarf es nicht immer des Vortrages, sondern nur in den daselbst bezeichneten Fällen. confer. §. 34 dieser Zusammenstellungen.

§. 27.

Wann dürfen Executionen nicht vollstreckt werden.

An Sonn- und Festtagen (Allg. L. R. Thl. I. Tit. 3. §. 40.) darf keine Execution vollstreckt werden — eben so wenig während der Saat- und Erndtezeit gegen Personen, welche sich mit der Landwirthschaft beschäftigen, ausgenommen in Wechsel-, Alimenten- und solchen Sachen, bei welchen Gefahr im Verzuge obwaltet, desgleichen in allen Fällen, in welchen der verabredete Zahlungstermin in diese Zeit fällt.

Für die Saat werden im Frühjahr und Herbst, jedes Mal 14 Tage, für die Erndte 4 Wochen in derjenigen Jahreszeit, in welcher nach der Oertlichkeit Saat und Erndte hauptsächlich zu fallen pflegen, freigelassen.

Hat die Execution schon vor dem Eintritt der Saat- und Erndtezeit angefangen, so wird der Fortgang derselben nicht gehemmt. (Verordnung vom 4. März 1834. §. 4.)

(§. 25. Tit. 24. l. c. fällt weg.)

Anmerkung. Gerichtsferien hindern die Vollstreckung nicht. — Rescr. vom 4. Februar 1835. — Die Obergerichte machen die executionsfreien Zeiten durch die Amtsblätter bekannt.

§. 28.

In wie fern der Richter Executionen unmittelbar oder

Der Regel nach ist jeder Richter, welcher die Verhandlung in erster Instanz geführt hat, das gefällte Urtel ꝛc. zu vollstrecken berechtigt. Wenn also auch derjenige, gegen welchen Execution nachgesucht wird, zwar einen andern persönlichen Gerichtsstand hat, die Execution selbst aber in ein Grundstück, das unter des erkennenden Gerichtes Jurisdiction belegen, zu vollstrecken ist, so kann dieses Letztere dergleichen Execution unmittelbar verfügen. (Der Schlußsatz im §. 26. Tit. 24. fällt weg.) (§. 26. Tit. 24. l. c.)

§. 29.

Die Executionen gegen Militair-Personen, so weit sie nicht Gehalts-Abzüge betreffen, werden vom Civil-Gerichte durch die dazu bestimmten Beamten vollstreckt. Der Schuldner muß aber davon durch das Militair-Gericht mit der Weisung benachrichtigt werden, sich bei Vermeidung der gesetzlichen Folgen nach der Verfügung des Civilgerichtes zu achten. (§. 37. der Verfassungs-Urkunde vom 31. Januar 1850.)

Executivische Maßregeln gegen die in Kasernen und in andern ähnlichen Dienstgebäuden wohnenden Militair-Personen, so weit sie nach §. 155 des Anhangs zur Gerichts-Ordnung und nach Inhalt der Verfügung vom 8. November 1831. überhaupt zulässig sind und in der Kaserne oder in dem Dienstgebäude vollstreckt werden müssen, sollen nicht durch die Civil-Gerichte, sondern nur durch Requisition der Militair-Gerichte resp. des General-Auditoriats — in so fern die Schuldner der Gerichtsbarkeit desselben unmittelbar untergeordnet gewesen, vollstreckt werden. — (Der §. 149 und 150 des Anhanges zur Gerichts-Ordnung fallen weg. — Cabinets-Ordre vom 4. Juni 1822. G. S. S. 209. — Cabinets-Ordre vom 9. Januar 1823. G. S. S. 18. — Cabinets-Ordre vom 4. Januar 1833. G. S. S. 3.)

Anmerkungen.

1) In diesem Verfahren ist durch das Gesetz vom 20. März 1854. G. S. S. 115 nichts geändert. (§. 15.)

2) Bei Generalen, Commandeuren von Brigaden und Regimentern, oder mit denselben in gleichem Verhältnisse stehenden Befehlshabern, Commandanten und Officieren, welche bei dem Kriegs-Ministerium oder dem großen Generalstabe angestellt sind, erfolgt die Benachrichtigung durch Requisition der ihnen unmittelbar vorgesetzten Militair-Behörde — bei Executionen gegen pensonirte Officiere aller Grade durch Requisition des commandirenden Generals des Bezirkes ihres Wohnorts — bei activen Officieren, welche in disciplinarischer Beziehung keiner höhern Militair-Behörde unterworfen sind, insbesondere bei commandirenden Generalen und denselben gleichgestellten Militair-Befehlshabern, den General- und Flügel-Adjutanten des Königs, und den Gouverneuren der Prinzen des königlichen Hauses, durch Requisition des Kriegs-Ministeriums. — Ist an dem Wohnorte selbst ein Militair-Gericht (wie z. B. in Festungen das Commandantur-Gericht) so ergeht die Requisition an die Commandantur oder das Gouvernement. (Rescript vom 14. Januar 1825 und Schreiben des Gen. Aud. vom 21. December 1824. Jahrb. XXV. S. 116. — Rescript vom 25. Februar 1836. Jahrb. Bd. 47. S. 225.)

3) Ist der Schuldner Auditeur, Gerichts-Actuar, Militair-Prediger, Küster, so erfolgt die Benachrichtigung durch Requisition des General-Auditoriats. (Rescript vom 14. Januar 1825. v. Kptz. Jahrb. Bd. XXV. S. 116.)

4) Wegen der Executions-Vollstreckungen gegen Militair-Personen in Administrations-Sachen, namentlich: Communal-, Polizei- und Steuersachen, vergleiche das Gesetz vom 30. Juli 1853. §. 7. G. S. S. 909. rc.

§. 30.

oder durch Requisitionen vollstrecken muß.

Ist hingegen Derjenige, gegen welchen eine persönliche Execution verfügt werden soll, einem andern ordentlichen Gerichtsstande unterworfen, oder ist die Sache, auf welche die Hülfe zu vollstrecken, unter einer andern Jurisdiction gelegen, so muß der competente Richter wegen dieser Vollstreckung mittelst Requisition ersucht — zugleich auch dasjenige, wodurch die Gerichtsbarkeit des erkennenden Gerichts in der Sache begründet worden, in dem Requisitions-Schreiben, wenn es nicht von selbst klar ist, mit angeführt werden.

Die Execution des in der Reconvention gegebenen Erkenntnisses kann der Richter der Convention nicht unmittelbar, sondern nur mittelst Requisition des ordentlichen Richters des Widerbeklagten vollstrecken. (§. 27. Tit. 24. l. c. — §. 151. des Anhanges zur Ger. Ord.)

Anmerkung. Zum Zweck der Executionsvollstreckung gegen einen Einwohner in den Rheinlanden muß der Extrahent eine Urtels-Ausfertigung dem rheinischen Gerichte, mit dem Atteste der Rechtskraft, vorlegen, um das Urtel für vollstreckbar zu erklären, und sich alsdann damit an einen Gerichtsvollzieher wenden.

§. 31.

Sämmtliche Gerichte in den königlichen Landen sollen einander die nachgesuchte Rechtshülfe bei Vollstreckung der Executionen unter keinerlei Vorwande, selbst dann nicht, wenn der Requisition eine, für den Fall des Latitirens des Schuldners zulässige, offene Arrest-Ordre (Rescript vom 21. December 1796 und vom 12. Februar 1829) des competenten Gerichtes zum Grunde liegt, versagen — auch sich über die Rechtmäßigkeit des gesprochenen Urtels oder die verordnete Execution keine Beurtheilung und Entscheidung anmaßen — vielmehr den Schuldner, wenn er Erinnerungen dagegen machen sollte, damit lediglich an das requirirende Gericht verweisen und die Execution fortsetzen Ereignet sich wegen der Competenz des erkennenden und requirirenden Richters irgend ein Anstand, oder glaubt das wegen Vollstreckung der Hülfe requirirte Gericht, daß in seine Rechte eingegriffen worden sei, so ist nach der Vorschrift der Gerichts-Ordnung Tit. 2. §§. 131. u. s. w. zu verfahren.

(§. 28. Tit. 24. l. c. — §. 29. fällt weg in Folge des Gesetzes vom 2. Januar 1849 und der veränderten Gerichts-Organisation.)

§. 32.

Auch die von fremden und ausländischen Gerichten geziemend nachgesuchte Execution der bei denselben ergangenen Urtel müssen die Gerichte in königlichen Landen gehörig vollstrecken, es sei denn, daß sich wegen der Competenz des requirirenden Gerichtes oder sonst bei der Sache selbst ein Anstand ereignet, in welchem Falle das hiesige Gericht bei dem ihm vorgesetzten Landes-Justiz-Collegium, dieses aber nach Beschaffenheit der Umstände ferner bei dem Ministerium anfragen muß. (§. 30. Tit. 24. l. c.)

Anmerkung. Mit fremden Staaten abgeschlossene Verträge in dieser Beziehung, so wie das Princip der Reciprocität sind nicht außer Acht zu lassen. (Resc. vom 21. April 1834. Jahrb. Bd. 43. S. 488. und Resc. vom 4. November 1840. Min. Bl. S. 330.)

§. 33.

Wird eine Subhastation in Antrag gebracht, so ist in dem Zahlungsbefehle an den Schuldner die Frist, binnen welcher demselben genügt werden soll, auf vier Wochen zu bestimmen. Im Uebrigen bewendet es bei den Bestimmungen des §. 3 dieser Zusammenstellung.

(§. 5. der Verord. vom 4. März 1834. — §. 15. des Gesetzes vom 20. März 1854. G. S. S. 115.)

§. 34.

Sind Fristbestimmungen der §. 3. und 33. dieser Zusammenstellung bezeichneten Art nicht zu berücksichtigen, so ist auf den Grund des dem Executor zugefertigten Befehles von demselben nach Maaßgabe der darin enthaltenen Anweisung, nach vorgängiger Behändigung der Benachrichtigung an den Schuldner, sofort zur Vollstreckung der Execution zu schreiten, es sei denn, daß der Schuldner durch Quittung des Gläubigers oder sonst in glaubwürdiger Weise die Berichtigung der Schuld, oder daß dem Executions-Mandate völlig Genüge geleistet ist, oder daß ihm eine Befristung Seitens des Extrahenten der Execution zu Theil geworden, nachweist.

(§. 15. des Ges. vom 20. März 1854. — Die §§. 31. 32. und 33. Tit. 24, l. c. fallen dem übrigen Inhalte nach weg.)

§. 35.

Sollte der Extrahent der Execution es zur Vollstreckung derselben kommen lassen, obgleich er bereits befriedigt worden, so bleibt er dem Gegner wegen Schimpf, Schäden und Kosten verhaftet.

(§. 34. Tit. 24. l. c.)

§. 36.

Von den in der Executions-Instanz noch zulässigen Einwendungen.

Die Vollstreckung des Judicates soll durch keine Einwendungen, auch nicht durch Vorschützung einer bei dem Urtel zum Grunde liegenden Nullität, viel weniger durch ein Restitutionsgesuch, der Vorschrift Tit. 16 Thl. I. der Gerichts-Ordnung gemäß, abgewendet werden können. (§. 35. Tit. 24. l. c.)

§. 37.

Es finden gegen die Vollstreckung eines rechtskräftigen Urtels nur die Einwendungen

a) der Zahlung,
b) der Compensation,
c) des Erlasses,
d) des Vergleiches —

in so weit statt, als durch letztern die Schuld verringert oder eine längere Zahlungsfrist bewilligt worden ist;

e) so wie im Falle des §. 19. des Gesetzes vom 20. März 1854., wenn gegen den Besitzer von Grundstücken der Personal-Arrest verhängt ist, der Einwand statt, daß die Grundstücke für die Forderung des Executionssuchers nach den Bestimmungen des §. 17. Tit. 47. Thl. I. der Gerichts-Ordnung genügende Sicherheit gewähren. —

Diese sofort geltend zu machenden Einwendungen ad a—d hemmen aber die Execution nur dann, wenn sie liquid sind (§. 3. der Verordnung vom 1. Juni 1833.) und die Thatsachen, auf welche sie gegründet werden, sich erst nach geschlossener Instruction der Sache ereignet haben, oder erst nach diesem Zeitpunkte zur Kenntniß des Schuldners gelangt sind — ad e. wenn der geforderte Beweis geführt wird.

Ueber die Einwendungen ad a—d. wird nach dem §. 3. und §. 13. seq. der Verordnung vom 1. Juni 1833. verfahren.

§. 38.

Der in dem vorstehenden §. allegirte Tit. 47. Thl. I. der Gerichts-Ordnung ist durch die seit dem 1. October 1855. in Kraft getretene Concurs-Ordnung vom 8. Mai desselben Jahres aufgehoben. In Gemäßheit des Artikul II. und III. des Gesetzes von demselben Tage, betreffend die Einführung der Concurs-Ordnung, muß zur Begründung der Einrede ad e. die im §. 429 Tit. VI. Abschn. I. derselben geforderte Sicherheit in dem §. 421. seq. l. c. bezeichneten Verfahren nachgewiesen und sofort bestellt werden.

(confer. die §§. 430. 431. und 432. — so wie den Extract aus der Concurs-Ordnung sub A.)

Beilage A.

(§§. 36. 37. und 39. Tit. 24. Thl. I. — Der §. 152. des Anhangs zur Ger.-Ordn. fällt weg.)

Anmerkung. Dem Extrahenten der Execution kann der Einwand der fehlenden Legitimation entgegengesetzt werden. — Erk. des Ob. Tribun. vom 17. März 1848. — Rechtssprüche Bd. IV. S. 17. Nr. 9. — bei Kostenforderungen auch der Einwand der Verjährung.

§. 39.

Auf unbescheinigte Einreden dieser Art muß das Gericht gar keine Rücksicht nehmen. Sind sie aber in der vorher bezeichneten Weise bescheinigt und begründet worden, so muß die Vollstreckung der Execution sofort ausgesetzt und über die Einreden in dem bezeichneten Verfahren verhandelt werden. (§. 38. Tit. 24. l. c.)

§. 40.

Befindet der Richter, daß der Einwand begründet ist, so muß die gänzliche Aufhebung der Execution rc. erkannt werden und, wenn dagegen appellirt wird, es bis zur rechtskräftigen Entscheidung bei der bereits verfügten Suspension sein Bewenden haben.

Wird der Einwand für ganz unbegründet und unerheblich befunden, so muß auf Fortsetzung der Execution gesprochen werden — und die Appellation gegen ein solches Urtel die Vollstreckung desselben nicht aufhalten.

Hat aber durch die bisherige Verhandlung der Grund oder Ungrund des Einwandes nicht völlig ins Licht gesetzt werden können und ist zur Ausmittelung desselben noch eine weitere Verhandlung nothwendig, so muß der Richter diese durch eine bloße Resolution verfügen, zugleich aber die Fortsetzung der Execution verordnen.

Uebrigens versteht es sich von selbst, daß, wenn Jemand dergleichen Einwand in der Execution selbst ganz ohne rechtlichen Grund entgegen setzt, derselbe eben so wohl wie Derjenige, welcher, ungeachtet ihm der entgegen stehende Einwand und dessen Rechtmäßigkeit bekannt gewesen, dennoch auf der Execution bestanden hat, mit den im Tit. 23. Thl. I. der Gerichts-Ordnung §. 51. u. s. w. geordneten Strafen der muthwilligen Chicane belegt werden muß.

(§. 40. Tit. 24. l. c. — confer. übrigens Articul II. III. des Gesetzes, treffend die Einführung des neuen Strafgesetzb. vom 14. April 1851.)

§. 41.

Hat der Einwand nur einen oder einige von mehreren auf der Execution stehenden Punkten oder Forderungen, oder einen gewissen Theil des beizutreibenden Liquidum zum Gegenstande, so ist die §. 39 dieser Zusammenstellung angeordnete Ausfertigung der Execution nur auf diesen Punkt oder diese Summe zu verstehen; wegen des Uebrigen muß die Execution aber ihren ungehinderten Fortgang behalten. (§. 41. Tit. 24. l. c.)

§. 42.

Durch Dilationsgesuche rc. sollen die Executionen nicht vereitelt werden.

Unter dem Vorwande zeitigen Unvermögens, durch Dilations-Gesuche, Anerbietung terminlicher Zahlungen u. s. w. soll die einmal verordnete Execution nicht aufgehalten, vielweniger abgewendet werden können, indem der Schuldner Gelegenheit genug gehabt hat, dies dem Gläubiger gegenüber geltend zu machen und sich mit diesem zu einigen.

Berufungen auf das Special- und General-Moratorium können eben so wenig ferner hemmend einwirken, indem Ersteres so wie das Letztere mit dem Tit. 47. Thl. I. der Gerichts-Ordnung durch den Artikel II. des Gesetzes vom 8. Mai 1855., betreffend die Einführung der Concurs-Ordnung von demselben Tage, aufgehoben ist. Nach dem §. 421 u. f. w. Tit. 6. der allegirten Concurs-Ordnung findet nur noch die Berufung auf gerichtliche Zahlungsstundung statt, und diese zeitig anzubringen und zu begründen, ist Sache des Schuldners.

(confer. §. 37. und 38. dieser Zusammenstellung. — §. 42. Tit. 24. l. c. — §. 7. der Verordn. vom 4. März 1834. fällt weg.)

§. 43.

In wie weit Beschwerden über Verfügungen in der Executions-Instanz zulässig sind.

So wie die Beschwerden über gerichtliche Verfügungen in allen processualischen Angelegenheiten, sowohl in Civil- als in Straf-Sachen, dem Instanzenzuge der gegen Erkenntnisse in diesen Angelegenheiten zulässigen Rechtsmittel folgen, so sind sie auch in der Executions-Instanz über erlassene Verfügungen in gleichem Maaße zulässig.

Solche Beschwerden, welche die Disciplin, den Geschäftsbetrieb oder Verzögerungen betreffen, sind Hinsichts aller Rechts-Angelegenheiten im Aufsichtswege durch den Justiz-Minister zu erledigen.

(§. 35. der Verordn. vom 2. Januar 1849. — Artikel 13 des Zusatz-Gesetz. vom 26. April 1851.)

§. 44.

Niemand soll gegen eine von competenten Gerichten angeordnete Execution Beschwerde bei Sr. Majestät dem Könige zu führen und dadurch die Execution abzuwenden berechtigt sein, da Sr. königliche Majestät nach wie vor, nicht gesonnen sind, dem Lauf des Rechtes Einhalt thun zu lassen.

(Artikel 86. Tit. VI. der Verfassungs-Urkunde vom 31. Januar 1850.)

Sollte nichts destoweniger in dem einen oder in dem andern ganz besondern Falle durch eine Cabinets-Ordre die Execution suspendirt oder aufgehoben werden, so muß unter gleichzeitiger Sicherstellung der Interessen des Executionssuchers von Amtswegen, sofort an das Justiz-Ministerium über die wahre Lage der Sache berichtet und auf Aufrechthaltung der verfügten und gesetzlich begründeten Execution angetragen werden. (§§. 43. 44. Tit. 24. l. c.)

Zweiter Abschnitt.

Von Vollstreckung der Execution.

§. 45.

Die Executionen werden durch dazu besonders bestellte und verpflichtete gerichtliche Beamte (Executoren) oder durch die gehörig constituirten Dorfgerichte vollstreckt (revidirte Instruction für Letztere vom 11. Mai 1854. §. 88. seq. Ministerial-Blatt de 1854. S. 206.). Der an den Executor ꝛc. zu erlassende, vom Dirigenten des Gerichtes oder dessen Stellvertreter zu vollziehende, ihm zu behändigende schriftliche Befehl muß eine bestimmte Anweisung, wozu er den Exequenden anzuhalten, was und wieviel er von demselben beizutreiben und auf welche Weise er die Execution vollstrecken solle, enthalten. Nach dieser Anweisung muß sich der Executor genau achten, und, nach Behändigung der Benachrichtigung an den Schuldner, im Fall der Nichtzahlung ꝛc. die Execution sofort oder binnen der etwa festgesetzten Frist vollstrecken. (§. 45. Tit. 24. l. c.)

Allgemeine Vorschriften für die Executoren.

§. 46.

Von dieser Execution muß sich der Executor durch keine Protestation, oder durch Einwendungen des Schuldners so wenig, als durch ein blos einseitiges und unbescheinigtes Vorgeben desselben, daß er den Extrahenten der Execution befriedigt, daß er Nachsicht von demselben erhalten habe, daß die Execution von dem sie verordnenden Gerichte aufgehoben worden sei u. s. w. abhalten lassen.

Wird ihm aber eine dahin lautende, und später als seine Executions-Ordre ausgefertigte Verfügung des Gerichtes — oder eine von dem Extrahenten ausgestellte schriftliche Bescheinigung über zugestandene Nachsicht, oder eine von demselben ausgestellte Quittung über die erfolgte Befriedigung, oder ein Postschein, woraus deutlich erhellt, daß von dem Schuldner die beizutreibende Summe wirklich an den Gläubiger abgesendet worden, im Original vorgelegt, so muß er zwar, unter Einziehung der zulässigen Gebühren, von der Execution abstehen, jedoch unverzüglich berichten, und die weitere Verordnung abwarten.

Ist der Extrahent der Execution am Orte anwesend, so hat der Executor in den beiden letztern Fällen die Verpflichtung, die vom

Schuldner producirte Bescheinigung über die zugestandene Nachsicht und die Quittung über die Zahlung der beizutreibenden Summe dem Ersteren, nach Feststellung der Identität der Person, zur Recognition vorzulegen und beides eventuell durch eine aufzunehmende und von den Interessenten zu vollziehende Verhandlung festzustellen.

Die von dem Executionssucher dem Schuldner gewährte Befristung darf aber die Dauer von 4 Wochen nicht überschreiten. In diesem Falle hat der Executor ꝛc. mit dem Berichte den Executionsbefehl zurückzureichen und auf erneuerten Antrag des Executionssuchers die weitere Anweisung des Gerichts abzuwarten.

(§. 46. Tit. 24. l. c. — §§. 38. 39. 40. der Min. Inst. vom 2. August 1850.)

§. 47.

Art und Weise der Vollstreckung der Execution gegen Stadt- und Dorfgemeinden ꝛc. so wie gegen den Fiscus.

Soll gegen Stadt- und Dorf-Gemeinden oder gegen eine ganze Klasse von Mitgliedern derselben eine Execution vollstreckt werden, so müssen die Gerichte über die Art, wie solche ohne gänzlichen Ruin der Schuldner zu realisiren sei, jeder Zeit mit der Regierung Rücksprache halten, und wenn sie sich mit dieser über die zu nehmenden Maaßregeln nicht einigen können, die Execution aussetzen und die Vorbescheidung des Justiz-Ministers einholen.

Eben dies muß geschehen, wenn die Execution gegen ein nicht unter der Regierung stehendes Institut zu verordnen ist, und also der Justiz-Minister Anlaß finden möchte, mit den übrigen Ministern Rücksprache zu nehmen.

(§. 153. des Anhangs zur Ger. Ord. — Just. Min. Bl. 1847. S. 309 — wegen der Executionen gegen landschaftliche Institute, Rescript vom 8. December 1809. Mathis VIII. 591. — Rabe X. 216.)

Gegen den Fiscus müssen die ergangenen rechtskräftigen Urtel, so wie gegen jede andere Partei gehörig vollstreckt, jedoch dabei die bestehenden Finanz-, Dienst- und Kassen-Verhältnisse berücksichtigt werden. Die betreffende fiscalische Station hat unverzüglich die erforderlichen Anordnungen zur Zahlung oder zur anderweitigen Erledigung des Judicats zu treffen, und die vorgesetzte Behörde, eventuell das Ministerium mit Strenge darauf zu halten, daß derjenige, welcher aus Nachlässigkeit oder unerlaubten Absichten seine Pflicht in jener Beziehung nicht beachtet, dem obsiegenden Theile alles erweisliche Interesse aus eigenen Mitteln erstattet. ꝛc.

Liegt die Schuld der verzögerten Autorisation zu der zu leistenden Zahlung an der dazu verurtheilten untergeordneten fiscalischen Station selbst, so tritt der Fall der executio ad faciendum ein, welche gegen den Beamten, Rendanten ꝛc. persönlich verhängt werden muß.

Sollte eine obere Finanz-Behörde wider Verhoffen der Vollstreckung der gegen den Fiscus ergangenen Urtel Schwierigkeiten oder Hindernisse in den Weg legen, so muß zur Erledigung derselben unverzüglich an das Justiz-Ministerium berichtet werden.

(§. 33. Tit. 35. Thl. I. der Ger. Ord. — §. 242. des Anhangs zur Ger. Ord.)

§. 48.

Die Art, wie ein Urtel zu vollstrecken ist, bestimmt sich nach derjenigen, worauf das Urtel gerichtet ist.

§. 49.

I. Executiones ad faciendum.

Soll eine Handlung geleistet werden, so steht dem Berechtigten, wenn der Verpflichtete es auf Execution ankommen läßt, die Wahl zu, auf Leistung der Handlung durch den Verpflichteten zu bestehen, oder dieselbe auf dessen Kosten durch einen Dritten verrichten zu lassen, oder sein Interesse zu fordern.

Er ist auch befugt, von der getroffenen Wahl wieder abzugehen und eine andere zu treffen.

Dem Verpflichteten, welcher die Handlung innerhalb der im Urtel bestimmten Frist nicht geleistet hat, ist jedoch zuvor durch ein Mandat die Vollstreckung der Handlung binnen einer Frist von wenigstens 8 Tagen und höchstens 4 Wochen aufzugeben. Das Mandat muß die, dem Berechtigten zustehenden Befugnisse ausdrücken und durch einen gerichtlichen Beamten insinuirt werden.

Fordert der Berechtigte die Leistung durch den Verpflichteten selbst, und hängt solche nach dem Ermessen des Richters von dem Willen des Verpflichteten ab, so ist dieser durch Personal-Arrest von höchstens einjähriger Dauer dazu anzuhalten.

Soll die Leistung durch einen Dritten geschehen, so hat der Richter den Betrag der dazu erforderlichen Kosten vorläufig zu bestimmen und von dem Verpflichteten einzuziehen.

Die Executions-Vollstreckung durch Einlegung des Executors findet nicht ferner statt. (Die Vorschriften §§. 48—52. Tit. 24. der Gerichts-Ordnung und §. 154. des Anhangs zu derselben sind aufgehoben und fallen weg.)

(§. 9. der Verord. vom 4. März 1834. — §. 15. des Ges. vom 20. März 1854.)

§. 50.

Wie es wegen der Ausmittelung des vom obsiegenden Theile bei der Weigerung des Verklagten, dem Urtel rc. nachzukommen, geforderten Interesses und der Jenem zu gestattenden eidlichen Erhärtung desselben (juramentum in litem) gehalten werden solle, darüber ist Tit. 22. der Gerichts-Ordnung §. 19. das Nöthige vorgeschrieben.

§. 51.

II. Executionen auf Unterlassung.

Wenn der Inhalt des Urtels dahin geht, daß Jemand etwas zu unterlassen schuldig sei, so läßt zwar die Execution eines solchen Urtels im eigentlichen Verstande sich nicht denken; wenn aber der unterliegende Theil die ihm verbotene Handlung dennoch vornimmt, z. B. wenn er den Gegner im Besitze einer ihm zuerkannten Sache oder im Genusse eines erstrittenen Rechtes beunruhigt, so muß ihm dieses durch unbedingte Strafbefehle (mandata sine clausula) untersagt — wenn er diesem zuwiderhandelt, die Strafe wirklich beigetrieben und die Inhibition unter verdoppelter Bedrohung wiederholt — der Widerspenstige zur Bestellung einer annehmlichen Caution wegen künftiger Befolgung des Urtels angehalten — in jedem Falle aber der Betrag des dem Gegner durch seine Beinträchtigung verursachten Schadens von ihm beigetrieben werden.

Auch bleibt es dem richterlichen Ermessen anheimgestellt, denjenigen, welcher den obsiegenden Theil, dem Urtel entgegen, beharrlich zu beunruhigen fortfährt, daran durch seine Verhaftnehmung zu hindern, oder die nach den Umständen etwa sonst noch statt findenden Anstalten, wodurch der obsiegende Theil gegen fernere Störungen geschützt werden kann, auf dessen Antrag und auf Kosten des Widerspenstigen vorzukehren. (§. 54. Tit. 24. der Ger. Ord.)

§. 52.

Bei Executionen auf Unterlassung findet die Festsetzung der auf die Uebertretung angedrohten Strafe, wenn die Uebertretung selbst feststeht, durch ein Dekret, wenn es zur Feststellung derselben aber noch einer Beweisaufnahme bedarf, durch Erkenntniß statt, gegen welches nur der Recurs zulässig ist.

Bei diesem Recurse soll dasselbe Verfahren eintreten, welches die Cabinets-Ordre vom 8. August 1832. (Gesetz-Sammlung de 1832. S. 199. §. 2. seq.) vorschreibt.

(§. 10. der Verord. vom 4. März 1834.)

Anmerkung.

1) Nach dem Rescr. vom 5. März 1840. (Just.-Min.-Bl. S. 107.) kann im Unvermögensfalle des Exequenden den Geldstrafen (§. 590. der Crim. Ord. und §. 80. Tit. 35. Thl. I. der Ger. Ord.) Gefängnißstrafe bis zu 6 Wochen substituirt werden.

Durch den Artikel I. und II. des Einführungs-Gesetzes vom 14. April 1851. und durch das Strafgesetzbuch von demselben Tage, ingleichen durch die Verordnung vom 3. Januar 1849. und das Zusatz-Gesetz vom 3. Mai 1852. dürften die Grundlagen der ministeriellen Argumentation in dem allegirten Rescripte ihre Erledigung gefunden haben. Die angezogenen Gesetze geben keinen Anhalt für den vorliegenden Fall, und der §. 17. des Strafgesetzbuchs ist nur anwendbar für Untersuchungen. Die Gesetzgebung wird daher die Lücke auszufüllen haben.

2) Im Falle der Abfassung des Urtels kann auch auf Zurücknahme der Execution erkannt werden. (Präjud. 1401. vom 13. Januar 1844. S. 389. der Sammlung von Seligo, Kuhlmeyer und Wilke pro 1832—1848 incl.)

§. 53.

III. Auf Herausgebung einer beweglichen Sache.

Ist Jemand zur Herausgabe von beweglichen Sachen verurtheilt worden, so muß dem Executor aufgegeben werden, ihm dieselben, nach Maaßgabe des Verzeichnisses in dem Executions-Mandate, wegzunehmen und dem obsiegenden Theile einzuhändigen. Entsteht zwischen dem Gläubiger und dem Schuldner Streit darüber, ob die vorgefundenen Gegenstände dieselben sind, welche der Schuldner herausgeben soll, so muß der Executor auf Verlangen des Gläubigers dieselben entweder unter Siegel legen und dem Schuldner jede Verfügung darüber bei Vermeidung der gesetzlichen Strafe (§. 272. des Straf-Gesetzbuchs vom 14. April 1851.) untersagen, oder die Sachen in die Pfandkammer bringen und die Parteien wegen Entscheidung des Streites an das Gericht verweisen.

(§. 55. Tit. 24. l. c.)

§. 54.

Kann das Urtel auf Herausgabe von beweglichen Sachen nicht befolgt werden, weil dieselben in der Behausung oder dem Gewahrsam des Verpflichteten, nach dem vom Executor darüber zu erstattenden Berichte, nicht zu finden sind, so hängt es von der Wahl des Executionssuchers ab, entweder den Manifestations-Eid von dem Gegner abzufordern, oder sogleich sein Interesse, welches ihm daraus, daß er die Sache erkanntermaaßen nicht überkommen kann, erwachsen ist, zu liquidiren und auf dessen Beitreibung anzutragen.

(§. 56. Tit. 24. l. c. — §. 49—51. der Min. Instr. vom 2. August 1850.)

§. 55.

Wie es wegen Ausmittelung dieses Interesses und wegen Verstattung des Liquidanten zum juramentum in litem darüber gehalten werden soll, ist Tit. 22. Thl. I. der Gerichts-Ordnung — §. 19. seq. — verordnet. (§. 57. Tit. 24. l. c.)

§. 56.

IV. Auf Räumung einer unbeweglichen Sache.

Wenn Jemand dem Andern ein gewisses Grundstück abzutreten verurtheilt worden, so ist ein solches Urtel dergestalt zu vollstrecken, daß der Verurtheilte hinausgeschafft und dagegen der obsiegende Theil eingewiesen wird. (§. 58. l. c.)

§. 57.

Die Exmission geschieht zwar durch den ordentlichen Executor, doch müssen die Gerichte, wenn es ein Grundstück z. B. ein ganzes Haus oder Gut betrifft, einer Gerichtsperson oder einem geeigneten Subaltern-Beamten auftragen, den Executor bei Vollstreckung des Urtels zu dirigiren.

(§. 59. l. c. — §. 52|54. der Min. Instr. vom 2. August 1850.)

§. 58.

Die Exmission geschieht in der Art, daß der zur Räumung verurtheilte Besitzer mit seinen Effecten, für deren anderweitige Unterbringung er selbst sorgen muß, allenfalls mit Gewalt, aus dem Hause oder dem Gute herausgeschafft, sich der Wiederergreifung des Besitzes, so wie jeder andern Störung des Gegners zu enthalten, ernstlich bedeutet — der obsiegende Theil in den solchergestalt geräumten Besitz eingeführt — auch, wenn zu dem Grundstücke Unterthanen, Pächter 2c. gehören, dieselben ihrer Pflichten gegen den vorigen Besitzer entbunden und damit an den neuen Besitzer verwiesen werden.

Ist der, welcher exmittirt werden soll, nicht gegenwärtig und hat er auch Niemanden zur Wahrnehmung seiner Angelegenheit bestellt, so muß der Executor die herauszuschaffenden Sachen desselben irgendwo auf seine Kosten unterzubringen suchen. Dem Exmittirten muß sodann die Abholung der Sachen gegen Berichtigung der Kosten aufgegeben, wenn er sich damit aber über die Gebühr säumig zeigt, so muß mit dem öffentlichen Verkaufe der Sachen verfahren, der Kostenbetrag davon berichtigt und der Ueberrest so lange, bis der Eigenthümer sich weiter meldet, zum gerichtlichen Depositorium genommen werden. (confer. A. L.-R. Thl. I. Tit. 14. §§. 98 bis 102.)

(§. 60. Tit. 24. l. c.)

§. 59.

Wenn die Executions-Ordre mit auf die Pertinenz- und Inventarienstücke gerichtet ist, so müssen auch diese dem neuen Besitzer übergeben — davon aber zugleich eine genaue Specification aufgenommen und dem Berichte über die vollstreckte Execution beigelegt werden. (§. 61. Tit. 24. l. c.)

§. 60.

Die in den Vorschriften der Gerichts-Ordnung Tit. 24. §§. 68. bis 141. über die Beobachtung der Executions-Grade enthaltenen Bestimmungen werden aufgehoben.

V. Auf Zahlung einer Geldsumme.
A. Personal-Execution.

Dem Gläubiger steht, in so weit nicht die Vorschriften des A. L. R. Thl. I. Tit. 20. §§. 46—54. und §. 24. der Verordnung vom 4. März 1834. eine Ausnahme machen, die Wahl frei, an welchen Gegenstand des Vermögens seines Schuldners er sich zunächst halten will.

Der Antrag auf Ableistung des Manifestations-Eides findet statt, sobald die Execution in das Mobiliar ohne Erfolg gewesen oder gehemmt worden, oder wenn es nach dem Ermessen des Richters klar ist, daß der Gläubiger aus dem vorhandenen Mobiliar nicht werde befriedigt werden.

(§. 11. der Verord. vom 4. März 1834. — in Folge dieser Bestimmung und des §. 8. l. c. fallen die §§. 62. 63. und 64. Tit. 24. Thl. I. der Ger. Ord. weg.)

§. 61.

Ist die Execution auf Beitreibung einer Geldsumme gerichtet, und erbietet sich der Schuldner bei der Ankunft des Executors zur sofortigen Zahlung, so darf sich der Letztere mit der eignen Erhebung und der weitern Beförderung der Summe, bei Strafe der Cassation, nur dann befassen,

1) wenn sie den Betrag nicht übersteigt, bis zu welchem er dergleichen Geld-Summen in jedem einzelnen Falle zu erheben von dem Gerichte ein für alle Male ermächtigt ist —
2) wenn er in der Executions-Ordre ausdrücklich, nach dem Antrage des Extrahenten, zur Einziehung der Summe berechtigt worden —
3) wenn blos Strafgelder oder Kosten beizutreiben sind.

Ist der Executor die Geld-Summe nach vorstehenden Bestimmungen zu erheben befugt, so hat er das Geld in Empfang zu nehmen und darüber zu quittiren. Zugleich muß er sich vom Schuldner einen Schein über den Tag der Zahlung, die Höhe der Summe und die Münzsorte, worin sie bestanden hat, ertheilen lassen und das Geld ohne allen Aufschub dem Gläubiger gegen Quittung zustellen, oder an ihn durch die Post gegen Postschein absenden — oder wenn Geldstrafen und Gerichtskosten beizutreiben waren, dieselben der Kasse des Gerichts persönlich gegen Quittung abliefern — endlich den Schein des Schuldners, die Quittung des Empfängers, oder den Postschein, mit dem Mandate selbst, dem Gerichte einreichen.

Will oder kann der Schuldner den Schein nicht ertheilen, so ist dies in dem Berichte pflichtmäßig anzuzeigen. Bei der bloßen Einziehung der Kosten bedarf es des Scheines nicht.

Weigert sich der Gläubiger, das Geld anzunehmen, so ist dasselbe zur gerichtlichen Asservation abzuliefern.

§. 62.

Darf der Executor (§. 61.) das Geld nicht annehmen, was in der Executions-Ordre und in der Benachrichtigung ausdrücklich bemerkt werden muß, so hat er, in so fern der Gläubiger am Orte selbst wohnt, dahin zu wirken, daß der Schuldner in seiner Begleitung die Zahlung an denselben oder die im Executionsbefehle genannte Person oder Behörde selbst leistet oder, insofern der Extrahent der Execution sein Domicil auswärts hat, das Geld auf die Post befördert. Die diesfalsigen in die Executions-Ordre aufzunehmenden Bestimmungen sind vom Executor genau zu beobachten.

Die Quittung des Empfängers oder den Postschein hat er sich aushändigen zu lassen und seinem Berichte beizufügen.

§. 63.

Wenn der Schuldner, der ihm geschehenen Bekanntmachung zuwider, und den vorstehenden Vorschriften entgegen dennoch Zahlung an den Executor leistet, und dieser das Geld ganz oder theilweise nicht abliefert, so soll eine solche Zahlung ihn von seiner Schuldigkeit gegen den Gläubiger nicht entbinden. Es verbleibt ihm der Regreß an den Executor.

(§. 65. 66. Tit. 24. l. c. — Min. Instr. vom 2. August 1850. §§. 56. 57. — Rescr. vom 19. Februar 1836. Jahrb. Bd. 68. S. 441.)

§. 64.

Pfändung der beweglichen Sachen.

Ist der Schuldner bei der Ankunft des Executors abwesend, oder kann und will derselbe, im Falle der Anwesenheit, nicht zahlen, so muß ohne weitern Verzug zur Auspfändung geschritten und der Schuldner nöthigenfalls mit Gewalt angehalten werden, seine Effecten und Habseligkeiten vorzuzeigen und seine Zimmer, Keller, Böden, Gewölbe und das übrige Gelaß, so wie die darin befindlichen Kasten, Schränke und dergleichen zu öffnen.

Doch muß der Executor dabei die gebührende Bescheidenheit anwenden und die Eröffnung und Vorzeigung nicht weiter verlangen, als es nach Verhältniß der beizutreibenden Summe nothwendig ist. Will der Schuldner dem Ansinnen des Executors keine Folge leisten, oder hat er sich entfernt und Niemanden zur Wahrnehmung seines Interesses zurückgelassen, so hat der Executor entweder eine Gerichtsperson, oder wenn die Execution auf dem Lande zu vollstrecken ist, den Schulzen oder Dorfrichter nebst den Gerichts-Geschworenen, oder wenn dergleichen Personen nicht zu haben sind, zwei andere unbescholtene Männer als Zeugen zuzuziehen, und in deren Beisein die Auspfändung nöthigenfalls mit Gewalt (nach Oeffnung der Schlösser ꝛc. mit Hülfe eines zuzuziehenden Schlossers) vorzunehmen.

(§. 67. und 68. Tit. 24. l. c. — §. 58. der alleg. Min. Instr.)

§. 65.

Der Executor muß nur so viel an Effecten auspfänden, als nach einem ungefähren Ueberschlage zur Deckung der beizutreibenden Summe und der Executionskosten erforderlich ist. (§. 69. Tit. 24. l. c.)

Die Execution darf aus einem und demselben Erkenntnisse gleichzeitig nicht in mehrere Vermögensstücke des Schuldners vollstreckt werden, als nach richterlichem Ermessen zur Befriedigung des Gläubigers erforderlich sind. Dagegen steht dem Gläubiger die Befugniß zu, statt des zuerst gewählten Executions-Gegenstandes einen andern in Vorschlag zu bringen — doch muß er in diesem Falle das aus der frühern Execution erlangte Recht aufgeben und, wenn er ohne zureichende Gründe eine andere Wahl getroffen hat, die Kosten der zuerst gewählten Execution tragen.

(§. 12. der Verord. vom 4. März 1834).

In Wechselsachen findet in so fern eine Ausnahme statt, als die Execution gleichzeitig in das Vermögen und gegen die Person des Schuldners vollstreckt werden kann. (Thl. I. der Ger. Ord. Tit. 27. §. 46. — Gesetz vom 11. Mai 1839. §. 3. G. S. S. 173.)

§. 66.

Der Executor muß bei der Auspfändung ferner sein Augenmerk hauptsächlich auf solche Effecten richten, welche eines Theils leicht zu transportiren, und andern Theils dem Schuldner unter den übrigen am entbehrlichsten sind, z. B. baares Geld, Gold, Silber, Medaillen, Münzen, Edelsteine, Kleinodien, kostbare Kleider, feine Wäsche u. s. w. Sind aber dergleichen nicht, oder doch nicht zu einem hinlänglichen Betrage vorhanden, so müssen auch andere Sachen z. B. Zinn, Kupfer, Hausgeräth, Betten u. s. w. angegriffen werden. (§. 70. Tit. 24. l. c. — §. 59. 60. der alleg. Min. Instr.)

§. 67.

Berücksichtigung in Betreff der Officiere rc.

Gegen im wirklichen Dienste stehende Officiere, Unterofficiere und Soldaten, so wie gegen die mit Pension zur Disposition gestellten Officiere findet keine Execution in das Mobiliar statt, welches sie an ihrem Garnison-Orte haben. Eben so wenig darf die Execution in die Armee-Uniformen, deren Tragung den zur Disposition gestellten Officieren erlaubt ist, vollstreckt werden.

Ausstehende Forderungen, öffentliche Papiere, ingleichem baares Geld, goldene, silberne und andere Medaillen, Juwelen und Kleinodien sind in keinem Falle von der Execution befreit. Jedoch muß der Schuldner darüber, ob er dergleichen besitzt, vorher vernommen und bei vorhandenem Zweifel zum Manifestations-Eide verstattet werden. Ergiebt sich, daß eine der gedachten Militair-Personen in einer Kaserne oder in einem ähnlichen Dienstgebäude wohnt, so muß die Execution ausgesetzt und Bericht erstattet werden.

(§. 155. des Anhanges zur Ger. Ord. — Cab. Ordre vom 8. November 1831. G. S. S. 250. — Cab. Ordre vom 4. März 1837. G. S. S. 98. — Cab. Ordre vom 9. März 1839. — §. 63. der Min. Instr. vom 2. August 1850.)

§. 68.

Berücksichtigung in Betreff der Civil-Beamten rc.

Wenn wider einen noch im Dienste oder auf Pension stehenden Civil-Beamten zur Auspfändung geschritten wird, so müssen ihm die zur Verwaltung seines Dienstes erforderlichen Bücher, das unentbehrlichste Hausgeräth, Betten, anständige Kleider und Wäsche nicht genommen, auch dessen Frau und unerzogenen Kindern nothdürftige Wäsche, Kleider und Betten gelassen werden.

In Beziehung auf die Militair-Beamten jeden Ranges treten dieselben Bestimmungen ein.

(§. 156. des Anhanges zur Ger. Ord. — Cab. Ordre vom 4. März 1837. G. S. S. 98. — §. 62. Min. Instr. vom 2. August 1850.)

§. 69.

Das bei den Civil-Beamten, so wie bei den Officieren und den Militair-Beamten sich vorfindende baare Geld ist bis auf Höhe derjenigen Summe, welche dem Betrage des gesetzlich frei bleibenden Theiles des Dienst-Einkommens für den Zeitraum von der Execution bis zum nächsten Termine der Gehalts-Zahlung gleich kommt, der Auspfändung nicht unterworfen. Auch auf die Pensionen der Officiere, der Militair- und Civil-Beamten findet diese Bestimmung Anwendung.

(Cab. Ordre vom 11. December 1831. G. S. de 1832. S. 2.)

§. 70.

Sämmtliche in den §§. 155. und 156. des Anhanges zur Ger. Ord. (§§. 67. 68. dieser Zusammenstellung) gemachten Ausnahmen hinsichts des Executions-Verfahrens haben auf Schulden, welche aus unerlaubten Handlungen entspringen, keine Anwendung, vielmehr muß in diesem Falle die Execution ohne Rücksicht auf die Person und ohne Ausnahme irgend eines Vermögens vollstreckt werden. —

(§§. 157. 169. des Anhanges zur Ger. Ord.)

§. 71.

In Betreff anderer Personen.

Auf Betten, in welchen Kranke und Wöchnerinnen liegen, darf sich die Auspfändung nicht erstrecken. Ueberhaupt muß bei allen Arten von Executions-Vollstreckungen das für die Schuldner, deren Ehegatten und die bei ihnen lebenden Kinder nöthige Bettwerk von der Beschlagnahme frei gelassen werden.

Eben so darf bei Künstlern und Professionisten, welche ihr Gewerbe selbstständig betreiben, die Auspfändung auf ihr Werkzeug und was ihnen sonst zur Fortsetzung ihrer Kunst oder ihres Handwerkes unentbehrlich ist, sich nicht erstrecken.

Bei Schuldnern, welche Landwirthschaft treiben, darf das zum Betriebe derselben nothwendige Geräthe, Vieh- und Feld-Inventarium, so wie das bis zur nächsten Erndte erforderliche Saat-, Brod- und Futter-Getreide nicht abgepfändet werden, auch dann nicht, wenn der Schuldner selbst in die Abpfändung willigen sollte. Sind andere Gegenstände der Beschlagnahme gar nicht oder nicht ausreichend vorhanden, so muß der Executor den Gemeinde-Vorsteher oder einen dazu geeigneten Oeconomie-Verständigen zuziehen und sich von diesem Auskunft darüber verschaffen, ob und welche Wirthschafts-Gegenstände entbehrt und ohne den Ruin des Schuldners veräußert werden können.

Sodann muß er die Effecten, und namentlich die als entbehrlich bezeichneten Gegenstände, in Beschlag nehmen, dem Exequenden deren Veräußerung und jede anderweitige Disposition darüber bei Vermeidung der gesetzlichen Strafe (§. 272. des Straf-Gesetz-Buches vom 14. April 1851. — conf. §. 77. dieser Zusammenstellung) in einer aufzunehmenden Verhandlung untersagen, und das Gutachten des Gemeinde-Vorstehers ꝛc., mit der Unterschrift desselben versehen, in den Bericht aufnehmen oder demselben beifügen. (Confer. die speciellen Bestimmungen §§. 87. bis 91. incl.)

Derjenige Antheil am Arbeits-Verdienste, welcher in den Straf- und Gefängniß-Anstalten grundsätzlich den Sträflingen und Gefangenen während der Dauer ihrer Strafzeit oder Haft zufließt, soll niemals für deren Gläubiger ein Gegenstand des Arrestschlages oder der Beschlagnahme im Wege der Execution sein. (§. 71. Tit. 24. l. c. — Cab. Ordre vom 13. October 1843. G. S. S. 336. — Cab. Ordre vom 28. December 1841. G. S. de 1842. S. 52. — §§. 64. und 65. der Min. Instr. vom 26. August 1850.)

Anmerkung. Die neue Concurs-Ordnung vom 8. Mai 1855. bestimmt im Tit. II. Abschnitt 4. §. 143., daß von der Siegelung ausgeschlossen bleiben: Kleidungsstücke, Hausgeräthe und andere Sachen, sofern dieselben dem Gemeinschuldner und dessen Familie zu ihrem persönlichen Gebrauche unentbehrlich sind. Diese Gegenstände werden nicht zur Concurs-Masse gezogen.

§. 72.

Wenn außer dem Falle eines Concurses, im Wege der Execution das Waarenlager eines Kaufmannes oder einer Fabrik, oder die Materialien und Waaren-Vorräthe eines im ausgebreiteten Verkehre stehenden Handwerkers in Beschlag genommen werden sollen, so müssen die auf Execution andringenden Gläubiger jederzeit ihre bestimmte Erklärung über die bei der Beschlagnahme zu treffenden nähern Maaßregeln abgeben, damit demgemäß, und dem Befunde der Umstände nach, allenfalls mit Zuziehung des Schuldners und eines Sachverständigen, die weitere Einleitung getroffen werden könne. (§. 158. des Anhanges zur Ger. Ord.)

§. 73.

Verhalten des Executionssuchers bei der Executions-Vollstreckung.

Bei der Auspfändung muß der Gläubiger, wenn er auch in Person zugegen wäre, oder dessen dazu abgeordneter Bevollmächtigter, sich in Nichts mengen, vielweniger den Executor anweisen wollen, worauf die Auspfändung zu richten und wie er sie zu vollstrecken habe. Der Executor hat sich lediglich nach den vorstehenden Vorschriften und der ihm vom Gerichte ertheilten Instruction zu richten. Wenn jedoch mehrere Sachen von gleichem Werthe vorhanden sind, und aus einer derselben die Befriedigung des Gläubigers eben so gut und geschwind, als aus andern erfolgen kann, so muß der Executor auf den Antrag des Schuldners bei der Pfändung billige Rücksicht nehmen. (§. 74. Tit. 24. l. c.)

Anfertigung des Verzeichnisses über die abgepfändeten Sachen.

§. 74.

Ueber die abgepfändeten Sachen muß der Executor sogleich ein genaues Verzeichniß anfertigen, bei jedem Pfandstücke den ungefähren Werth angeben, und das Verzeichniß von dem Schuldner und den zugezogenen Gerichtspersonen oder Zeugen unterschreiben lassen.

Auch in dem Falle, wenn die Execution fruchtlos ausfällt und andere Gegenstände der Befriedigung z. B. ausstehende Forderungen oder Erbtheile durch Nachforschung des Executors nicht zu ermitteln sind, — oder nur solche Effecten vorgefunden werden, welche der Abpfändung nicht unterworfen oder ganz werthlos sind, muß das Vorgefundene mit der Angabe des Werthes speciell vom Executor verzeichnet werden, weil das Gericht zu entscheiden hat, ob die Effecten dem Schuldner belassen werden sollen. Die allgemeine Anzeige des Executors:
„der Exequendus besitzt Nichts," oder „er hat keine Zahlungsmittel" ist unstatthaft.

In dem Falle, in welchem nach den vorstehenden Bestimmungen nur eine Beschlagnahme erfolgen kann, welche die Forderung und die Kosten blos zum Theil deckt, müssen auch die von der Abpfändung ausgeschlossenen Gegenstände in das Verzeichniß, jedoch in einer besondern Abtheilung desselben vermerkt werden.

(§. 72. Tit. 24. l. c. — §§. 66. 67. der Minist. Instr. v. 2. August 1850.)

§. 75.

Unterbringung der abgepfändeten Sachen.

Sodann muß der Executor dafür Sorge tragen, daß die abgepfändeten Sachen sofort auf Kosten des Schuldners aus dessen Besitze entfernt und entweder am Orte selbst, oder wenn daselbst keine taugliche Gelegenheit vorhanden wäre, in der nächsten Stadt, in der Pfandkammer oder in einem anderen sichern Gelasse untergebracht werden — dieses Gelaß mit dem ihm anvertrauten Siegel verwahren und die Aufsicht einem zuverlässigen Manne übertragen.

Geldwerthe Papiere, Schuld- und Hypotheken-Instrumente, Pretiosen, Gold, Silber, Edelsteine und andere Kostbarkeiten werden ungesäumt an die gerichtlichen Deposital-Asservatoren gegen deren Empfangsbekenntniß abgeliefert.

Gepfändetes Vieh ist auf dem Lande der Ortsbehörde, in der Stadt einer dazu geeigneten öffentlichen Anstalt oder einer sichern Person zu übergeben, um dasselbe bis zum Verkaufe gegen Erstattung der Futterungskosten zu beaufsichtigen.

(§. 73. Tit. 24. l. c. — §. 68. der allegirten Min. Instr. — conf. in Betreff der Gelasse zur Unterbringung der abgepfändeten Sachen die §§. 97—108. Tit. 14. Thl. I. des A. L. R.)

§. 76.

Bescheinigung der Ablieferungen.

Ueber die Ablieferung der Pfandstücke in die Pfandkammer rc. muß sich der Executor von demjenigen Beamten, welcher die Aufsicht über dieselbe und die Schlüssel dazu führt, eine Bescheinigung unter dem Executions-Berichte ertheilen und die Nummer, unter welcher die Sache in der Pfandkammer-Liste eingetragen worden sind, ebendaselbst vermerken lassen. Liefert der Executor die Pfandstücke anderweitig ab, so hat der bestellte Aufseher den darüber aufgenommenen Vermerk zu unterschreiben.

(§. 69. der Min. Instr. vom 2. August 1850.)

§. 77.

Zurücklassung der Effecten in dem Gewahrsam des Schuldners.

Obgleich es Regel ist, daß abgepfändete Effecten niemals in dem Besitze des Schuldners gelassen werden dürfen, so kann doch eine Ausnahme davon stattfinden:

1) wenn es der Gläubiger schriftlich oder zu Protocoll ausdrücklich verlangt, —
2) wenn in einzelnen Fällen oder bei einzelnen Gegenständen die Fortschaffung oder Unterbringung mit ganz besonderen Schwierigkeiten verbunden ist. —

Diese Gründe sind in dem Protocolle oder in dem zu erstattenden Berichte besonders anzuführen. Tritt ein solcher Fall ein, so muß der Executor

a) die zu verzeichnenden Pfandstücke, wenn sich dieses irgend bewirken läßt, in ein besonderes Gelaß oder Behältniß der Wohnung des Schuldners bringen und dieses zu verschließende Gelaß oder Behältniß versiegeln oder wenigstens die einzelnen Gegenstände selbst mit Siegel belegen, —
b) den Schuldner dahin bedeuten:

   daß er die Sachen bis zur Abholung oder Freigebung nur in der Eigenschaft als Verwahrer von Pfandstücken besitze, sich jeder Benutzung, Verfügung oder Veräußerung bei Vermeidung der gesetzlichen Strafe zu enthalten habe. (§. 272. des Straf-Gesetz-Buches vom 14. April 1851. — Erläuterungen und Novellen zu demselben von C. Hahn S. 163. — Supplement dazu S. 88.)

c) über den Vorgang eine vollständige Verhandlung aufnehmen und von dem Schuldner unterschreiben lassen.

(§. 70. der Min. Instr. vom 2. August 1850.)

§. 78.

Sind Effecten bereits mit Arrest belegt worden, und hat der Executor später eine andere Execution gegen denselben Schuldner zu vollstrecken, so muß er, wenn sich keine andern Gegenstände der Abpfändung vorfinden, jene Effecten für den neuen Gläubiger mit Super-Arrest belegen, d. h. sie für den neuen Gläubiger in einer niederzuschreibenden Verhandlung gleichfalls in Beschlag nehmen und darin nach Vorschrift des vorstehenden §. dem Schuldner jede Verfügung darüber untersagen. Super-Arrest.

Er muß zugleich genau ermitteln und in der Verhandlung anführen:

a) in welcher Rechtssache und für welchen Gläubiger,
b) von welcher Behörde,
c) durch welche Verfügung,

die erste und eine etwanige fernere Beschlagnahme erfolgt ist.

(§. 71. der alleg. Min. Instr.)

§. 79.

Meldet sich bei oder nach der Auspfändung Jemand, welcher behauptet, daß die gepfändeten Sachen nicht dem Schuldner, sondern ihm gehören, so muß der Executor, wenn sich noch andere Gegenstände vorfinden, in welche die Execution vollstreckt werden kann, diese mit Uebergehung der ersteren angreifen. Sind keine andern Gegenstände vorhanden, so hat er, sofern der anwesende Gläubiger nicht etwa das Eigenthum des Intervenienten sofort anerkennt, mit der Auspfändung fortzufahren, die beanspruchten Stücke genau zu ermitteln und in einer besondern Abtheilung des Verzeichnisses aufzuführen, den Intervenienten aber anzuweisen, sein behauptetes Eigenthum bei dem Gerichte schleunigst **durch Urkunden oder durch von Zeugen an Eidesstatt ausgestellte Atteste** zu bescheinigen oder sonst darzuthun. Interventionen Seitens dritter Personen.

(§. 75. Tit. 24. l. c. — §. 74. der Min. Instr. vom 2. August 1850.)

§. 80.

Von dergleichen Interventionen hat der Executor, in so fern die damit verbundenen Ansprüche von dem anwensenden Extrahenten der Execution nicht sofort anerkannt sind, sofort, unter Einrichtung der ihm etwa überreichten Interventions-Klage, zu berichten. Erkennt der Executionssucher auf Vorlegung derselben die Ansprüche des Intervenienten nicht an, so muß über letztere (interventio principalis) schleunigst im Wege des summarischen Processes verhandelt und erkannt werden.

(§. 76. Tit. 24. l. c. — §. 13. der Verord. vom 4. März 1834.)

§. 81.

Wenn der Eigenthums-Anspruch mit Nichts bescheinigt worden ist, so muß mit dem Verkaufe der gerichtlich angesprochenen Sachen dennoch verfahren und die Intervention dann allenfalls auf das Kaufgeld gerichtet werden. Nimmt die Ehefrau die ausgepfändeten Sachen in Anspruch, so sind, seitdem die neue Concurs-Ordnung vom 8. Mai 1855. mit dem 1. October desselben Jahres in Kraft getreten, die Vorschriften des Einführungsgesetzes von demselben Datum Artikel VII., VIII., XII. — Concurs-Ordnung Abschnitt 8. §. 80. — und das Gesetz, betreffend die Befugniß der Gläubiger zur Anfechtung der Rechtshandlungen zahlungsunfähiger Schuldner außerhalb des Concurses, vom 9. Mai 1855. und die Vorschriften des A. L. R. Thl. II. Tit. I. §§. 206. 208. 213. 314—317, insofern sie nicht alterirt sind, gehörig zu berücksichtigen.
(§. 77. Tit. 24. l. c.)

Anmerkung.

1) Verbotene Geräthe dürfen nicht verkauft werden. (Rescr. vom 20. April 1839. Just. Min. Bl. S. 147.)
2) Ist der Interventions-Anspruch auf ein zur Subhastation gestelltes Grundstück so weit für bescheinigt angenommen, daß der Proceß eingeleitet worden, so muß die Subhastation sistirt werden. (Rescr. vom 10. Februar 1837. — Ergänzungen zur Ger. Ord. Abthl. I. S. 573.)

§. 82.

Bericht des Executors.

Ueber die Erledigung der den Executoren ertheilten Aufträge haben dieselben, wie bereits vorstehend angeführt worden, der Wahrheit getreu und vollständig zu berichten, die Berichte spätestens binnen 3 Tagen nach Vollstreckung der Execution, jedenfalls stets innerhalb der in dem Executionsbefehle angegebenen Frist, einzureichen und mit allen Quittungen, Bescheinigungen und aufgenommenen Verhandlungen demjenigen Beamten zu übergeben, von welchem sie die Executions-Mandate erhalten haben.
(§§. 47. 48. der Min. Instr. vom 2. August 1850.)

§. 83.

Verkauf der abgepfändeten Sachen im Wege der Auction — a. durch beständige Auctions-Commissarien 2c.

Demnächst muß sofort das Nöthige zum öffentlichen Verkaufe der abgepfändeten Sachen veranlaßt werden.

Ist bei dem Gerichte ein Beamter ein für alle Male mit der Abhaltung der Auctionen beauftragt resp. dazu bestellt, sind diesem die abgepfändeten Sachen übergeben, und ist derselbe zum Verkaufe vom Gerichte autorisirt, so hat er denselben, nach Maaßgabe der ihm ertheilten Instructionen, zu bewirken und in so weit er durch diese nicht davon dispensirt worden, die Vorschriften des §. 84. u. s. w. Tit. 24. Thl. I. der Gerichts-Ordnung nicht außer Acht zu lassen.

Auch mittelst Requisition kann durch andere Behörden und in Folge des vom Executions-Richter ertheilten Auftrages durch die gesetzlich constituirten Dorfgerichte der öffentliche Verkauf bewirkt werden.

(§§. 92. Tit. 24. l. c. — §§. 101. seq. der revidirten Instruction für die Dorfgerichte vom 11. Mai 1854. Min. Bl. S. 206.)

§. 84.

b. durch den Executor — das dabei zu beobachtende Verfahren.

Liegt einer, der im §. 83. dieser Zusammenstellung bezeichneten Fälle nicht vor, und beträgt die beizutreibende Summe nur 50 Thaler oder weniger, so hat der Executor selbst den öffentlichen Verkauf der abgepfändeten Sachen, wenn sie von Niemanden als fremdes Eigenthum in Anspruch genommen werden, zu bewirken.

Zu diesem Zwecke muß er die abgepfändeten Sachen durch Sachverständige abschätzen lassen, den Verkaufs-Termin bestimmen, und diesen sowohl am Orte selbst, wo sich die Sachen befinden und der Verkauf erfolgen soll, als in der Nachbarschaft, besonders wenn der Verkauf auf dem Lande erfolgen soll, in der nächsten Stadt öffentlich bekannt machen, jedoch so, daß Kosten möglichst gespart werden.

Die Bekanntmachung geschieht durch Aushänge und öffentlichen Ausruf.

Im Verkaufstermine muß die Auction nach der Ordnung des aufgenommenen Verzeichnisses vor sich gehen, die einzelnen Stücke müssen nach und nach ausgerufen und vorgezeigt werden. Wenn es dabei auf Gewicht, Ellen oder anderes Maaß ankömmt, so muß der Betrag jedes Mal zugleich bekannt gemacht, sodann das Gebot der anwesenden Kauflustigen abgewartet und zuletzt das ausgebotene Stück dem Meistbietenden zugeschlagen werden.

Der Executor muß über den Verkauf ein Protocoll aufnehmen und in diesem bei jedem Stücke die Summe, für welche der Zuschlag erfolgt und den Namen desjenigen, an welchen er geschehen ist, genau bemerken.

Der Executor darf auf die zu verkaufenden Sachen weder selbst, noch durch andere mitbieten, und muß überhaupt bei dem Ausbieten und bei dem Zuschlage mit strenger Unparteilichkeit verfahren, auch den Zuschlag zu Gunsten eines oder des andern Bietenden nicht übereilen.

Sowohl dem Schuldner als dem Gläubiger steht frei, bei der Auction zugegen zu sein. Bemerkt der Schuldner im Laufe der Auction, daß aus den verkauften Sachen bereits der zur Tilgung der beizutreibenden Summen und der Kosten erforderliche Betrag herausgebracht ist, so kann er solches dem Executor anzeigen, und dieser muß, wenn er die Anzeige nach gemachtem Ueberschlage richtig findet, so wie, wenn er solche Wahrnehmung selbst macht, mit dem ferneren Verkaufe abbrechen.

Ohne Einwilligung des Gläubigers oder ohne Erlaubniß des Gerichts dürfen die verkauften Sachen nicht anders, als gegen baare Zahlung verabfolgt werden. Holt der Meistbietende bis zum völligen Abschlusse der Auction die erstandenen Sachen gegen baare Bezahlung nicht ab, so müssen sie auf seine Gefahr und Kosten von Neuem ausgeboten und der sich ergebende Ausfall von dem ersten Licitanten sofort durch Execution beigetrieben werden.

Nach beendigter Auction zieht der Executor von dem gelösten Gelde die durch die Execution und Auction entstandenen, so wie die übrigen vom Gerichte liquidirten Kosten ab, und berichtigt von dem Ueberreste die Summe, welche durch Execution hat beigetrieben werden sollen, an die im Executions-Mandate bezeichnete Person, so wie die Kosten an die Salarien-Kasse des Gerichtes.

Das Auctions-Protocoll und die Berechnung der Gelder nebst Quittungen und Postscheinen sind dem Gerichte einzureichen.

Bei allen Auctionen, welche der Executor selbst abhält, muß er eine zum Protocoll vereidete Gerichts- oder eine Magistrats-Person, oder auf dem Lande den Gemeinde-Vorsteher zuziehen und von ihnen das aufgenommene Protocoll mit unterschreiben lassen.

(§§. 78. bis 80. incl. Tit. 24. l. c. — §. 75. der Min. Instr. vom 2. August 1850.)

§. 85.

c. durch einen zu ernennenden Commissarius rc. — das dabei zu beobachtende Verfahren.

Wenn die beizutreibende Summe und also auch die abgepfändeten Sachen den Werth von 50 Thalern übersteigen, so muß das Gericht nach Eingang des vom Executor zu erstattenden Berichtes zur Ausführung der Auction einen Commissarius am Orte selbst oder in der Nachbarschaft bestellen, die Interessenten oder deren Bevollmächtigen über die bei der Auction zu beobachtenden Modalitäten mit ihren Gutachten vernehmen, und nach den Anträgen derselben, so wie nach den übrigen vernünftig zu erwägenden Umständen den Commissarius wegen des Ortes, wo, und wegen der Zeit, wann der Verkauf erfolgen soll, mit bestimmter Instruction versehen. Hat der Commissarius keine Caution bestellt, so steht dem Extrahenten frei, Jemanden zu erneunen, an welchen der Commissarius die tägliche Einnahme abliefern muß.

Der Auction muß die Abschätzung der abgepfändeten Sachen durch Sachverständige unter Direction des Commissarius, ingleichem die Bekanntmachung des Termines mittelst Affigirung eines Proclama, in welchem die zu verkaufenden Effecten nach ihren Gattungen und Arten benannt sind, an der Gerichtsstätte oder andern öffentlichen, von dem Publicum häufig besuchten, Plätzen der Stadt oder des Ortes wo die Auction abgehalten werden soll, und eines oder zweier benachbarter Oerter, so wie auch durch ein- oder mehrmalige Einrückung in die Zeitungen oder Amtsblätter der Provinz, vorangehen. Auch muß der Commissarius dafür sorgen, daß nach Beschaffenheit der Umstände und bei etwanigem großen Werthe der zu verkaufenden Sachen die anstehende Auction derjenigen Gattung von Leuten, unter welcher die meisten Kauflustigen zu erwarten sind, z. B. der Judenschaft des Ortes durch Ausruf in der Synagoge oder durch Austheilung von gedruckten Verzeichnissen unter dem Publicum im weitesten Umfange bekannt wird.

Diese Vorschriften wegen der Bekanntmachung bilden jedoch nur die Regel, an welche der Richter nicht schlechterdings gebunden ist. Nach Beschaffenheit der Umstände kann er diese oder jene Art der Bekanntmachung weglassen, oder an deren Stelle eine andere verfügen. Wird die Auction an einem großen Orte abgehalten, so kann die Bekanntmachung am benachbarten Orte unterbleiben und an deren Stelle die Vertheilung gedruckter Nachrichten von der bevorstehenden Auction und den dabei auszubietenden Sachen eintreten. An kleineren Orten kann es bei dem Ausrufe bewenden.

Jedenfalls muß die Auction aber ein Mal — in den Amtsblättern — bekannt gemacht werden.

(§§. 81. [§. 82. fällt weg], 83. 84. 85. Tit. 24. Thl. I. der Ger. Ord.)

§. 86.

Im Auctionstermine hat der Commissarius in Betreff des Ausbietens der zu verkaufenden Sachen, der Ertheilung des Zuschlages, des Nicht-Mitbietens in eigener Person oder durch einen Andern, namentlich den Ausrufer, der sofortigen Einziehung der Auctionsgelder, des Wiederverkaufes der erstandenen Sachen, wenn der Meistbietende bis zum Abschlusse der Auction das Kaufgeld nicht erlegt hat, auf Gefahr und Kosten desselben, der sofortigen executivischen Einziehung der sich dadurch etwa ergebenden Differenz, der Aufnahme des Protocolls, der Verrechnung der Auctionslosung auf die Kosten und die Forderung des Gläubigers, der Zahlung resp. Absendung der dem Letztern zukommenden Summe an Capital, Zinsen und Kosten, — so wie in Betreff der Berichtserstattung unter Beifügung der Quittungen, Postscheine und anderweitigen Beläge, alle diejenigen Pflichten zu erfüllen, welche nach dem §. 84. dieser Zusammenstellung dem, die Auction abhaltenden, Executor obliegen.

Den Interessenten steht frei, bei der Auction gegenwärtig zu sein, oder auch auf Bestellung eines zweiten Commissarius zur Führung des Neben-Protocolles, als einer Controlle dabei, anzutragen.

Bleibt nach Abzug der Kosten und nach Befriedigung des Gläubigers ein Ueberrest, so muß der Commissarius solchen an den Schuldner gegen Quittung zahlen.

(§§. 86. 87. 88. 89. 90. 91. Tit. 24. l. c.)

§. 87.

Besondere Vorschriften in Betreff des Verkaufes des abgepfändeten Getreides.

Ist Getreide abgepfändet worden, so muß der Executor dafür sorgen, daß selbiges durch des Schuldners Gespann oder sonst auf dessen Kosten nach der nächsten Stadt, wo ein ordentlicher Getreide-Markt ist, gebracht und daselbst verkauft wird. Wegen der Auszahlung des Geldes muß er sich nach den obigen Vorschriften richten und dem über den Erfolg der Execution zu erstattenden Berichte einen von dem Magistrate zu attestirenden Marktzettel beilegen.

Wird Getreide, welches noch nicht ausgedroschen ist, bei der Auspfändung in den Scheuern vorgefunden, so muß der Executor letztere versiegeln, den Schlüssel einem zu bestellenden und besonders zu vereidenden Aufseher übergeben, unter dessen Aufsicht das Dreschen besorgen lassen, und sodann den Verkauf nach vorstehender Art veranstalten. (§§. 93. 94. Tit. 24. l. c.)

§. 88.

Bezüglich auf Kunst- und Handwerks-Geräthschaften.

Findet sich bei der gegen einen Künstler oder Professionisten verfügten Auspfändung kein anderes Mobiliar-Vermögen, als das zum Betriebe seiner Kunst oder seines Handwerkes unumgänglich nöthige Werkzeug vor, so muß das die Execution dirigirende Gericht mit der Polizei-Behörde des Ortes Rücksprache nehmen —

„ob und was für Modalitäten zur Conservation des Schuld-
„ners und zugleich zur Befriedigung des Gläubigers nach
„Beschaffenheit der Umstände stattfinden können."

Sodann muß erwogen werden:

„ob etwa dem Schuldner aus einer öffentlichen Kasse von dem
„Mittel und dem Gewerke, zu welchem er gehört, oder von
„dem Inhaber der Fabrik, bei welcher er in Arbeit steht, zu
„einem Vorschusse, durch welchen der andringende Gläubiger
„befriedigt, und welcher von ihm, durch Abzüge von seinem
„Verdienste nach und nach wieder erstattet werden kann, zu
„helfen ist."

Ist aber auch hierdurch aus der Sache nicht zu kommen, so muß durch Werkverständige beurtheilt werden:

„wieviel der Schuldner nach den vorwaltenden Umständen die
„Woche hindurch verdienen kann, wieviel er zum nothdürfti-
„gen täglichen Unterhalte für sich und die Seinigen gebraucht,
„und wieviel er also wöchentlich von seinem Verdienste auf die
„unter Execution stehende Schuld abzuzahlen im Stande ist."

Demgemäß müssen die Zahlungstermine regulirt werden, und der Gläubiger kann sich nicht entbrechen, dieselben anzunehmen, weil die daraus für ihn entstehende Unbequemlichkeit durch die Betrachtung des allgemeinen Besten, welchem daran, daß nützliche Bürger im Staate nicht ohne die dringendste Noth zu Grunde gerichtet werden, gelegen ist, offenbar weit überwogen wird.

(§. 95. Tit. 24. l. c.)

§. 89.

Verlust der Begünstigungen für die Künstler und Handwerker.

Die vorstehenden Berücksichtigungen in der Executions-Instanz kommen jedoch nur solchen Künstlern und Professionisten zu Statten, welche schon bei Eingehung der zur Execution stehenden Schuld dem Stande der Künstler und Professionisten angehörten, auch zur Zeit der Vollstreckung der Execution dasselbe oder ein anderes Gewerbe solcher Art selbstständig betreiben.

Sind die Terminzahlungen so gering, daß der Gläubiger binnen 3 Jahren durch dieselben nicht befriedigt werden kann, so ist er nicht verpflichtet, sich dieselben gefallen zu lassen.

Nicht minder fällt die Berücksichtigung weg, wenn die zur Execution gestellte Schuld aus einer unerlaubten Handlung entspringt.

(§. 14. der Verordnung vom 4. März 1834. §. 157. des Anhanges zur Ger. Ord.)

§. 90.

Wenn ein Schuldner, welchem terminliche Zahlungen gestattet sind, sich unterfängt, das ihm zur Fortsetzung seines Gewerbes gelassene Werkzeug zu veräußern, oder wenn er die ihm gesetzten Zahlungsfristen nicht inne hält, so wird er der verstatteten Nachsicht sofort verlustig; auf den Antrag des Gläubigers muß mit dem öffentlichen Verkaufe der Werkzeuge ohne ferneren Anstand verfahren werden.

Behauptet ein Gläubiger, welcher schuldig erachtet worden ist, seinem zur Klasse der Künstler oder Handwerker gehörenden Schuldner Zahlungstermine zu bewilligen, daß der Schuldner der ihm zugestandenen Rechtswohlthat sich unwerth gezeigt habe, oder daß die zum Grunde liegenden Thatsachen unrichtig befunden worden, ingleichem, daß er von Andern mit Execution verfolgt wird, so muß er im Wege des summarischen Verfahrens der Berücksichtigung, resp. der Zahlungsstundung für verlustig erklärt werden.

(§. 96. Tit. 24. Thl. I. der Ger. Ord. — §. 159. des Anhanges zu derselben — §. 431. der Conc. Ord. vom 8. Mai 1855.)

§. 91.

Bezüglich auf die Pfändung und den Verkauf von Wirthschafts-Inventarien-Stücken.

Wie der Executor bei den Executionsvollstreckungen in das zum landwirthschaftlichen Betriebe nothwendige Geräthe, Vieh- und Feld-Inventarium rc. und namentlich bei der Pfändung zu verfahren hat, ist bereits im §. 71. angegeben. Behauptet nun der Gläubiger, daß unter den zum Betriebe der Wirthschaft gehörigen Geräthen, Vieh- und Feld-Inventarium rc. Verschiedenes begriffen sei, was ohne wirklichen Nachtheil des Wirthschaftsbetriebes veräußert und zu seiner Befriedigung verwandt werden könne, so muß namentlich in wichtigen Fällen, das die Execution dirigirende Gericht zur näheren Untersuchung darüber einen Commissarius ernennen und diesem einen Oeconomie-Verständigen (Oeconomie-Commissarius) zuordnen, um Ersteren mit seiner Wissenschaft und seinem Gutachten an die Hand zu gehen.

Zeigt es sich bei der Untersuchung, bei welcher es hauptsächlich auf den pflichtmäßigen, mit vernünftigen Gründen zu unterstützenden Befund des Oeconomie-Verständigen ankömmt, daß wirklich ein oder das andere Stück von dem Geräthe, Vieh- oder Feld-Inventarium, ohne Ruin der Wirthschaft entbehrt und veräußert werden kann, so muß der Commissarius für den Verkauf dieser Stücke vorschriftsmäßig sorgen.

Im entgegengesetzten Falle aber muß der Gläubiger auf den

darüber von der Commission erstatteten Bericht, mit seinem Antrage abgewiesen werden.

Die Kosten dieser Untersuchung muß der Gläubiger als Extrahent, gleich den übrigen Executionskosten, nöthigen Falls vorschießen. Er ist dieselben aber von dem Schuldner wieder einziehen und mit seiner rechtskräftigen Forderung zugleich beitreiben zu lassen berechtigt.

(§§. 97. 98. 99. Tit. 24. l. c.)

§. 92.

Executions-Vollstreckung in Sachen des Exequenden, welche sich hinter dritten Personen befinden.

Soll die Execution in Sachen oder Gelder, welche nach den Ermittelungen und den Anzeigen des Extrahenten oder des Executors, dem zu Exequirenden eigenthümlich gehören, sich jedoch im Besitze oder in der Gewahrsam eines Dritten befinden, vollstreckt werden, so ist auf den Antrag des Executionssuchers der dritte Besitzer oder Inhaber anzuweisen, bei eigener Vertretung die betreffenden Sachen oder Gelder dem zu Exequirenden nicht auszuantworten, sondern an das Gericht abzuliefern. Zugleich muß dem zu Exequirenden aufgegeben werden, sich jeder Verfügung darüber bei Vermeidung der gesetzlichen Folgen zu enthalten.

Genügt der dritte Besitzer oder Inhaber dieser Anweisung des Richters nicht, so kann der Executionssucher zur Anstellung der Klage auf Ausantwortung der Sachen oder Gelder an das Gericht ermächtigt werden; derselbe ist jedoch verpflichtet, den zu Exequirenden zu dem Processe vorladen zu lassen.

Die Frage, ob dem Executionssucher ein Vorzugsrecht und welches zusteht, ist nach der in der Concurs-Ordnung vom 8. Mai 1855. Tit. I. Abschnitt 8. §§. 72—85. festgesetzten Rangordnung zu entscheiden. (§. 18. des Ges. vom 20. März 1854.)

Anmerkung. An die Stelle des Tit. 50. Thl. I. der Ger. Ord. ist seit dem 1. October 1855. nach Artikel II. und III. des Einführungsgesetzes vom 8. Mai ejusd. a. die neue Concurs-Ordnung von demselben Tage getreten, und damit das in dem Gesetze vom 20. März 1854 zugesicherte Vorzugsrecht der 5. Klasse aufgehoben. Es entscheidet zur Zeit nur die Abschnitt 8. §§. 72. sequ. der neuen Concurs-Ordnung (S. 25.) festgesetzte Rangordnung der Concurs-Gläubiger.

§. 93.

Execution in Forderungen des zu Exequirenden an dritte Personen auf körperliche Sachen.

Wird die Execution in solche Forderungen des zu Exequirenden, welche nicht eine bestimmte Geldsumme (§. 1. des Gesetzes vom 1. Juli 1822. G. S. S. 178.), sondern andere körperliche Sachen zum Gegenstande haben, beantragt, so kann dem Executionssucher durch das Gericht die Ermächtigung ertheilt werden, dergleichen

Forderungen mit der Maaßgabe, daß der Schuldner derselben zur Ablieferung der Sachen an das Gericht verurtheilt werde, selbst einzuklagen. Er hat jedoch die Verpflichtung, zu dem Processe den zu Exequirenden vorladen zu lassen.

Nach rechtskräftiger Entscheidung und nach erfolgter Ablieferung der Sachen ist die Execution in dieselben, so weit es nach richterlichem Ermessen zur Befriedigung des Executionssuchers nothwendig ist, auf dessen Antrag in gewöhnlicher Art zu vollstrecken.

Die Frage, ob dem Executionssucher ein Vorzugsrecht und welches zusteht, ist nach der in der Concurs-Ordnung vom 8. Mai 1855. Tit. I. Abschnitt 8. §§. 72—85. festgesetzten Rangordnung zu entscheiden. (§. 17. der Verordn. vom 20. März 1854.)

Anmerkung. Bezüglich auf den Schlußsatz greift die Anmerkung bei dem §. 92. Platz.

§. 94.

Beschlagnahme der Activa.

Schlägt der Gläubiger die etwa vorhandenen ausstehenden Forderungen des Exequenden als Gegenstand seiner Befriedigung vor, so muß an den Schuldner des Letztern entweder unmittelbar oder durch Requisition die Verordnung erlassen werden —

„vom Tage der Insinuation an, ihrem Gläubiger weiter keine „Zahlung zu leisten, widrigenfalls die Gelder ihnen auf ihre „Schuld als gültige Zahlung nicht angerechnet werden „würden.“ —

Zugleich muß ihnen aufgegeben werden —

„sich über die etwa schon geleisteten Zahlungen durch Quittung „auszuweisen, und Capital sowohl als Interessen, so weit es „zur Befriedigung des Extrahenten nothwendig ist, in den „gewöhnlichen oder stipulirten Terminen nach Beschaffenheit „der Umstände und dem Ermessen des Gerichtes an den Executionssucher unmittelbar oder in das gerichtliche Depositorium abzuführen.“

Von dieser Verordnung muß dem Exequenden Nachricht gegeben und demselben anbefohlen werden —

„sich aller Cession, Verpfändung oder anderweitigen Disposition bei Vermeidung der in dem Strafgesetzbuche vom „14. April 1851. §. 272. rc. — angeordneten Strafe zu enthalten.“ —

Uebrigens muß der Exequende, allen Falls durch Zwangsmittel angehalten werden, die Instrumente über dergleichen Activ-Forderungen in das gerichtliche Depositorium abzuliefern.

(§. 101. Tit. 24. der Ger. Ord.)

§. 95.

Weiß der Executionssucher mit Gewißheit, oder vermuthet er mit einiger Wahrscheinlichkeit, daß sein Schuldner dergleichen Activ-Forderungen habe, ohne den Betrag derselben zu kennen, und zu wissen, wo sie ausstehen, so kann er den Schuldner zur eidlichen Manifestation davon anhalten. (§. 102. l. c.)

§. 96.

Dem Executionssucher ist es aber auch gestattet, sich alle Activ-Forderungen des zu Exequirenden, welche eine bestimmte Geld-Summe, sei es in Capital oder Renten, zum Gegenstande haben, aus welchen Titeln z. B. Vermächtnissen, Kaufcontracten u. s. w. sie auch entspringen mögen, selbst einzuklagen und bis zum Betrage seiner rechtskräftigen Forderung einzuziehen. Ueberweisung der Activa.

Auf besondern Antrag wird er dazu durch eine Verfügung des Gerichtes ermächtigt, und solches sowohl dem zu Exequirenden, als dessen Schuldner bekannt gemacht.

(§§. 1. und 2. des Ges. vom 4. Juli 1822. G. S. S. 178.)

§. 97.

Diese gerichtliche Verfügung vertritt die Stelle einer Anweisung, und der Executionssucher erlangt dadurch an der in Beschlag genommenen Forderung die Rechte eines Assignatars mit der Vollmacht zur Einklagung der angewiesenen Forderung. a) in Form einer Anweisung.

Jedoch ist derselbe allemal verpflichtet, zu dem gegen den Schuldner zu führenden Processe den zu Exequirenden vorladen zu lassen.

(§§. 3. 4. des allegirten Gesetzes.)

Der zu Exequirende kann mit seinem Schuldner einseitig und ohne Zustimmung des Executionssuchers keinen Vergleich abschließen, welcher zum Nachtheil des Letzteren gereicht. (Gerichts-Ordnung Thl. I. Tit. 29. §. 81.) (§§. 3. 4. 5. l. c.)

§. 98.

Will der Executionssucher eine Activ-Forderung seines Schuldners zum Nennwerthe an Zahlungsstatt annehmen, so soll ihm dieselbe durch eine Verfügung des Gerichtes, welche die Stelle einer Cession vertritt, übereignet werden. (§. 6. l. c.) b) in Form einer Cession.

Uebersteigt diese zu übereignende Forderung die beizutreibende Forderung, so geschieht die Ueberweisung bis zum Betrage der letztern, jedoch mit dem Vorzugsrechte vor dem Ueberreste der Forderung, welcher dem zu Exequirenden verbleibt. Beides ist in der übereignenden Verfügung, wovon in diesem Falle auch der zu Exequirende eine Ausfertigung erhält, deutlich und genau auszudrücken. (§. 7. l. c.)

§. 99.

Da der Executionssucher aus dem bereitesten Vermögen des Exequenden seine Befriedigung verlangen kann, so hat er die Wahl, ob er die rückständigen Zinsen der in Zahlungsstatt zu übereignenden Forderung nur theilweise oder gar nicht übernehmen will, welchen Falls solche in der übereignenden Verfügung dem zu Exequirenden vorzubehalten sind. (§. 8. l. c.)

Ist von der zu übereignenden Forderung ein schriftliches Dokument vorhanden, so wird die Cessionsverfügung im Falle des §. 6. des allegirten Gesetzes darauf vermerkt — im Falle des §. 7. l. c. überdies ein Duplicat des Documents gefertigt, welches mit der Cessions-Verfügung gleichfalls versehen wird. (§. 9. l. c.)

Anmerkung. Welche von den beiden Ueberweisungen der Executionssucher verlangt, muß er bestimmt anzeigen. Ist dies nicht geschehen, so muß der Richter ihn zu einer bestimmten Erklärung auffordern — bis dahin aber die Verfügung ausgesetzt bleiben. (Rescr. vom 14. April 1832. Jahrb. Bd. 39. S. 393.)

§. 100.

Uebereignung von Geld-Renten.

Die Uebereignung von Geld-Renten geschieht zu dem Satze, wofür der Rentepflichtige solche abzulösen gesetzlich oder vertragsmäßig befugt ist. In Ermangelung einer solchen Bestimmung werden sie mit 5 Procent zu Capital angeschlagen. Es findet diese Uebereignung jedoch nur bei solchen Renten statt, deren Absonderung von dem berechtigten Hauptgute keine gesetzlichen Hindernisse im Wege stehen. (§. 10. l. c.)

§. 101.

Kosten der Uebereignung.

Die Kosten der Uebereignung mit Einschluß der Eintragung fallen dem zu Exequirenden zur Last. (§. 11. l. c.)

§. 102.

Ueberweisung und Annahme an Zahlungsstatt von Papieren, welche einen Cours haben.

Sind Schuld-Papiere, welche auf den Börsen einen marktgängigen Cours haben, in Beschlag genommen, so kann der Executionssucher solche zu dem Börsen-Course, wofür sie verkäuflich sind, in Zahlung annehmen.

In diesem Falle bedarf es, in so fern die Papiere auf jeden Inhaber lauten, keiner Cessions-Verfügung, sondern nur einer Aushändigung der Papiere an den Executionssucher zum gerichtlichen Protocoll und einer Quittung desselben über die ihm dadurch gewordene Zahlung. (§§. 12. 13. l. c.)

§. 103.

Da hier keine theilweise Ueberweisung statt findet, so muß der Executionssucher allemal, wenn der Courswerth der Papiere dessen rechtskräftige Forderung übersteigt, den Ueberschuß bei der Aushändigung der Papiere in gleichen Papieren nach dem Courswerthe oder baar entweder an den zu Exequirenden zahlen, oder den Umständen nach bei dem Gerichte niederlegen. (§. 14. l. c.)

§. 104.

Der Courswerth wird bei denjenigen Papieren, welche auf inländischen Börsen Cours haben, durch das Attest eines vereideten Mäklers bestimmt, welches von dem Gerichte auf das Anerbieten des Executionssuchers, die Papiere in Zahlung übernehmen zu wollen, eingeholt wird, und den an dem Tage der Ausstellung des Attestes gewesenen Cours in Buchstaben und Zahlen angeben muß.

Bei inländischen Staats-Papieren, ingleichen bei ausländischen Papieren, welche inländischen Börsencours haben, wird dabei der Berliner Börsencours zum Maaßstabe genommen — bei inländischen Provinzial- oder Communal-Papieren aber der Cours von der Börse der Provinz, in welcher sie entstanden sind.

Befinden sich mehrere Börsen in der Provinz, so hängt es von dem Ermessen des Gerichtes ab, nach welcher von diesen Börsen der Courswerth der inländischen Provinzial- und Communal-Papiere bestimmt werden soll, und eben so entscheidet das Gericht, welche inländische Börse dazu zu nehmen ist, falls sich in der betreffenden Provinz keine Börse befindet. Der Regel nach ist jedoch dazu die Berliner Börse zu wählen, wenn bei derselben dergleichen Papiere Cours haben. (§§. 15. 16. l. c.)

Anmerkung. Sollen Verbriefungen über provinzielle Staatsschulden verkauft werden, welche auf einen bestimmten Inhaber lauten, so ist davon der Haupt-Verwaltung der Staats-Schulden Nachricht zu geben. (Rescr. vom 12. April 1824. Jahrb. Bd. 22. S. 222.)

§. 105.

Haben die in Beschlag genommenen Papiere aber blos auf ausländischen Börsen einen Cours, so erfordert das Gericht entweder von der Haupt-Bank oder Seehandlung Auskunft, bei welcher ausländischen Börse der neueste Cours dieser Papiere am vortheilhaftesten sei — und darnach wird bei der Uebereignung derselben an den Executionssucher ihr Cours-Werth bestimmt.

§. 106.

Verkauf solcher Papiere durch einen vereideten Mäkler.

Will der Executionssucher aber die in Beschlag genommenen Papiere nach ihrem Courswerthe nicht selbst übernehmen, sondern trägt auf deren Veräußerung an, so geschieht diese durch einen vereideten Mäkler, ganz auf gleiche Weise, wie Papiere dieser Art an der Börse verhandelt werden.

Bei welcher Börse der Verkauf zu bewirken sei, ist gleichfalls nach den vorhergehenden §§. zu bestimmen.

Bei den im §. 16. des Gesetzes vom 16. Juli 1822. gedachten Papieren ertheilt das exequirende Gericht einem Mäkler entweder unmittelbar oder durch Ersuchen des Gerichtes am Orte der Börse den Auftag zum Verkaufe. Der Mäkler muß am nächsten Börsentage nach Empfang der Papiere solche versilbern und den erhaltenen Werth unter Beifügung des Courszettels berechnen.

Bei den im §. 17. l. c. gedachten Papieren aber ersucht das Gericht entweder die Haupt-Bank oder die Seehandlung, selbige nach dem neuesten vortheilhaftesten Course an der ausländischen Börse auf die daselbst übliche Weise verkaufen zu lassen. Die Berechnung des herausgekommenen Werthes wird mit dem Courszettel belegt. (§§. 18. 19. 20. des Ges. vom 4. Juli 1822.)

Anmerkung. Durch dieses Gesetz ist der §. 103. Tit. 24. Thl. I. der Ger. Ord. aufgehoben und die §§. 104. und 105. l. c. fallen weg.

§. 107.

Beschlag auf Besoldung und Pensionen oder Wartegeld.

Bezieht der Exequende eine feste Besoldung, eine Pension oder Wartegeld, so kann der Executionssucher sowohl dieselben, als das Wartegeld sofort als Object seiner Befriedigung in Vorschlag bringen. In diesem Falle muß diejenige vorgesetzte Behörde, bei welcher das Eine oder das Andere aus der Kasse erhoben wird, requirirt werden, letztere anzuweisen, dem Exequenden von dem Gehalte, der Pension oder dem Wartegelde den gesetzlich zulässigen Abzug zu machen, für Rechnung desselben die Abzugs-Rate an den Executionssucher zu zahlen, und damit so lange fortzufahren, bis Letzterer vollständig befriedigt ist.

(§. 106. Tit. 24. l. c. — Rescr. vom 28. Juni 1830. und 27. Januar 1831. Jahrb. Bd. 35. S. 274. — Bd. 37. S. 85.)

§. 108.

Jedoch hat es in Ansehung derjenigen Officianten, deren Besoldungen, nach ergangenen speciellen Verordnungen, im Wege der Execution gar nicht angegriffen werden können, bei diesen Verordnungen, nach wie vor, sein Bewenden. (confer. den nachfolgenden §.) Ausnahme in Betreff einiger Officianten.

(§. 107. Tit. 24. l. c. — §. 108. wird durch nachfolgende Bestimmungen beseitigt.)

§. 109.

Auf die Besoldungen und Emolumente der Civil-Beamten findet eine Beschlagnahme nur in der Art statt, daß ein Jeder 400 Thaler frei behält. Gegen Diejenigen, welche nur 400 Thaler oder weniger Dienst-Einkünfte haben, soll daher kein Arrestschlag, desgleichen bei den Uebrigen der Beschlag nur auf die Hälfte des nach Abrechnung der 400 Thaler bleibenden Ueberschusses der Besoldung und der Emolumente gestattet werden. Beschränkungen a) in Betreff der Civil-Beamten.

Zu den Civil-Beamten, welchen jene Begünstigung zu statten kommt, werden die in den §§. 68. und 69. Tit. 10. Thl. II. des Allg. L. R. bezeichneten, mithin auch die städtischen, geistlichen und landschaftlichen Beamten — und Rechts-Anwälte gerechnet. Denselben stehen in Betreff der fraglichen Begünstigung gleich: Oeconomie-Commissarien, Feldmesser und Bau-Conducteure während der Dauer ihrer Anstellung gegen fixirte Diäten bei öffentlichen Behörden, desgleichen während der Dauer der von öffentlichen Behörden ihnen übertragenen Beschäftigung — ingleichen sämmtliche Militair-Beamte, namentlich Medicinal-Beamte, so wie die diätarisch oder widerruflich angestellten Beamten..

(§§. 160. 161. des Anhangs zur Ger. Ord. — Cab. Ordre vom 19. Januar 1833. G. S. S. 4. — Rescr. vom 29. November 1830. Jahrb. Bd. 36. S. 318. — Rescr. vom 18. October 1833., vom 30. Juli 1837. Jahrb. Bd. 50. S. 115.)

§. 110.

Auch auf diejenigen, welche aus einem unter öffentlicher Verwaltung stehenden Fond eine ihnen vom Staate oder der vorgesetzten Behörde angewiesene Pension beziehen, findet die Vorschrift im vorstehenden §., jedoch mit der Einschränkung Anwendung, daß ihnen nur 200 Thaler ganz und von dem Ueberschusse die Hälfte frei bleiben muß. (§. 162. des Anhangs zur Ger. Ord.) b) in Betreff der Pensionairs.

§. 111.

c) in Betreff der activen, pensionirten u. auf Wartegeld stehenden Officiere.

Wegen der Abzüge von dem Gehalte der Officiere finden folgende Vorschriften statt:

1) Sämmtlichen Generalen, Commandeurs, Commandanten, Staabs-Officieren und den Compagnie- und Escadron-Chefs müssen bei Gehalts-Abzügen zur Befriedigung der Gläubiger von ihrem jährlichen Gehalte 400 Thaler frei bleiben, und nur von dem den Betrag von 400 Thalern übersteigenden Gehalte kann die Hälfte von den Gläubigern in Beschlag genommen werden.

2) Eben dies findet auch bei allen Officieren, welche Pension oder Wartegeld genießen, oder auf halbes Gehalt gesetzt sind, statt.

3) Was die den Subaltern-Officieren zu machenden Gehalts-Abzüge betrifft, so können bei der Infanterie einem Portepee-Fähnriche und Seconde-Lieutenant nicht mehr als 2 Thaler, einem Premier-Lieutenant aber 3 Thaler, und bei der Cavallerie einem Portepee-Fähnriche und Seconde-Lieutenant 3 Thaler und einem Premier-Lieutenant 4 Thaler monatlich abgezogen werden.

Die Abzüge, welche einem Officiere zur Deckung und Wiedererstattung der ihm aus der Regiments- und Bataillons-Kasse gesetzmäßig vorgeschossenen Equipagegelder gemacht werden, haben vor allen übrigen, selbst früher contrahirten Schulden den Vorzug und müssen ungetheilt den Darleihern verabfolgt werden.

(§§. 165. und 166. des Anhangs zur Ger. Ord.)

§. 112.

Bei den Generalen und andern Officieren höhern Ranges müssen die ihnen für ihre Dienstverhältnisse bewilligten sogenannten Tafelgelder und sonstigen Zulagen, welche nicht zum eigentlichen Gehalte gehören, von Abzügen Behufs der Bezahlung von Schulden ausgeschlossen bleiben.

Eben so bleibt in Betreff sämmtlicher Officiere und der Militair-Beamten der Servis, weil solcher statt der Naturaleinquartierung gezahlt wird, von den Abzügen ausgeschlossen.

(§. 167. des Anhangs zur Ger. Ord. — Rescr. vom 18. Januar 1833.)

Abzüge bis zur Hälfte des Gehaltes ꝛc. für den Fall der Entrichtung laufender Alimente.

§. 113.

Sowohl Militair-Personen (Officiere und Militair-Beamte), als Civil-Beamte und Pensionaire müssen sich Abzüge bis zur Hälfte ihres ganzen Gehaltes, Wartegeldes oder der Pension ohne Unterschied des Betrages gefallen lassen, wenn es auf die Entrichtung laufender Alimente ankömmt.

In den Fällen der Anwendung dieser Bestimmung sind allgemein von dem Gehalte derjenigen Officiere, welche aus Königlichen Kassen einen Beitrag zum gemeinschaftlichen Mittagstisch erhalten, 8 Thaler monatlich, und von dem Gehalte derjenigen Officiere, welche einen solchen Beitrag nicht erhalten, 10 Thaler monatlich vorweg in Abzug zu bringen und nur die Hälfte des Restbetrages zur Deckung laufender Alimente in Anspruch zu nehmen.

(§. 168. des Anhangs zur Ger. Ord. und Cab. Ordre vom 6. Juli 1843. Min. Bl. de 1843. S. 11.)

§. 114.

Bestimmungen für den Fall der Mobilmachung der Armee.

Tritt eine Mobilmachung der Armee ein, so behält jeder Officier den vollen Betrag seines Gehaltes für die Dauer derselben und des Krieges und cessiren für diese Zeit die Gehalts-Abzüge. Dasselbe findet auf die mobilen Militair-Beamten, welche nicht zu der Zahl der Officiere gehören, Anwendung.

(Cab. Ordre vom 22. December 1817. G. S. de 1818. S. 8.)

§. 115.

Unzulässigkeit der Verzichtleistungen auf die bezeichneten Begünstigungen.

Eine Verzichtleistung auf die vorstehend festgesetzte Befreiung vom Arrestschlage ist, so wie jede Verpfändung und Anweisung fixirter Besoldungen, Emolumente und Pensionen, ohne rechtliche Wirkung. (§. 163. des Anhanges zur Ger. Ord.)

§. 116.

Wegfall dieser Begünstigungen.

Die in Betreff der Beschlagnahme von Besoldungen und Pensionen vorgeschriebenen Einschränkungen finden bei solchen Schulden keine Anwendung, welche aus unerlaubten Handlungen entstanden sind — vielmehr soll bei Schulden dieser Art, der Schuldner sei eine Militair-Person oder ein Civil-Beamter die Execution ohne Rücksicht auf einen dem Schuldner sonst zu seiner Subsistenz zu belassenden Theil seines Einkommens vollstreckt werden.

Diese Vorschrift bezieht sich auch auf die Kosten der gegen einen Beamten eingeleiteten Untersuchungen — doch müssen dem Beamten 300 Thaler jährliches Einkommen frei bleiben.

(§. 169. des Anh. zur Ger. Ord. — Cab. Ordre vom 11. Juni 1829. Jahrb. Bd. 34. S. 115. — Conc. Ordn. vom 8. Mai 1855. Tit. 6. §. 432. ad 3.)

§. 117.

Berechnung der Gehalts- u. Pensions-Abzüge in Betreff der Militair- u. Civilbeamten.

Abgesehen von den nach den vorstehenden §§. den Officieren höheren und niederen Grades 2c. zu statten kommenden besondern Begünstigungen, werden bei Berechnung der Gehalts- und Pensions-Abzüge eines activen oder pensionirten Officiers, so wie aller Militair- und Civil-Beamten, die zur Wittwen-Kasse zu entrichtenden Beiträge, so wie der vorschriftsmäßige Beitrag zum Pensions-Fond vorweg in Abzug gebracht und erst von dem Ueberreste des Gehaltes oder der Pensionen die gesetzlich zulässigen Abzüge für die Gläubiger berechnet.

Bei der Beschlagnahme des Gehaltes eines Geistlichen und der fixirten Diäten der Oeconomie-Commissarien, Feldmesser und Bauconducteure muß im ersteren Falle die Regierung um Festsetzung des Amtseinkommens ersucht, und im zweiten Falle mit den Behörden, bei welchen dieselben beschäftigt sind, die erforderliche Rücksprache genommen werden.

Currente öffentliche Abgaben sind ohne Unterschied der höheren oder niedrigeren Besoldung oder Pension von Militair-Personen und Civil-Beamten oder Pensionisten einzuziehen. Wenn aber andere Gläubiger auf solche Besoldungen und Pensionen schon Beschlag gelegt haben, so wird nur die eine Hälfte der zu entrichtenden Abgaben von dem freien Antheile des Besoldeten oder Pensionairs, die andere Hälfte aber von dem den Gläubigern angewiesenen Antheile dergestalt erhoben, daß Letztere bis zur Tilgung der öffentlichen Abgaben zurückstehen müssen.

(Cab. Ordre vom 29. Mai 1834. G. S. S. 70. — Rescr. vom 29. Juli 1825. und 13. März 1826. Jahrb. Bd. 26. S. 215. und Bd. 37. S. 79. — Rescr. vom 18. April 1828. Jahrb. Bd. 31. S. 276. — vom 26. März 1836. Jahrb. Bd. 47. S. 326. — Anhang zur Ger. Ord. §. 170.)

§. 118.

Art der Zahlung der Gehalts-Abzüge an den Executionssucher.

So lange nur ein einzelner Gläubiger angewiesen ist, sind die Gehalts-Abzüge unmittelbar aus den Kassen an den Executionssucher zu zahlen (conf. §. 107.). Concurriren aber mehrere Gläubiger, so sind die königlichen Kassen ꝛc. nicht weiter mit der unmittelbaren Zahlung der Gehalts-Abzüge an die Gläubiger zu belästigen. Die betreffende Kasse hat für diesen Fall die Gehalts-Abzüge an das competente Gericht zur Annahme ad depositum judiciale und zur Vertheilung unter die Gläubiger einzusenden.

(§. 164. des Anhanges zur Ger. Ord.)

Anmerkung. In dem Rescr. v. 24. Februar 1829. (Jahrb. Bd. 33. S. 319.) und in dem Rescr. vom 22. Januar 1841. — Min. Bl. de 1841. S. 94. sind die wegen der Gehalts-Abzüge zu requirirenden Behörden nachgewiesen.

§. 119.

Die aus der allgemeinen, ingleichen aus der Officiers-Wittwen-Kasse den Wittwen zu zahlenden Pensionen können nur von solchen Gläubigern, welche die Beiträge zur Bezahlung des Pensionsrechtes vorgeschossen haben, zur Befriedigung wegen dieser Beiträge als Object der Execution vorgeschlagen werden. (§. 109. Tit. 24. Thl. I. der Gerichts-Ordnung.)

In wie weit unterliegen Wittwen-Pensionen, Gnadengehalte 2c. der Beschlagnahme.

Dasselbe gilt von den Pensionen, welche an die invaliden Artillerie-Officiere aus der Artillerie-Pensions-Zuschuß-Kasse zu zahlen sind.

(Cab. Ordre vom 20. März 1828. G. S. S. 43.)

Nur dasjenige, was die Hinterbliebenen eines Beamten nach der Cabinets-Ordre vom 27. April 1816. (G. S. S. 134.) an Besoldung außer dem Sterbe-Quartal erhalten, ist für dieselben Gnadenbewilligung. Auf letztere hat kein Gläubiger des Verstorbenen Anspruch. Solche steht der Regel nach nur der Wittwe, den Kindern und den Enkeln, ohne Rücksicht, ob sie dessen Erben sind, oder nicht, zu. Dem Minister als Departements-Chef ist jedoch frei gelassen, im Falle der Erblasser der Ernährer armer Eltern, Geschwister, Geschwister-Kinder oder Pflegekinder gewesen ist, ausnahmsweise denselben das Gnadengehalt anzuweisen — mit der Befugniß, die Vertheilung desselben unter die Hinterbliebenen zu reguliren und dessen Verwendung zu bestimmen. Diese Bestimmungen wegen des Gnadengehaltes finden auch auf den Gnaden-Monat, welcher den Hinterbliebenen außer dem Sterbe-Monate bewilligt ist, Anwendung —

(Cab. Ordre vom 15. November 1819. G. S. de 1820. S. 45.)

nicht minder auf den Gnaden-Monat der Hinterbliebenen eines Pensionairs. (Cab. Ord. vom 15. November 1819. Jahrb. Bd. 14. S. 211.)

§. 120.

Die im Wege der Execution erfolgte Beschlagnahme von Besoldungen, Dienst-Emolumenten, Wartegeldern, Pensionen, Fideicommiß- oder Lehnsnutzungen, oder andern an die Person des Schuldners gebundenen fortlaufenden Einkünften erstreckt sich sowohl auf die bereits fälligen, als auf die zukünftigen Beträge derselben.

Umfang der Beschlagnahme auf Besoldungen, Pensionen 2c.

Die einmal erfolgte Beschlagnahme des Dienst-Einkommens umfaßt auch jedes Dienst-Einkommen, welches bei später eintretenden Veränderungen durch Versetzung, durch Uebernahme neuer Aemter oder durch Gehaltszulage erworben wird.

(§. 16. der Verord. vom 4. März 1834. — §. 377. Tit. 5. Abschn. 2. der Concurs-Ordnung vom 8. Mai 1855.)

Gerichtliche Vertheilung der Gehalts-Abzüge 2c. im Fall einer Concurrenz von mehreren Gläubigern — eventuell Prioritäts-Verfahren.

§. 121.

conf. Beilage.

Wenn Besoldungen oder andere an die Person des Schuldners gebundene fortlaufende, im vorstehenden §. bezeichneten, Einkünfte von mehreren Gläubigern im Wege der Execution in Beschlag genommen werden, so müssen dieselben gerichtlich vertheilt werden.

Die Vertheilung erfolgt jährlich mit dem Ablaufe des Kalenderjahres, sobald die letzte Hebung eingegangen ist.

(§§. 378. 379. Tit. 5. Abschn. 2. d. Concurs-Ordn. vom 8. Mai 1855.)

§. 122.

Zu beachtende Grundsätze bei der Vertheilung.

Bei der Vertheilung ist nach folgenden Grundsätzen zu verfahren:

1) Forderungen, welchen ein Vorrecht nach Maaßgabe der Tit. I. Abschn. 8. §§. 72—85. incl. der allegirten neuen Concurs-Ordnung festgesetzten Rangordnung (confer. zugleich §. 368. Tit. 5. Abschn. I.) zusteht, werden vorzugsweise befriedigt. —

2) Von den übrigen Forderungen kommen zunächst die vor der ersten Beschlagnahme entstandenen zur Hebung. Dabei fällt die Einnahme des ersten Jahres denjenigen Gläubigern zu, welche die erste Beschlagnahme ausgebracht haben.

Die Einnahme des zweiten Jahres wird zu gleichen Rechten auf sämmtliche Gläubiger vertheilt, welche während des ersten Jahres die Beschlagnahme ausgebracht haben, oder derselben beigetreten sind.

Bei der Vertheilung der Einnahme des dritten und jedes folgenden Jahres treten den früher Theil nehmenden Gläubigern immer noch diejenigen mit gleichen Rechten zu, welche in dem zunächst vorangegangenen Jahre der Beschlagnahme beigetreten sind.

3) Erst nach Berichtigung dieser Forderungen (Nr. 2.) kommen die nach der ersten Beschlagnahme entstandenen Forderungen zur Hebung. Hierbei schließt derjenige Gläubiger, welcher der Beschlagnahme früher beigetreten ist, die später beigetretenen Gläubiger aus.

Sind mehrere Gläubiger an demselben Tage beigetreten, so haben sie gleiche Rechte.

4) Die Vertheilung unter die gleichberechtigten Gläubiger geschieht nach Verhältniß des Betrages ihrer Forderungen.

(Tit. 5. Abschn. II. §. 380. und Abschn. I. §. 368. der Concurs-Ordnung vom 8. Mai 1855.)

Anmerkung. Das dem Executionssucher in den §§. 15. und 16. der Verordn. vom 4. März 1834. im Falle der ihm auf den Grund des Ges. vom 4. Juli 1822. ertheilten Ermächtigung zur Einklagung und Einziehung einer Activ-Forderung und im Falle der Beschagnahme von Besoldungen, Dienstemolumenten rc. zugesicherte Vorzugsrecht der 5. Klasse fällt weg, indem nach dem Artikel II. und III. des Einführungsgesetzes vom 8. Mai 1855. der Tit. 50. Thl. I. der Ger. Ord. aufgehoben ist, und seit dem 1. October 1855. nur die im Tit. I. Abschn. 8. §§. 72—85. festgesetzte Rangordnung entscheidet.

§. 123.

Fertigung eines Theilungs-Planes.

Behufs der Vertheilung der Masse unter die Gläubiger ist ein Theilungs-Plan anzufertigen.

In demselben wird zuvörderst der vorhandene Bestand der Masse festgestellt und der Betrag der Communkosten vorweg in Abzug gebracht.

Sodann sind die Forderungen der Gläubiger einzeln aufzuführen, und in ihren Beträgen darzustellen. Diejenigen Forderungen, für welche ein Vorzugsrecht in Anspruch genommen ist, sind so zu behandeln, als wenn das erlangte Vorzugsrecht endgültig festgestellt worden.

Demnächst ist anzugeben, welche Beträge von der zu vertheilenden Masse auf die einzelnen Forderungen fallen.

(§. 381. Abschn. 2. und §. 369. Abschn. 1. Tit. 5. der allegirten Concurs-Ordnung.)

§. 124.

Erklärung der Interessenten über den Theilungsplan.

Nach der Aufstellung des Theilungs-Planes ist zur Erklärung und zur Verhandlung über denselben, so wie zur Ausführung der Vertheilung ein Termin vor einem Commissarius des Gerichtes anzuberaumen.

Zu diesem Termine sind die Gläubiger und der Schuldner unter Mittheilung des Theilungsplanes vorzuladen.

Bei der Verhandlung im Termine und bei der Ausführung der Vertheilung kommen die für die Vertheilungen im Concursverfahren geltenden Vorschriften zur Anwendung.

(§§. 243. bis 245. der Concurs-Ordnung.)

Anmerkung. Diese §§. lauten:

§. 243. Der Commissar verhandelt in dem Termine über die einzelnen Posten nach der Reihenfolge des Theilungsplanes, wie es zur Ausführung der Vertheilung zweckdienlich ist.

§. 244. Soweit innerhalb der bestimmten Frist (§. 242. der Concurs-Ordnung) keine Einwendungen gegen den Plan vorgebracht worden sind, werden an die Gläubiger, deren Forderungen feststehen, die in dem Plane berechneten Antheile sofort gezahlt. Die Posten, zu welchen sich kein Empfangsberechtigter meldet, werden auf Gefahr und Kosten der betreffenden Gläubiger als Specialmassen in gerichtlicher Aufbewahrung behalten.

§. 245. Bei denjenigen Posten, in Beziehung auf welche rechtzeitig Einwendungen vorgebracht worden sind, veranlaßt der Commissar die Erledigung derselben zwischen den betheiligten Personen.

Findet eine Einigung derselben statt, so wird danach der Theilungs-Plan ausgeführt.

Kommt dagegen eine Einigung nicht zu Stande, so stellt der Commissar die Streitpunkte und die Parteien fest, worauf die weitere Verhandlung und die Entscheidung über die Einwendungen in besonderen Processen erfolgt. Zu diesem Behuf wird eine beglaubigte Abschrift der Einwendung, so wie ein Auszug aus dem Theilungsplan und der Verhandlung an die zuständige Abtheilung des Concursgerichts abgegeben, hiernächst wird von derselben ein Termin zur mündlichen Verhandlung der Sache von Amtswegen angesetzt. Die Antheile, welche auf die durch solche Einwendungen betroffenen Forderungen fallen, werden, wenn sich nicht die Parteien über eine anderweite Anlegung einigen, als Specialmassen in gerichtlicher Verwahrung zurückbehalten, das Erkenntniß hat zugleich darüber zu entscheiden, an wen diese Antheile ausgezahlt werden sollen, oder nach Befinden die anderweite Vertheilung anzuordnen.

Wenn ein Gläubiger, welcher rechtzeitig Einwendungen gegen den Vertheilungsplan angebracht hat, in dem Termin nicht erscheint, so bleiben die Einwendungen unberücksichtigt, so weit sie nicht von dem Verwalter oder einem der erschienenen Gläubiger in dem Termine geltend gemacht werden.

Die Bestimmung über die Bestellung eines gemeinschaftlichen Bevollmächtigten in Specialprocessen (§. 238.) findet auch auf die Processe über den Theilungsplan Anwendung.

Einwendungen gegen den Theilungsplan, welche erst nach dem Beginne der Ausführung angebracht werden, bleiben unbeachtet.

(§§. 370. 372. Abschn. I. Tit. 5. l. c.)

§. 125.

Einwendungen gegen den Theilungs-Plan ꝛc.

Jeder bei dem Prioritätsverfahren betheiligte Gläubiger ist befugt, im Wege der Einwendung gegen den Theilungsplan die nachbezeichneten Forderungen anderer betheiligten Gläubiger als ungültig anzufechten:

1) Forderungen aus Rechtshandlungen, welche der Schuldner in der, dem andern Theile bekannten Absicht vorgenommen hat, sie nur zum Schein vorzunehmen, oder die Gläubiger auf andere Weise zu bevortheilen.

2) Forderungen aus Entscheidungen und Mandaten, wenn da-

bei Umstände zum Grunde liegen, bei welchen eine gleiche Absicht (Nr. 1.) erhellt.

3) Forderungen aus freigebigen Verfügungen (§. 102. Nr. 2. der Concurs-Ordnung), welche der Schuldner zum Vortheil seines Ehegatten nach geschlossener Ehe vorgenommen hat.

4) Forderungen der Ehefrau des Schuldners oder der Rechts-Nachfolger der Ehefrau auf Sicherstellung oder Rückzahlung des in die Verwaltung des Schuldners gekommenen Vermögens der Ehefrau, so fern ein Fall der gesetzlichen Verpflichtung zur Sicherstellung der Ehefrau oder zur Herausgabe des Vermögens derselben nicht vorliegt.

5) Forderungen, deren Nachweis durch Empfangsbekenntnisse Anerkenntnisse oder Zugeständnisse geführt worden ist, welche der Schuldner seinem Ehegatten gegenüber, vor oder nach geschlossener Ehe, ausdrücklich oder stillschweigend, insbesondere im Contumacial-Verfahren, abgegeben hat, sofern nicht die Richtigkeit des Empfangsbekenntnisses, Anerkenntnisses oder Zugeständnisses, oder der im Contumacial-Verfahren festgestellten Umstände anderweit nachgewiesen wird. cf. Beilage C.

(§. 373. Abschn. I. Tit. 5. der Concurs-Ordnung vom 8. Mai 1855. Ges. vom 9. Mai 1855.)

§. 126.

Wird eine Forderung auf Grund der vorstehenden Bestimmungen als ungültig angefochten und keine Einigung der Interessenten erzielt, so hat der Commissarius im Termine eine auf die Anfechtung der Forderung gerichtete Klage-Anmeldung aufzunehmen, auf welche demnächst die weitere Verfügung ergeht.

Setzt der anfechtende Gläubiger die Klage nicht fort, so gilt die mittelst der Anfechtung angebrachte Einwendung gegen den Theilungsplan zurückgenommen.

Bei der Anfechtung kommen die Grundsätze zur Anwendung, welche im Concurse bei der Anfechtung der vor der Concurs-Eröffnung vorgefallenen Rechtshandlungen gelten. (§§. 104. 105. 109. 111. 112. der neuen Concurs-Ordnung.)

So weit die Ungültigkeit der angefochtenen Forderungen festgestellt wird, bleiben dieselben von der Theilnahme an der Masse ausgeschlossen, so wie überhaupt im Falle eines Streites die rechtskräftige Aburtelung die entscheidende Norm bildet. (§§. 374. 375. l. c.)

Anmerkung. Die Anordnungen in den §§. 17. bis 20. incl. der Verord. vom 4. März 1834. fallen mit Rücksicht auf das Vorstehende weg.

Prioritäts-Verfahren bei Executions-Vollstreckungen in das bewegliche Vermögen.

§. 127.

Wenn ein Gläubiger im Wege der Execution bewegliche Sachen seines Schuldners in Beschlag genommen hat, so können andere Gläubiger desselben Schuldners wegen Forderungen, welche gegen Letztern vollstreckbar sind, der Beschlagnahme beitreten (confer. §. 93. dieser Zusammenstellung) und aus den in Beschlag genommenen Sachen ihre Befriedigung suchen.

Hat ferner ein Gläubiger im Wege der Execution eine ausstehende Forderung seines Schuldners in Beschlag genommen, oder ist er zur Einklagung einer solchen Forderung mit den Rechten eines Assignatars ermächtigt, so können andere Gläubiger auf den Grund eines vollstreckbaren Urtels der Beschlagnahme beitreten und aus der Forderung ihre Befriedigung suchen.

Dasselbe findet statt, wenn ein Gläubiger zur Einklagung einer solchen Forderung ermächtigt ist, die nicht eine bestimmte Geldsumme, sondern andere körperliche Sachen zum Gegenstande hat. (confer. §. 93. dieser Zusammenstellung.)

(§§. 362. 363. Abschn. I. Tit. 5. der Concurs-Ordnung v. 8. Mai 1855.)

§. 128.

Erfordernisse der Beitritts-Erklärung und deren Mittheilung an die übrigen Executionssucher ꝛc.

Die Beitritts-Erklärung ist bei dem Gerichte anzubringen, von welchem die Execution vollstreckt worden, oder welches zuerst die Forderung in Beschlag genommen, oder die Ermächtigung zur Einklagung ertheilt hat.

Die Beitritts-Erklärung muß den Nachweis der Vollstreckbarkeit der Forderung des Gläubigers enthalten, so wie den Betrag der Forderung und das Vorzugsrecht, welches der Gläubiger in Anspruch nimmt.

Wird die Beitritts-Erklärung zulässig befunden, so ist dieselbe den übrigen Executionssuchern, so wie dem Schuldner bekannt zu machen. Handelt es sich um eine ausstehende Forderung des Schuldners, so muß auch derjenige, gegen welchen dem Schuldner die Forderung zusteht, von der Beitritts-Erklärung in Kenntniß gesetzt werden. (§. 364. l. c.)

§. 129.

Verfahren, wenn mehrere Gläubiger der Ermächtigung zur Einklagung einer Forderung des Schuldners beigetreten sind.

Wenn ein oder mehrere Gläubiger der Ermächtigung zur Einklagung einer ausstehenden Forderung beigetreten sind, so kann die Klage nur von allen gemeinschaftlich angestellt werden, oder es müssen, wenn die Klage bereits von einem Gläubiger angestellt worden ist, die übrigen Gläubiger dem Processe beitreten.

Der Proceß ist in solchen Fällen durch einen gemeinschaftlichen Bevollmächtigten zu betreiben. Findet über die Wahl des Bevollmächtigten keine Einigung statt, so wird derselbe vom Gerichte bestellt. (§. 365. l. c.)

§. 130.

Fälle, in welchen die gerichtliche Verwahrung des Erlöses und der eingeklagten Geld-Summe eintreten muß.

Ergiebt sich, daß die in Beschlag genommenen Sachen zur vollständigen Befriedigung der Gläubiger nicht zulänglich sind, so ist der Erlös aus den Sachen zur gerichtlichen Verwahrung zu nehmen.

Ist die ausstehende Forderung zur vollständigen Befriedigung der Gläubiger, welche ihre Befriedigung aus derselben suchen (§. 363. der Concurs-Ordnung) nicht zulänglich, so muß der zur Zahlung Verpflichtete die Zahlung zum gerichtlichen Depositorium leisten.

Hat die Forderung nicht eine bestimmte Geldsumme, sondern andere körperliche Sachen zum Gegenstande, so ist der Erlös aus den durch die Einziehung der Forderung herbeigeschafften Sachen, im Falle der Unzulänglichkeit desselben, in gerichtliche Verwahrung zu nehmen.

In Ermangelung einer gütlichen Einigung ist demnächst die Vertheilung der Masse im Wege des Prioritäts-Verfahrens zu bewirken. (§. 366. l. c.)

§. 131.

Beschluß über die Eröffnung des Prioritäts-Verfahrens.

Das Gericht hat das Prioritätsverfahren von Amtswegen durch Beschluß zu eröffnen.

Die Eröffnung des Prioritätsverfahrens ist dem Schuldner, so wie den betheiligten Gläubigern bekannt zu machen. (§. 367. l. c.)

§. 132.

Rangordnung der Gläubiger. — Bestimmungen wegen der Zinsen 2c.

In dem Prioritätsverfahren bestimmen sich die Theilnahmrechte der Gläubiger nach den Vorschriften über die Rang-Ordnung der Concurs-Gläubiger. (Concurs-Ordnung vom 8. Mai 1855. Tit. I. Abschnitt 8. §. 72. bis 85.) Wo nach diesen Vorschriften bei Bestimmung der Vorrechte der Zeitpunkt der Concurs-Eröffnung in Betracht kömmt, ist an dessen Stelle der Tag maaßgebend, an welchem für die betreffende Forderung die Beschlagnahme erfolgt, oder die Ermächtigung zur Einklagung ertheilt, oder die Beitritts-Erklärung für zulässig erklärt ist.

Die im §. 84. der allegirten Concurs-Ordnung erwähnten Forderungen können in dem Prioritätsverfahren geltend gemacht werden, sie haben jedoch erst nach vollständiger Berichtigung aller übrigen Forderungen Anspruch auf Befriedigung aus der Masse.

Anmerkung. Der §. 84. lautet:

Es stehen allen andern Forderungen nach und können im Concursverfahren überhaupt nicht geltend gemacht werden:

1) die von dem Gemeinschuldner zu entrichtenden Geldstrafen;

2) die Kosten, welche den Gläubiger durch ihre Theilnahme an dem Concursverfahren erwachsen (Liquidationskosten);

3) die Forderungen, welche aus der Freigebigkeit des Gemeinschuldners entspringen;

4) die Forderungen, welche Zuwendungen auf den Todesfall zum Gegenstande haben, sie mögen in Eheverträgen, Erbverträgen oder andern letztwilligen Verfügungen des Gemeinschuldners enthalten sein. Hat jedoch der auf den Todesfall bedachte für eine solche Zuwendung dem Gemeinschuldner etwas gegeben, so kann er diese Gegenleistung oder deren Werth, jedoch niemals mehr als den Betrag jener Zuwendung fordern.

Besteht der Gegenstand einer Forderung in fortlaufenden Hebungen, so findet ein Anspruch auf Sicherstellung von künftigen Hebungen aus der Masse nur statt, in sofern gegen den Schuldner die Verpflichtung zur Sicherstellung durch einen vollstreckbaren Titel ausdrücklich festgesetzt worden ist.

Der Lauf der Zinsen hört der Masse gegenüber mit dem Tage der Eröffnung des Prioritätsverfahrens auf. (§. 368. l. c.)

§. 133.

Weiteres Verfahren.

Anlangend die Fertigung eines Planes zum Zwecke der Vertheilung der Masse, die Erklärung der Gläubiger darüber, die Vorladung derselben und des Schuldners, die Ausführung des Theilungs-Planes durch den ernannten Commissarius, die Anwendung der für die Vertheilung in Concursen geltenden Vorschriften. dabei, die von den betheiligten Gläubigern gegen den Theilungsplan zu erhebenden Einwendungen und die Anfechtung der Gültigkeit der Forderungen anderer Gläubiger, das dabei zu beobachtende Verfahren Seitens des Commissarius und die dabei zur Anwendung kommenden Grundsätze, so finden auch hier die in den §§. 123. bis 126. incl. dieser Zusammenstellung gegebenen Vorschriften im ganzen Umfange Anwendung.

(§§. 369. 370. 372. 373. 374. Abschnitt 1. Tit. 5. der Conc. Ord. vom 8. Mai 1855.)

§. 134.

Zulässigkeit von nachträglichen Beitritts-Erklärungen nach der Aufstellung des Theilungsplanes.

Neue Beitritts-Erklärungen, so wie Anmeldungen von Vorrechten werden nach der Aufstellung des Theilungsplanes noch zugelassen — jedoch bleiben dieselben unberücksichtigt, wenn sie nicht spätestens sieben Tage vor dem anberaumten Termine (§. 370. der Conc. Ord.) angebracht werden.

Sind nachträgliche Beitritts-Erklärungen oder Anmeldungen von Vorrechten zeitig erfolgt, so ist der Theilungsplan danach vor dem Termine abzuändern. (§. 371. l. c.)

§. 135.

Gläubiger, welchen die auf den Antrag anderer Gläubiger in Beschlag genommenen Sachen oder überwiesenen Forderungen als Faustpfand haften (§. 32. 33. der allegirten Conc. Ordn.) sind dem Fortgange der Executions-Vollstreckung in diese Gegenstände zu widersprechen nicht befugt. Sie können jedoch aus denselben, auch wenn ihre Forderungen noch nicht fällig sind, vor allen Gläubigern Befriedigung verlangen.

Wird der Anspruch der Faustpfandgläubiger bestritten, so ist derselbe von ihnen mittelst einer Interventionsklage in einem besonderen Processe auszuführen. Zur Anstellung der Interventionsklage hat das Gericht erforderlichen Falls eine Frist zu bestimmen. Läuft dieselbe fruchtlos ab, so wird auf den Anspruch nur dann weitere Rücksicht genommen, wenn die Klage noch vor dem Termine zur Vertheilung der Masse angestellt wird.

Die Klage muß bei dem Gerichte, welchem die Vertheilung der Masse zusteht, angestellt, und sowohl gegen die widersprechenden Gläubiger, als gegen den Schuldner, wenn dieser den Anspruch bestreitet, gerichtet werden.

§. 136.

Befugniß des Gläubigers, die erstrittene Forderung auf dem Grundstücke des Schuldners eintragen zu lassen.

Der Gläubiger erwirbt durch solche Erkenntnisse, Vergleiche und Zahlungsverfügungen, aus welcher eine Execution statt findet, für Kapital, Zinsen und Kosten, und für die Kosten der Eintragung einen Titel zum Pfandrechte auf die dem Schuldner zugehörigen Immobilien. (A. L. R. Thl. I. Tit. 20. §. 5.)

Er ist nach Ablauf der im Zahlungsbefehl (§. 5. der Verordnung vom 4. März 1834. und §. 15. des Gesetzes vom 20. März 1854.) bestimmten vierwöchentlichen Frist befugt, die Eintragung in das Hypothekenbuch, auch ohne besondere Einwilligung des Schuldners bei dem Proceßrichter nachzusuchen; Letzterer ist verbunden, die

Eintragung bei der Hypothekenbehörde, unter Mittheilung einer mit dem Atteste der Rechtskraft versehenen Ausfertigung des Erkenntnisses, Vergleiches ꝛc. — und, wenn ein Instrument über den Anspruch vorhanden ist, unter Beifügung desselben, in Antrag zu bringen, auch gleichzeitig den Schuldner davon zu benachrichtigen.

Dem Gläubiger steht schon vor Nachsuchung des Zahlungsbefehles frei, mit Ueberreichung des Erkenntnisses, Vergleiches ꝛc. oder einer beglaubigten Abschrift derselben, sich unmittelbar an den Hypothekenrichter zu wenden und die Eintragung einer Protestation zur Erhaltung seines Vorrechtes nachzusuchen. Der Hypothekenrichter hat in einem solchen Falle die Eintragung sofort zu bewirken, ist jedoch verpflichtet, die Protestation von Amtswegen wieder zu löschen, wenn der Antrag des Proceßrichters auf Eintragung einer förmlichen Hypothek nicht binnen drei Monaten eingeht.

Kömmt es noch auf die Feststellung des Betrages der Forderung an, oder ist die Execution nur provisorisch zulässig, so kann der Gläubiger auf demselben Wege die vorläufige Eintragung seines Rechtes verlangen (conf. hierbei §. 112. des Anh. zur Ger. Ord., so wie §. 2. des Gesetzes vom 20. März 1854.).

(§. 22. der Verord. vom 4. März 1834.)

§. 137.

Besitzt der Schuldner mehrere Immobilien, und der Gläubiger will sich nicht mit der Eintragung auf eines derselben begnügen, so darf Letzterer nur einen von ihm zu bestimmenden Theil der Forderung auf jedes Immobile eintragen lassen.

(§. 23. ebendaselbst — §. 110. und 111. fallen weg.)

§. 138.

Beschlagnahme der Guts-Revenüen —

Ist die Forderung so beschaffen, daß sie binnen Jahresfrist aus dem Ertrage des Gutes bezahlt werden kann, so müssen die Gerichte blos diese Einkünfte auf Anmelden des Gläubigers in Beschlag nehmen.

Die Gerichte sind nicht verpflichtet, von Amtswegen zu untersuchen, ob die Forderung, zu deren Beitreibung die Subhastation eines Grundstückes nachgesucht wird, aus den Einkünften desselben berichtigt werden könne. Kann der Schuldner jedoch nachweisen, daß die Einkünfte, nach Abzug der Wirthschaftskosten, Reallasten und sämmtlicher Hypotheken-Zinsen, hinreiche, die beizutreibende Forderung innerhalb Jahresfrist zu tilgen, so ist er befugt, darauf anzutragen, daß die Subhastation ausgesetzt und inzwischen nur mit der Beschlagnahme der Revenüen oder nach der Wahl des Gläubigers mit der Sequestration des Grundstücks verfahren wird.

Zur Führung des Nachweises über den Reinertrag genügt es, wenn bei städtischen Grundstücken der Magistrat, bei Rittergütern der Landrath, oder, wenn das Gut zu einem landschaftlichen Credit-Verbande gehört, die Credit-Direction, und bei andern ländlichen Grundstücken die Ortspolizei-Behörde ein Attest darüber ausstellen.

Nach Ablauf der im Zahlungsbefehl bestimmten vierwöchentlichen Frist findet ein solcher Antrag nicht mehr statt.

(§. 112. Tit. 24. Thl. I. der Ger. Ordn. — §. 24. der Verordnung vom 4. März 1834. Der §. 171. des Anhangs fällt weg.)

§. 139.

Im Falle der Verpachtung oder Vermiethung.

Ist das Grundstück verpachtet oder vermiethet, so wird dem Pächter oder dem Miether aufgegeben, von dem zu entrichtenden Pacht- oder Miethzinse so viel, als zur Befriedigung des Gläubigers erforderlich ist, in den festgesetzten Terminen an denselben zu bezahlen. Es ist dabei alles zu beobachten, was in dem Falle des §. 101. Tit. 24. Thl. I. der Ger. Ord. und in dem Gesetze vom 4. Juli 1822. (§. 94. dieser Zusammenstellung), wenn ausstehende Schulden zum Objecte der Execution vorgeschlagen sind, verordnet worden ist. (§. 113. Tit. 24. Thl. I. der Ger. Ord.)

§. 140.

Im Falle, daß das Gut von dem Schuldner selbst administrirt wird.

Wird das Gut von dem Schuldner selbst administrirt, so muß das Gericht auf den Vorschlag des Extrahenten der Execution einen, allen Falles nach dem Ermessen zu vereidigenden Aufseher zur Erhebung der Einkünfte und zur Ablieferung derselben an die Gläubiger bestellen. Zugleich müssen alle Wirthschafts-Beamte, welche mit der Einziehung der Gutseinkünfte etwas zu thun haben, z. B. Verwalter, Vögte, Schäfer und dergleichen, ingleichem die Einsassen, welche Zinsen oder andere Natural- und Geldabgaben zu entrichten haben, angewiesen werden, die eingehobenen oder zu entrichtenden Gelder nicht an den Schuldner, sondern an den ernannten Aufseher abzuführen.

Durch diese Verfügungen wird dem Schuldner die Bewirthschaftung des Gutes selbst nicht entzogen — er behält vielmehr, nach wie vor, die freie Disposition. (§§. 114. 115. Tit. 24. Thl. I. der Ger. Ord.)

§. 141.

Remuneration des Aufsehers.

Die Remuneration des bestellten Aufsehers ist zwischen diesem, dem Schuldner und dem Gläubiger zu verabreden, Falls aber eine

Einigung nicht zu Stande kommt, vom Richter festzusetzen. Der Gläubiger hat die Verpflichtung, den dazu erforderlichen Vorschuß zu leisten.

§. 142.

Befriedigung des Executionssuchers aus den erhobenen Gutseinkünften.

Aus den erhobenen Gutseinkünften hat der Aufseher, insofern nicht etwas Anderes angeordnet ist, den Executionssucher auf den Betrag der rechtskräftig erstrittenen Forderung an Capital, Zinsen und Kosten gegen Ausstellung einer Quittung zu befriedigen.

§. 143.

Sequestration.

Trägt aber der Gläubiger darauf an, und wird dies zugleich durch das Interesse anderer concurrirender Gläubiger, namentlich der Realgläubiger, geboten, so muß die Sequestration des Grundstückes des Schuldners eingeleitet und diesem alle fernere Bewirthschaftung und Disposition darüber untersagt werden.

(§. 116. Tit. 24. Thl. I. der Ger. Ord. — §§. 137. 150. der Conc. Ord. vom 8. Mai 1855.)

§. 144.

Unzulässigkeit der Immission der Gläubiger für eigene Rechnung.

Die bisher statt gefundene Immission der Gläubiger für eigene Rechnung, in welchem Falle denselben das Grundstück nach einem angefertigten Anschlage zur eigenen Administration und Nutznießung, gleichsam auf Gewinn und Verlust ohne Verbindlichkeit zur Rechnungslegung eingeräumt worden ist, soll in der Folge nicht mehr zugelassen werden, da die Erfahrung gelehrt hat, daß wegen der großen Unzuverlässigkeit, welche bei den meisten Nutzungs-Anschlägen schon zur Zeit ihrer ersten Aufnehmung, aus Mangel der erforderlichen Nachrichten, obwaltet, und wegen der großen und wichtigen Veränderungen, welche die Verschiedenheit der Witterung und andere zufällige Umstände in dem Ertrage der Grundstücke besonders der Landgüter, hervorbringen können, bei der auf den Grund eines solchen Anschlages über die Dauer der Immissionszeit anzulegenden Berechnung, wenn diese unabänderlich sein soll, schwere Verkürzungen des Gläubigers oder des Schuldners unvermeidlich sind — und wenn Revisionen des Anschlages statuirt werden sollten, dadurch eine Quelle unzähliger, beide Theile erschöpfender Processe von Neuem eröffnet werden würde. (§. 118. Tit. 24. Thl. I. der Ger. Ord.)

§. 145.

Ausnahme von der Regel.

Dergleichen Immission eines Gläubigers für eigene Rechnung findet daher nur dann statt, wenn sich derselbe mit dem Schuldner darüber einigt. In diesem Falle müssen die Dauer der Immission, die Art der Wirthschaftsführung, die Remissions-Fälle und alle übrigen Bedingungen in einem unter Direction des Gerichtes zu schließenden Abkommen so genau und bestimmt als möglich festgesetzt werden. In Ermangelung verabredeter Bestimmungen finden die Vorschriften des A. L. R. Thl. I. Tit. 20. §§. 226. bis 242. Anwendung. (§. 119. l. c.)

§. 146.

Ausser diesem Falle findet bei Executionen in Immobilien nur die gerichtliche Sequestration statt. Ist er dazu qualificirt, so kann dem Gläubiger zwar die Führung der Wirthschaft aufgetragen werden — er hat aber alsdann alle Verbindlichkeiten eines Sequesters und muß eine der jährlichen Einnahme entsprechende Caution bestellen. Kann oder will er dies nicht, so müssen anderweitige Sicherheits-Maaßregeln getroffen werden.
(§. 120. l. c. — A. L. R. Thl. I. Tit. 14. §§. 103. bis 108. seq.)

§. 147.

a. Bei städtischen Grundstücken. Bestellung des Administrators u. Uebergabe.

Ist das zu sequestrirende Immobile ein Haus oder anderes städtisches Grundstück, so muß das Gericht mit Zuziehung der Interessenten einen Administrator bestellen, denselben, in so fern er nicht etwa zu dergleichen Verrichtungen überhaupt in Pflicht steht, besonders vereiden, ihm durch einen gerichtlichen Commissarius das Grundstück übergeben, und von den dazu gehörigen Pertinenzstücken rc. ein richtiges Inventarium mit Taxe aufnehmen lassen. (§§. 121. 122. Tit. 24. l. c.)

§. 148.

Feststellung der Reparaturen und deren Ausführung.

Bei der Uebergabe muß zugleich mit Zuziehung von Sachverständigen untersucht und festgestellt werden:

ob und was für Reparaturen nothwendig sind —

um das Grundstück in gehörigen Baustand zu setzen und darin ferner zu erhalten. Die dazu erforderlichen Kosten, wenn sie entweder so beträchtlich sind, daß sie die Einkünfte eines Vierteljahres übersteigen, oder wenn die Reparatur selbst keinen Aufschub leidet, muß in Ermangelung eines anderen Fonds, der Gläubiger, unter Vorbehalt der landüblichen Verzinsung und des künftigen Ersatzes aus dem Werthe oder den Einkünften des Grundstückes, so wie der bei entstehendem Concurse solchen Vorschüssen gesetzlich zukommenden Priorität, herbeischaffen.

Der Administrator hat für die anschlagsmäßige Ausführung der Reparaturen Sorge zu tragen.

(§. 123. Tit. 24. l. c. — §§. 40. 41. Abschnitt 5. Tit. I. der Conc. Ord. vom 8. Mai 1855.)

§. 149.

Termin zur Regulirung der Revenüen-Vertheilung.

Nach erfolgter Beschlagnahme der Revenüen oder Einleitung der Sequestration im Wege der Execution für Rechnung der Gläubiger, und nachdem von dem betreffenden Grundstücke ein von der Hypothekenbehörde ausgefertigter Hypothekenschein pro informatione zu den Akten gebracht worden, ist ein Termin zur Regulirung der Revenüen-Vertheilung vor einem Deputirten des Gerichtes anzuberaumen.

Zu diesem Termine sind der Schuldner, der Extrahent und alle aus dem Hypothekenbuche ersichtlichen Realgläubiger vorzuladen, sofern der Aufenthalt derselben bekannt ist.

Die Vorladung geschieht unter der Verwarnung, daß der Ausbleibende die auf den Grund der vorzunehmenden Regulirung erfolgenden Zahlungen nicht anfechten kann.

§. 150.

Gegenstand der Verhandlung.

In dem Termine vernimmt der Deputirte die Interessenten über die Ansprüche, welche an die Revenüen gemacht werden, dem Betrage und der Priorität nach, entwirft, nöthigen Falls mit Hülfe eines Rechnungsverständigen, unter Berücksichtigung der im §. 416. und in den §§. 57. bis 59. der Conc. Ordn. vom 8. Mai 1855. aufgestellten Grundsätze, einen Plan zur Vertheilung der Revenüen, führt darin die sämmtlichen Forderungen nach Maaßgabe des Hypotheken-Buches auf und berechnet für jede Forderung den aus den Revenüen zu berichtigenden Betrag, unter Angabe des Fälligkeits-Termines, und hört die Interessenten mit ihren Erklärungen über den Plan.

Entstehen Streitigkeiten, welche nicht beigelegt werden können, so ist bei jeder Post zu vermerken, wer die Richtigkeit, das Hypotheken-Recht oder das Vorrecht derselben bestreitet. (§§. 392. 393. der Conc. Ordn. vom 8. Mai 1855.)

Anmerkung.

1) Der §. 392. handelt von der Befugniß des Schuldners und jedes im Termine anwesenden Realgläubigers, die Richtigkeit, das Hypothekenrecht und das Vorrecht der einzelnen Forderungen zu bestreiten. —

Der §. 393. von der Berechtigung jedes anwesenden betheiligten Real-Gläubigers, im Wege der Einwendung die in dem §. bezeichneten Forderungen anderer Gläubiger nach Maaßgabe der im I. Abschnitte ertheilten näheren Bestimmungen (§. 375.), als ungültig anzufechten (conf. §. 125. dieser Zusammenstellung).

2) Die im §. 416. und in den §§. 57. bis 59. der Conc. Ordn. aufgestellten Grundsätze gelten auch für die Vertheilung der in Beschlag genomme-

nen Revenüen vom verliehenen und nicht verliehenen Berg- und Hütten-Eigenthum und von solchen Schiffs-Mühlen und Gerechtigkeiten, welche die Eigenschaft unbeweglicher Sachen haben. (§. 63. l. c.)

§. 151.

Zahlungs-Anweisung an den Administrator rsp. Sequester.

Auf den Grund der stattgefundenen Regulirung hat das Gericht den bestellten Administrator oder Sequester mit einer Zahlungs-Anweisung zu versehen. In derselben muß der auf jede Forderung zu zahlende Betrag, der Fälligkeitstermin, der Empfangsberechtigte und die Folge-Ordnung der einzelnen Forderungen genau bestimmt werden.

(§§. 416. bis 419. incl. Abschnitt 5. Tit. 5. der Conc. Ordn. vom 8. Mai 1855. — und §. 25. der Verordn. vom 4. März 1834.)

§. 152.

Rechte und Pflichten des Administrators ꝛc. in Betreff der ihm übertragenen Verwaltung.

Der Administrator hat hiernächst in Ansehung der ihm übertragenen Verwaltung alle Gerechtsame und Obliegenheiten eines wirklichen Wirthes und Eigenthümers. Er muß also darauf Acht haben, daß die Miethen in den nach den Contracten festgesetzten Terminen, an ihn richtig abgetragen, keine Deteriorationen von den Miethern vorgenommen, die leer gewordenen Quartiere wieder vermiethet, das Grundstück und dessen Inventarienstücke in baulichem und tauglichem Zustande unterhalten und alle darauf ruhenden Lasten und Abgaben gehörig entrichtet werden.

(§. 124. Tit. 24. l. c.)

§. 153.

Ingleichem hat er, der ihm ertheilten Zahlungs-Anweisung entsprechend, die unstreitigen Beträge an die Gläubiger, deren Aufenthalt bekannt ist, unmittelbar zu berichtigen, für jede zur Hebung stehende streitige Post, so wie für jede Post, deren Eigenthümer der Existenz oder dem Aufenthalte nach unbekannt ist, die Zahlung zum gerichtlichen Depositorium zu leisten, damit mit dem Betrage eine Special-Masse angelegt wird, wegen deren Ausschüttung nach den für den Fall der Kaufgelder-Vertheilung vorgeschriebenen Grundsätzen zu verfahren ist. (§§. 394. 405. seq. der Concurs-Ordnung vom 8. Mai 1855.) (§. 419. Abschn. 5. Tit. 5. ibid.)

§. 154.

Den nach Befriedigung der Realgläubiger etwa verbleibenden Revenüenüberschuß hat der bestellte Administrator oder Sequester wenn die nothwendige Subhastation eingeleitet worden, zum gerichtlichen Depositorium zur Kaufgelder-Masse — falls jene Bedingung aber nicht eintrifft, zur Vertheilung unter die persönlichen Gläubiger, welche die Revenüen im Wege der Execution in Beschlag genommen haben — für den Fall der Unzulänglichkeit zur vollständigen Befriedigung, im Wege des Prioritäts-Verfahrens — gleichfalls zur gerichtlichen Depositalkasse einzuzahlen.

(§. 420. Abschn. 5. Tit. 5. l. c. — §. 25. der Verord. v. 4. März 1834.)

§. 155.

Die Gerichte müssen den Administrator bei Beobachtung seiner Pflichten gehörig schützen und dem Schuldner alle Einmischung in die Administration und alle Beeinträchtigungen des Administrators bei nachdrücklicher Ahndung und allenfalls bei Personal-Arrest untersagen.

Sollte jedoch der Schuldner oder auch der Gläubiger wahrnehmen, daß der Administrator schlecht Wirthschaft treibt, das Grundstück in Verfall gerathen läßt, so steht es dem Einen wie dem Andern frei, es dem Gerichte anzuzeigen, auf Untersuchung und Abhülfe, und allenfalls auf Bestellung eines andern Administrators, anzutragen und zu dringen. (§. 125. Tit. 24. Thl. I. der Ger. Ord.)

§. 156.

Rechnungslegung Seitens des Administrators.

Der bestellte Administrator und Sequester muß, wenn die Administration sich über ein Jahr verzögern sollte, in so fern specielle Instructionen nicht kürzere Fristen zu diesem Zweck festsetzen, am Schlusse eines jeden Jahres von seiner geführten Administration dem Gerichte unter Beifügung ordnungsmäßiger Beläge Rechnung, und sobald die Administration ganz aufgehoben wird, Schlußrechnung legen. (§. 126. l. c.)

§. 157.

Remuneration des Administrators 2c.

Die dem Administrator und Sequester für seine Mühwaltung zukommende Remuneration wird entweder zwischen ihm, dem Schuldner und den Gläubigern vereinbart, oder in Ermangelung einer solchen Vereinbarung durch das Gericht, nach Maaßgabe der Gesetze und der in größern Städten für die ein für alle Male bestellten und vereidigten gerichtlichen Administratoren geltenden Reglements, festgesetzt.

Nachrichtlich. Bei dem Stadtgerichte in Breslau sind gerichtliche Administratoren ein für alle Male bestellt und vereidigt — sie haben eine entsprechende Caution bestellt und stehen zunächst unter der Aufsicht eines Häuser-Administrations-Inspectors. (Confer. das Reglement für dieselben vom 17. April 1812. und vom 13. December 1822.)

§. 158.

Cautions-Bestellung Seitens des Administrators.

Ist die Cautionsbestellung in den im vorstehenden §. gedachten Falle nicht bereits amtlich regulirt, so muß der Administrator und Sequester auf Verlangen der Interessenten oder nach dem Ermessen des Gerichts eine Caution bestellen und zur gerichtlichen Deposital-Kasse einzahlen. Dieselbe haftet für alle zur Vertretung geeigneten Handlungen aus der Administration. Die Zurückzahlung erfolgt erst dann, wenn dem Administrator Decharge ertheilt ist.

(§§. 103. bis 108. seq. Tit. 14. Thl. I. des A. L. R.)

§. 159.

b. Bei Landgütern, welche nicht zur Kathegorie der Rittergüter gehören.

Ist von der Sequestration eines Landgutes, welches nicht zur Kathegorie der Rittergüter gehört, die Rede, so muß dieselbe von dem Gerichte in derselben Art, wie vorstehend wegen eines städtischen Grundstückes angeordnet ist, verfügt und in derselben Weise verfahren werden. Es müssen aber bei der Einsetzung des Sequesters Oeconomieverständige zugezogen, auch, wenn das Gut von einiger Beträchtlichkeit ist, einem derselben die Aufsicht über die Wirthschaft des Sequesters und über die Conservation des Gutes überhaupt, aufgetragen werden.

Ist der Eigenthümer eines solchen Landgutes jedoch in Gemäßheit des Allerhöchsten Erlasses vom 4. und 11. Mai 1849. ꝛc. und des dazu gehörigen Regulatives (G. S. de 1849. S. 182. 183. u. s. w.) dem landschaftlichen Verbande beigetreten und haften auf demselben Rustical-Pfandbriefe, so gebührt die Direction der Sequestration nach den §§. 13. und 14. des Regulatives, der landschaftlichen Behörde.

(§. 127. Tit. 24. Thl. I. der Ger. Ord.)

§. 160.

c. bei Rittergütern.

Wird auf die Sequestration eines Rittergutes angetragen, so gebührt die Einleitung und Direction der Sequestration, wenn auf demselben keine landschaftlichen Pfandbriefe haften, den ordentlichen Gerichten, im entgegengesetzten Falle aber die Direction der betreffenden landschaftlichen Behörde.

Im letztern Falle hat das Gericht die competente Credit-Direction oder Fürstenthums-Landschaft wegen der Einleitung der Sequestration ꝛc. zu requiriren.

(§. 128. Tit. 24. l. c. — §. 172. des Anhanges zur Ger. Ord.)

§. 161.

Verfahren des ordentlichen Gerichts, wenn ihm die Einleitung und die Direction der Sequestration zusteht.

Gebührt die Einleitung und Direction der Sequestration dem ordentlichen Gerichte, so ist in Betreff der Bestellung des Sequesters und seiner Vereidigung, der Uebergabe des Gutes und der Inventarienstücke an ihn, unter Entsetzung des Eigenthümers aus der Disposition über die Substanz und die Bewirthschaftung, der Feststellung der nothwendigen Reparaturen, des zu diesem Zwecke vom Extrahenten der Execution zu leistenden Vorschusses, der Ausführung derselben, der Regulirung der Revenüen=Vertheilung in einem anzusetzenden Termine, der Feststellung der Forderungen den Beträgen und der Priorität nach — ingleichem in Betreff des zu entwerfenden Planes ꝛc., der auszufertigenden und dem Sequester zu ertheilenden Zahlungs=Anweisung, der Beaufsichtigung des Sequesters Hinsichts der ihm zustehenden Rechte und der ihm obliegenden Pflichten, der Rechnungslegung, der zu bestellenden Caution und der dem Sequester festzusetzenden Remuneration, in derselben Weise zu verfahren, — wie es in den §§. 147. bis 158. incl. dieser Zusammenstellung vorgeschrieben worden.
(§§. 131. 140. Tit. 24. l. c.)

§. 162.

Die Pächter des unter Sequestration gestellten Rittergutes müssen zwar in ihrem Contracte unter den darin festgesetzten Bedingungen gelassen — über die Wirthschaft der Pächter aber die nöthige Aufsicht geführt, und dafür gesorgt werden, daß die Gebäude in baulichem Stande erhalten und alle Deteriorationen vermieden, und die Pachtgelder richtig abgeführt werden.

Behauptet der Pächter oder Miether eine geschehene Vorausbezahlung des Pacht= oder Miethzinses an den Exequenden, und weis't er dies auf Erfordern nach, so hat es in Ansehung der eingetragenen Gläubiger bei den Vorschriften des A. L. R. Thl. I Tit. 20. §§. 480. 481. sein Bewenden. Andere Gläubiger des Verpächters und Vermiethers müssen aber die vor erfolgter gerichtlicher Untersagung oder Einsetzung des Sequesters, von dem Pächter und Miether wirklich geleistete Vorausbezahlung gegen sich gelten lassen. (§§. 129. 130. Tit. 24. Thl. I. der Ger. Ord.)

§. 163.

Hat der Schuldner das Gut selbst verwaltet, so setzt der bestellte und eingeführte Sequester die Wirthschaftsführung entweder fort, oder das Gut wird nach einem aufzunehmenden Anschlage verpachtet. In beiden Fällen bleibt dem Gerichte die Beaufsichtigung.

Die Interessenten sind jedoch vorher sowohl in dieser Beziehung, als in dem Falle, wenn Hauptveränderungen in der Administration zu treffen, z. B. wenn ein bisher verpachtet gewesenes Gut in Verwaltung gesetzt, wenn neue Baue geführt, Processe angefangen, Meliorationen vorgenommen oder neue Wirthschafts-Arten, Felder-Eintheilungen u. s. w. eingeführt werden sollen, mit ihren Erklärungen darüber und mit ihren Einwendungen zu hören, um eine Grundlage für die Genehmigung oder Verwerfung zu gewinnen. (Die Mehrheit der Gläubiger nach dem Betrage ihrer Forderungen entscheidet.) (§§. 131. 132 133. Tit. 24. l. c.)

§. 164.

Verfahren, wenn die Sequestration durch d. Credit-Direction 2c. geleitet wird.

Gebührt die Direction der Sequestration der landschaftlichen Behörde, so muß dieselbe in Folge der von dem ordentlichen Gerichte an sie ergangenen Requisition unverzüglich damit nach Maaßgabe der in dem landschaftlichen Reglement enthaltenen Vorschriften vorgehen.

(Artik. XV. des Einführ. Ges. vom. 8. Mai 1855. zur Conc. Ordn. von demselben Tage.)

Die Vorschriften wegen Instandsetzung der Gebäude und des Inventariums mittelst eines vom Extrahenten zu leistenden Vorschusses, wenn ein anderer Fond dazu fehlt, in den §§. 162. und 163. dieser Zusammenstellung, sind auch für sie maaßgebend — jedoch dergestalt, daß bei Widersprüchen der concurrirenden Gläubiger die Entscheidung in allen die Wirthschaft und Administration betreffenden Punkten lediglich von dem Ermessen der Credit-Direction abhängt, und den Interessenten, wenn sie sich dabei nicht beruhigen wollen, nur der Recurs an die Haupt-Ritterschafts-Direction und in Schlesien an die Generallandschafts-Direction offen bleibt.

In Betreff der oben bezeichneten Hauptveränderungen hat die landschaftliche Behörde sich jedenfalls mit dem Gerichte, auf dessen Verfügung die Sequestration verhängt worden, zum Zwecke der Erklärung der Interessenten darüber, der Genehmigung oder Verwerfung, in Correspondenz zu setzen. (§§. 129. bis 133. Tit. 24. l. c.)

§. 165.

Wenn entweder der landschaftliche Commissarius eigenmächtig und ohne die verordnete Zuziehung der Interessenten (conf. die vorstehenden §§.) Veranstaltungen von der beschriebenen Art getroffen, oder die Credit-Direction selbst die im §. 164. dieser Zusammenstellung ihr vorgeschriebenen Schranken überschritten hat, und aus solchen einseitigen Verfügungen Nachtheil entsteht, oder wenn sonst landschaftliche Officianten bei der Administration oder bei der Führung der Aufsicht über selbige sich solcher Pflichtwidrigkeiten, die eine Regreßklage rechtlich begründen, schuldig gemacht haben sollten, so müssen dieselben für ihre Personen demjenigen, welcher dadurch Schaden leidet, vor dem Gerichte, von welchem die Sequestration verhängt worden ist, gerecht werden. (§. 134. l. c.)

§. 166.

Befriedigung des Gläubigers aus den reinen Einkünften.

Die eingehenden reinen Einkünfte müssen nach der Anweisung des Gerichtes an den Gläubiger gegen Quittung ausgezahlt, oder wenn mehrere vorhanden sind, in das gerichtliche Depositum zur Vertheilung an dieselben, nach vorgängiger Feststellung ihrer Forderungen an Capital, Zinsen und Kosten, und der Priorität (conf. §§. 149. seq. dieser Zusammenstellung) abgeführt werden.

(§. 135. Tit. 24. der Ger. Ordn. — der Ueberrest desselben, so wie der §. 136. fällt weg.)

Anmerkung. Nach eingezogenen Nachrichten hat sich die landschaftliche Behörde aber auch selbst in dem Falle, wenn mehrere Gläubiger concurriren, in Folge der Requisition des ordentlichen Gerichts und der gleichzeitig erfolgten Uebersendung der Anweisung zur Vertheilung der übrig bleibenden Einkünfte an die darin genannten eingetragenen Gläubiger — nach Maaßgabe der berechneten Forderung und der derselben zukommenden Priorität — wenn die Sache keine Schwierigkeiten mit sich führt, bereit finden lassen, die Vertheilung der Revenüen an die Gläubiger nach Anleitung der Anweisung selbst zu bewirken. —

Die Frage aber, ob für die landschaftliche Behörde eine Verpflichtung dazu vorliegt, ist bis jetzt noch nicht zur Contestation und zur Entscheidung gekommen.

§. 167.

Rechnungslegung.

Nicht minder hat die landschaftliche Behörde die Verpflichtung, darauf zu halten, daß der von ihr eingesetzte Sequester von seiner Administration Rechnung legt. Ist dies geschehen, so muß die gelegte Rechnung mit Zuziehung der Interessenten ihm abgenommen und über die etwanigen Monita, welche blos die Wirthschaftsführung betreffen, von der landschaftlichen Behörde mit Vorbehalt des im §. 164. dieser Zusammenstellung erwähnten Recurses entschieden werden. Die übrigen Erinnerungen sind in Ermangelung einer Einigung auf contradictorischem Wege zu erledigen. Sind die Monita erledigt, so muß ihm die Decharge ertheilt werden. Dasselbe zu fordern ist er berechtigt, wenn er nach aufgehobener Sequestration der Pflicht, Schlußrechnung zu legen, nachgekommen, und sämmtliche Monita erledigt hat. (§. 138. l. c.)

§. 168.

Ist das Gut von der die Sequestration dirigirenden Behörde selbst verpachtet worden, so gehört die Erörterung der zwischen dem Pächter und dem Gläubiger oder Schuldner entstandenen Differenzien zunächst vor die die Sequestration dirigirende Behörde. Ausgleichung u. Erledigung anderweitiger Streitigkeiten.

Betrifft aber der Streit einen schon vor der Verhängung der Sequestration angesetzt gewesenen Pächter, so gehört die Verhandlung und das Erkenntniß vor die ordentliche Justiz-Instanz.

Ebendahin sind auch Streitigkeiten zwischen einem von der Credit-Direction gesetzten Sequester oder Pächter und den Gläubigern zu verweisen, wenn entweder die Credit-Direction, selbst darauf anträgt, oder wenn der Gegenstand und der Grund des Streites nicht auf die bloße Wirthschaftsführung, sondern auf andere Handlungen des Pächters oder Sequesters sich bezieht, oder wenn die Entscheidung nicht hauptsächlich auf Wirthschafts-, sondern auf eigentlichen Rechtskenntnissen beruht. (§. 139. l. c.)

§. 169.

Fällt die Veranlassung zur Sequestration fort, und wird solche aufgehoben, so muß diejenige Behörde, von welcher dieselbe dirigirt worden, die Zurückgabe des Gutes nebst Pertinenzien durch einen zu ernennenden Commissarius bewirken. (§ 137. l. c.) Aufhebung der Sequestration und Rückgabe des Gutes an den Schuldner.

§. 170.

Wenn der Gläubiger sich an die Substanz des Gutes halten will, so muß die Subhastation desselben veranlaßt und dabei nach den Vorschriften des Tit. 52. Thl. I. der Ger. Ordn. und der dazu ergangenen Zusatzbestimmungen verfahren werden. (§. 141. l. c.) B. Real-Execution.

§. 171.

Die Credit-Institute sind befugt, in allen Fällen, und in so weit nicht besondere Gesetze ein Anderes bestimmen, die gerichtliche Subhastation der bepfandbrieften Güter auszuwirken, wenn nach der pflichtmäßigen Ueberzeugung der Verwaltungs-Behörden, die reglementsmäßigen Mittel unzureichend sind, die den Instituten schuldigen Zinsen und Vorschüsse herbeizuschaffen.

Die Gerichte sind schuldig, auf den Antrag der Credit-Direction die Subhastation ohne vorgängiges Erkenntniß einzuleiten.

(Cab. Ordre vom 14. Februar 1829. G. S. S. 22.)

§. 172.

Zur Einziehung von Geldbußen für Steuer-Defraudationen sollen niemals Subhastationen von Grundstücken extrahirt, vielmehr in diesem Falle die Geldbuße in Gefängniß- oder nach Befinden der Umstände in Zuchthausstrafe durch das betreffende Gericht verwandelt werden.

(Cab. Ordre vom 10. April 1826. G. S. S. 106.)

Anmerkung.

1) Wegen Proceßkosten findet keine Subhastation statt. (Rescr. vom 18. Mai 1816. Jahrb. Bd. 8. S. 34.)
2) Der §. 173. des Anhangs zur Ger. Ordn. ist durch den §. 19. des Gesetzes vom 20. März 1854. G. S. S. 115. aufgehoben.

§. 173.

C. Execution gegen die Person.

In Ermangelung jedes andern Objectes der Befriedigung steht dem Gläubiger frei, darauf anzutragen, daß der Schuldner das judicatmäßige Liquidum durch Arbeiten, welche seinen Kenntnissen und Kräften gemäß, und für seinen Stand nicht entehrend sind, nach und nach abzuführen, angehalten wird. Es ist dabei nach den im §. 95. Tit. 24. Thl. I. der Ger. Ordn. (§§. 88 rc. dieser Zusammenstellung) vorgeschriebenen Grundsätzen zu verfahren.

(§. 142. l. c.)

§. 174.

Verhaftung des Schuldners

Kann aber auch auf solche Art der Gläubiger zu seiner Bezahlung nicht gelangen, oder will er sich nicht darauf einlassen, oder werden die dem Schuldner festgesetzten Termine von ihm nicht inne gehalten, so muß auf Andringen des Gläubigers gegen den Schuldner der Personal-Arrest verfügt, zu diesem Zwecke der Executor mit einem darauf gerichteten, schriftlichen Mandate versehen und zur Verhaftung selbst geschritten werden, sobald der vom Gerichte geforderte Alimenten-Vorschuß eingezahlt und dies nachgewiesen ist. Ueber die Erledigung des Auftrages hat der Executor zu berichten.

(§§. 82. 83. der Min. Instr. vom 2. August 1850.)

§. 175.

Beschäftigung und Alimentation d. Schuld-Gefangenen in dem Civil-Gefängnisse.

Für den Fall des §. 174. muß der Gläubiger, wenn sich ergiebt, daß der Schuldner wegen Krankheit, Alters oder sonstigen Unvermögens, sich seinen Unterhalt im Gefängnisse oder im Arbeitshause auf eine erlaubte Art nicht verdienen kann, demselben die nach den Umständen, jedoch nur zur äußersten Nothdurft, von dem Gerichte zu bestimmenden Alimente reichen und dieselben dem Gefangenwärter oder Vorsteher des Arbeitshauses wöchentlich zum Voraus bezahlen. (§. 143. Tit. 24. Thl. I. der Ger. Ordn.)

Dem Schuldner im Gefängnisse die Gelegenheit und die Mittel zur Arbeit, zu welcher er sich eignet, zu verschaffen, damit er sich die zu seinem Unterhalte nöthigen Alimente selbst verdiene, ist nicht Sache der Gefangen-Anstalt, sondern des Gläubigers. Haben dergleichen Schuldgefangene nach ihrer äußeren Lage im Zustande der Freiheit sich durch mechanische Handarbeiten ihren Unterhalt erworben, so können sie unter billiger Rücksicht auf ihre sonstigen individuellen Verhältnisse zu den Arbeiten der übrigen Gefangenen mit angehalten werden.

Die Verpflichtung des Gläubigers zur Alimentation kann nicht auf die Familie des Letzteren ausgedehnt werden.

(§§. 175. und 176. des Anhangs zur Ger. Ordn.)

§. 176.

Verpflichtung des Gläubigers zur Zahlung eines Vorschusses zur Bestreitung der Alimente und anderer vorkommender Auslagen.

Zur Bestreitung der Alimente und anderer Auslagen muß der Gläubiger vorweg einen vom Executionsrichter zu bestimmenden Vorschuß an die Salarien-Kasse einzahlen und die Zahlung dem beauftragten Executions-Beamten nachweisen. Bevor dieser Nachweis geführt ist, kann nicht mit der Vollstreckung des Personal-Arrestes vorgeschritten werden. Die Salarien-Kasse ist zu dergleichen Vorschüssen nicht verpflichtet. Eben so liegt es in der Pflicht des Gläubigers, die den Alimenten-Vorschuß übersteigenden Alimente, im Winter incl. der Heizung in der Regel 5 Sgr. pro Tag, im Sommer weniger betragend, prompt und dergestalt zeitig einzuzahlen, daß es zu keiner Zeit an Alimenten fehlt.

Zu den vom Gläubiger zu tragenden Kosten für die Verhaftung seines Schuldners gehören auch die Heizungs- und Reinigungskosten für das Gefängniß, nicht aber die Aufwartung-, und die Ein- und Ausschreibe-Gebühren.

(Rescr. vom 6. Juli 1832. XL. 173. — Rescr. vom 27. Januar 1837. Rescr. vom 11. October 1831. Jahrb. Bd. 38. S. 337.)

§. 177.

Entlassung des Schuldgefangenen wegen mangelnder Alimente, wegen Krankheit &c.

Kömmt der Executionssucher der Verpflichtung in den vorstehenden §§. nicht nach und fehlt es an Alimenten, so wird der Schuldgefangene sofort aus dem Schuldgefängnisse entlassen.

Schuldgefangene, welche in der Gefangen-Anstalt krank werden und bei dem Mangel einer damit verbundenen Kranken-Anstalt, in der Ersteren ärztlich nicht behandelt werden können, müssen entlassen werden, wenn die am Orte anwesenden Executionssucher, auf die Anzeige davon, sich mit der Entlassung einverstanden erklären, oder im Fall des Widerspruchs des Letzteren durch eine auf Kosten derselben vom Kreis-Physicus oder von einem Militair-Arzte vorgenommene Untersuchung und durch ein von denselben ausgestelltes Attest festgestellt wird, daß die Schuldgefangenen dergestalt erkrankt sind, daß sie für arrestunfähig erachtet werden müssen. Liegt aber nur ein leichtes Unwohlsein vor, welches durch ärzliche Behandlung in der Gefangen-Anstalt behoben werden kann, und erklären sich Executionssucher bei dem Unvermögen der Schuldgefangenen, sich einen eigenen Arzt zu halten und die Medicinalkosten zu bezahlen, zur Zahlung der Curkosten bereit, und bewähren sie dies durch Einzahlung eines Vorschusses, so behält es bei dem Personal-Arreste sein Bewenden. Wird dieser Verbindlichkeit nicht nachgekommen, so erfolgt die Entlassung.

Das Attest eines Privat-Arztes über den behaupteten Krankheitszustand schützt nicht gegen den Personal-Arrest.

(Rescr. vom 21. October 1831. Jahrb. Bd. 38. S. 336. — Rescr. vom 30. Mai 1831. und Cab. Ordre vom 24. December 1826. Jahrb. Bd. 37. S. 417. — Rescr. vom 2. März 827. Jahrb. Bd. 29. S. 27.)

§. 178.

Zulässigkeit des Personal-Arrestes gegen Besitzer von Grundstücken.

Der Personal-Arrest gegen Besitzer von Grundstücken ist zulässig, ohne daß es der vorgängigen Sequestration und Subhastation der Grundstücke bedarf. Sie sind jedoch berechtigt, in dem für die Erörterung von Einwendungen in der Executions-Instanz vorgeschriebenen Verfahren (§. 36. Tit. 24. Thl. I. der Ger. Ord. — §. 6. der Verord. vom 4. März 1834.) den Einwand geltend zu machen, daß die Grundstücke für die Forderung des Executionssuchers nach den Bestimmungen des Artikel II. III. des Einführungsgesetzes vom 8. Mai 1855. zu der Concurs-Ordnung von demselben Tage und des §. 429. Abschn. I. Tit. 6. derselben, genügende Sicherheit gewähren. Wird dieser Nachweis geführt, so ist auf Zurücknahme des Executions-Mandates zu erkennen.

(§. 19. des Gesetzes vom 20. März 1854. G. S. S. 115.)

§. 179.

Befreiungen vom Personal-Arreste, und Beschränkungen in Betreff der Verfügungen desselben.

Wird Personal-Arrest gegen die Häupter und Mitglieder der ehemals reichsunmittelbaren jetzt mediatisirten Fürstenhäuser nachgesucht, so haben die Gerichte an das Justiz-Ministerium zu berichten, damit dieses die Bestimmung des Königs einhole.

(Cab. Ord. vom 2. August 1826. und 16. April 1836. Jahrb. Bd. 47. S. 554.)

Kein Mitglied des Herrenhauses und des Hauses der Abgeordneten kann ohne deren Genehmigung während der Sitzungs-Periode wegen Schulden verhaftet werden.

(Verfassungs-Urkunde vom 31. Januar 1850. Artikel 84. ad 3.)

Gegen keinen im activen Dienste stehenden Civil-Beamten findet wegen Schulden, sie mögen aus einem Darlehn herrühren, oder sonst durch einseitige Handlungen oder eingegangenen Vertrag begründet werden, oder für Alimente, Gesindelohn odet wofür es sonst wolle contrahirt sein, ein Personal-Arrest statt, und jede Verzichtleistung auf diese gesetzliche Bestimmung ist ohne rechtliche Wirkung. Nur in Hinsicht derjenigen Civil-Beamten, welche wechselfähig sind, behält es, in sofern sie wegen Wechselschulden belangt werden, bei den gesetzlichen Vorschriften sein Bewenden.

Militair-Beamte stehen in dieser Beziehung den Civil-Beamten ganz gleich.

Den auf Pension oder Wartegeld gesetzten Officianten, ingleichen den pensionirten und auf Wartegeld stehenden Officieren kommt jene Rechtswohlthat nicht zu Statten.

(§. 174. des Anhanges zur Ger. Ord. — Ges. vom 15. Februar 1850. betreffend die Einführung der Allgemeinen Wechsel-Ordnung. — Cab. Ord. v. 29. März und 6. October 1823. G. S. S. 39. u. 167.)

Die auf Inactivitäts-Gehalt gesetzten Officiere, und diesen stehen die mit Pension zur Disposition gestellten Officiere gleich, sind in Ansehung der Befreiung vom Personal-Arreste den activen Officieren gleich zu achten.

(Rescr. vom 5. December 1823. Jahrb. Bd. 22. S. 176. — Cab. Ord. vom 4. Mai 1837. G. S. S. 98.)

§. 180.

Der Gläubiger ist nicht verpflichtet sich auf die erst künftig fällig werdenden Pensions- und Wartegelder-Abzüge verweisen zu lassen, vielmehr berechtigt, ohne Rücksicht auf diesen möglichen zukünftigen Erwerb den Pensionair oder Wartegeld-Empfänger zur Schuldhaft bringen zu lassen, sobald die Execution in das Vermögen, wozu nur die schon fälligen Raten gehören, fruchtlos ausgefallen ist.

(Cab. Ord. vom 31. December 1842. Just. Min. Bl. de 1843. S. 19.)

§. 181.

Handelt es sich um die Vollstreckung eines rechtskräftigen Erkenntnisses in einer Wechsel-Sache, so muß der Schuldner auf den Antrag des Gläubigers sofort zum Personal-Arrest gebracht werden. Wechsel-Arrest.

Diesem Personal-Arreste sind die activen, so wie die auf Pension und Wartegeld gesetzten Civil-Beamten — Militair-Beamten — ingleichen die pensionirten und auf Wartegeld stehenden Officiere unterworfen. Die für den Fall eines gewöhnlichen Personal-Arrestes ihnen zugestandenen Begünstigungen fallen hier weg.

Dem Wechsel-Gläubiger ist gestattet, neben der Execution gegen die Person seines Schuldners gleichzeitig die Execution in dessen Vermögen nachzusuchen.

Gegen Personen des Soldatenstandes ist die Vollstreckung des Wechsel-Arrestes unzulässig, so lange sie dem Dienststande angehören.

(§§. 144. 147. Tit. 24. der Ger. Ord. — Ges. vom 11. Mai 1839. G. S. S. 173. — §. 5. des Ges. vom 15. Februar 1850. betreffend die Einführung der Allgemeinen Wechsel-Ordnung für Deutschland.)

§. 182.

Benachrichtigung der vorgesetzten Dienstbehörde.

Wenn der in Personal-Arrest zu bringende Schuldner in Königlichen Diensten steht, so muß der ihm unmittelbar vorgesetzten Behörde von der Verfügung jedes Mal Nachricht gegeben werden, damit diese wegen Versehung des Amtes die erforderlichen Verfügungen treffen kann. Diese Verfügungen sind sofort zu erlassen, die Executions-Behörde ist davon in Kenntniß zu setzen, und der Schuldner ist inzwischen von dem mit der Verhaftung beauftragten Executor nach der ihm etwa ertheilten Anweisung zu observiren.

(§. 145. Tit. 24. der Ger. Ord. — §. 81. der Min. Inst. v. 2. August 1850.)

§. 183.

Dauer des Personal-Arrestes in gewöhnlichen Fällen.

Ein Schuldner darf von einem oder auch von mehreren Gläubigern überhaupt nur ein Jahr hindurch in persönlicher Haft gehalten werden. Bei dem Antrage auf Verlängerung des Arrestes, er mag von dem bisherigen Extrahenten oder von einem andern Gläubiger ausgehen, muß nachgewiesen werden, entweder, daß Wahrscheinlichkeit vorhanden ist, dem Gläubiger durch den fortdauernden Arrest ein Mittel zur Befriedigung zu gewähren, oder daß der Schuldner durch einen unmoralischen Lebenswandel sein Zahlungsunvermögen sich zugezogen hat.

Widerspricht der Gläubiger aus einem dieser Gründe der Entlassung des Schuldners, so muß das Gericht beide Theile hören, die Angabe des Gläubigers, so weit sie auf Thatsachen beruhen, jedoch nur summarisch untersuchen, und das Nöthige durch eine Resolution festsetzen, gegen welche nur der gewöhnliche Recurs statt findet. Wenn aber auch dadurch die Entlassung des Schuldners beschlossen wird, so muß solcher dennoch auf Verlangen des Gläudigers nicht nur seinen Vermögenszustand eidlich manifestiren, sondern auch gleichergestalt eidlich angeloben, den Gläubiger, sobald es ihm nur irgend möglich sein wird, zu befriedigen.

Der Umstand allein, daß der Schuldner sich wahrscheinlich entfernen werde, rechtfertigt die Fortsetzung des Arrestes nicht.

Uebrigens finden obige Vorschriften nur auf solche Schulden Anwendung, welche beim Ablaufe der einjährigen Haft schon vorhanden waren, und nicht auf diejenigen, welche der Schuldner nachher von Neuem gemacht hat.

(§. 146. l. c. — §. 178. des Anhanges zur Ger. Ord. — Cab. Ordre vom 5. Juli 1832. G. S. S. 176.)

§. 184.

Dauer des Wechsel-Arrestes.

Ein Wechselschuldner, welcher auf den Antrag eines oder mehrerer Gläubiger zur persönlichen Haft gebracht wird, ist aus derselben nach Ablauf von fünf Jahren zu entlassen, und darf auf den Grund früherer vorhandener Wechsel-Schulden auch nicht von Neuem verhaftet werden. Eine Verlängerung der Haft über diese Dauer hinaus ist nur unter den in der Cabinets-Ordre vom 5. Juli 1832 vorgeschriebenen Bedingungen zulässig. (Confer. §. 183. dieser Zusammenstellung.)

Wegen Wechsel-Schulden, welche nach Ablauf der fünfjährigen Frist entstanden sind, ist die persönliche Haft abermals zulässig und treten auch hierbei die im ersten Satze dieses §. vorgeschriebenen Grenzen ein.

(§. 147. l. c. — Ges. vom 11. Mai 1839. G. S. S. 173.)

Bemerkungen:

1) Außer der Executions-Instanz und im Falle der Eröffnung eines kaufmännischen Concurses beschließt die Concurs-Behörde von Amtswegen über die Verhaftung des Gemeinschuldners und die Dauer derselben — im gemeinen Concurse nur auf den Antrag eines Gläubigers (§§. 137—140. und §. 334. der Concurs-Ordnung vom 8. Mai 1855.).

   Die Haft des Gemeinschuldners ist als Schuldhaft zu betrachten.

2) Zur vollständigen Uebersicht aller Verhältnisse bei der Vollstreckung der Personal-Execution, der principiellen Bestimmungen in Betreff der Verwaltung der Civil-Gefängnisse ist die Kenntniß der in dieser Beziehung ergangenen Instructionen nothwendig — confer. deshalb die beigefügte allgemeine Instruction vom 24. October 1837. für die Inspectoren der Gefangen-Anstalten rc. und die für das Stadtgericht in Breslau ausgearbeitete und vom Justiz-Ministerium genehmigte Instruction vom 16 März 1840.

Beilage G.
Beilage H.

Dritter Abschnitt.

Verfahren bei Beleidigungen und wirklichem Widerstande gegen die Executoren.

§. 185.

Niemand soll sich der gegen ihn gerichtlich verhängten Execution widersetzen und den Executor mit Schimpfworten, viel weniger mit Thätlichkeiten zu behandeln, unterstehen. Geschieht dies dennoch Seitens des Schuldners, seiner Angehörigen, der Hausgenossen oder anderer Personen, fruchtet die dem Executor obliegende und von ihm mit Ruhe und Festigkeit auszusprechende Bedeutung an die widerspenstigen Personen, sich aller Beleidigungen und jeden Widerstandes zu enthalten und sich der verhängten Execution in Ruhe zu fügen, so wie die Erinnerung an die zu erwartende Strafe, nicht, und werden der Widerstand, schwere wörtliche und Real-Injurien fortgesetzt, so hat der Executions-Beamte die nothwendige Hülfe schleunigst vom Gerichte zu erbitten — eventuell unter Vorzeigung des Original-Executions-Mandates, die Polizei, auf dem Lande das Dorfgericht und endlich die am Orte stationirten Gensd'armen darum zu ersuchen — und mit dieser Assistenz die verfügte Execution mit Gewalt zur Ausführung zu bringen.

Sollte auch diese Hülfe nicht ausreichen, der richterlichen Verfügung Parition zu verschaffen, und Gefahr im Verzuge sein, so muß in Folge des Berichtes des Executors, nach vorgängiger Androhung, die militairische Hülfe requirirt werden.

(§§. 148. 149. 150. Tit. 24. der Ger. Ord. — Verord. vom 30. December 1820. §. 13. G. S. de 1821. S. 1. — Rescr. v. 30. Juni 1834. Jahrb. Bd. 43. S. 490. — §. 179. des Anhangs zur Ger. Ord.)

§. 186.

Wenn zur Vollstreckung der Execution oder wegen zu besorgenden hartnäckigen Widerstandes ein beträchtliches Militair-Commando nothwendig ist, oder wenn überhaupt ein bedenklicher Umstand eintritt, so muß jedes Mal bei der Regierung Erkundigung eingezogen werden, ob Ursachen vorhanden sind, welche die Anwendung militairischer Hülfe widerrathen, und wie etwa ohne dieselbe der Zweck zu erreichen ist. (§. 197. des Anhanges zur Ger. Ord.)

§. 187.

Wird das Militair zum Beistande einer Civil-Behörde commandirt, so hat nicht die Letztere, sondern das Militair und dessen Befehlshaber zu beurtheilen, ob und in welcher Art zur Anwendung der Waffen geschritten werden soll.

Die Civil-Behörde muß aber in jedem Falle, in welchem sie die Hülfe des Militairs nachsucht, den Gegenstand und den Zweck, wozu sie verlangt wird, so bestimmt angeben, daß von Seiten des Militairs die Anordnungen mit Zuverlässigkeit getroffen werden können.

§. 188.

In dem Falle des §. 185. hat der Executor zur Aufrechthaltung der Autorität des Gesetzes und des Gerichtes den ihm geleisteten Widerstand, die ihm zugefügten Verbal- und Real-Injurien in dem zu erstattenden Berichte speciell anzuzeigen und die vorhandenen Beweismittel (wofür er durch Zuziehung von glaubwürdigen Zeugen zu sorgen hat) anzugeben und Straf-Anträge zu formiren. Eventuell muß eine vollständige Denunciation vom Gerichte aufgenommen und solche, oder der ausreichende Bericht, der Staats-Anwaltschaft vom Gerichte zur weitern Veranlassung und zur Verfolgung des Angeklagten im Wege der Untersuchung, nach Maaßgabe der §§. 87. 89. 90. 101. 102. des Strafgesetzbuches vom 14. April 1851. abgegeben werden.

Pflichtwidrigkeiten der Executoren.

§. 189.

Executoren, welche sich Beleidigungen, ungebührliche Bedrückungen, Ueberschreitungen der ihnen ertheilten Aufträge, eigenmächtige Einziehung von Geldern oder andere Pflichtwidrigkeiten zu Schulden kommen lassen, werden nach den Vorschriften des im vorhergehenden §. allegirten Strafgesetzbuches, oder, eignet sich die Ausschreitung nur zu einer Disciplinar-Rüge, nach Maaßgabe des Gesetzes vom 21. Juli 1852. bestraft.

Vierter Abschnitt.

Von den Kosten in der Executions-Instanz.

§. 190.

In weitläuftigen und wichtigen Executions-Sachen ist das Gericht befugt, wie in jeder andern Streitsache, in welcher baare Auslagen vorkommen, einen angemessenen Vorschuß von dem Extrahenten der Execution einzufordern und einzuziehen.

Der Executionssucher muß die Kosten jeglicher Execution vorschießen, letztere müssen aber mit der beizutreibenden Forderung sofort von dem Exequenden resp. aus den abgepfändeten oder in Beschlag genommenen Vermögens-Objecten desselben wieder eingezogen und an den Erstern gegen Quittung abgeführt werden.

Die Kosten in dem Prioritätsverfahren über Gehalts-Abzüge und über den Werth beweglicher Sachen ꝛc. werden als Commun-Kosten aus der Masse vorweg entnommen.

Beilage D.

Das Nähere, so wie der Kosten-Ansatz ergiebt sich aus dem beigefügten Auszuge aus der Gebühren-Taxe vom Jahre 1851 53 54 ꝛc. und dem demselben beigefügten Tarife.

Auszüge

aus

der Concurs-Ordnung

vom 8. Mai 1855.

Beilage A.

Fünfter Titel.

Von dem Prioritäts-Verfahren in der Executions-Instanz.

Erster Abschnitt.

Von dem Prioritäts-Verfahren bei Executions-Vollstreckungen in das bewegliche Vermögen.

§. 362.

Wenn ein Gläubiger im Wege der Execution bewegliche Sachen seines Schuldners in Beschlag genommen hat, so können andere Gläubiger desselben Schuldners wegen Forderungen, welche gegen den Letzteren vollstreckbar sind, der Beschlagnahme beitreten, und aus den in Beschlag genommenen Sachen ihre Befriedigung suchen.

§. 363.

Wenn ein Gläubiger im Wege der Execution eine ausstehende Forderung seines Schuldners in Beschlag genommen hat, oder zur Einklagung einer solchen Forderung mit den Rechten eines Assignatars ermächtigt worden ist, so können andere Gläubiger auf Grund eines vollstreckbaren Titels der Beschlagnahme der Forderung oder der Ermächtigung zur Einklagung derselben beitreten und aus der Forderung ihre Befriedigung suchen.

Dasselbe findet statt, wenn ein Gläubiger zur Einklagung einer solchen Forderung ermächtigt worden ist, die nicht eine bestimmte Geldsumme, sondern andere körperliche Sachen zum Gegenstande hat.

§. 364.

Die Beitrittserklärung ist bei dem Gerichte anzubringen, von welchem die Execution vollstreckt worden ist (§. 362.) oder welches zuerst die Forderung in Beschlag genommen, oder die Ermächtigung zur Einklagung ertheilt hat. (§. 363.)

Die Beitrittserklärung muß den Nachweis der Vollstreckbarkeit der Forderung des Gläubigers enthalten, so wie den Betrag der Forderung und das Vorzugsrecht angeben, welches der Gläubiger in Anspruch nimmt.

Wird die Beitrittserklärung zulässig befunden, so ist dieselbe den übrigen Executionssuchern, sowie dem Schuldner bekannt zu machen. Handelt es sich um eine ausstehende Forderung des Schuldners, so muß auch der, gegen welchen dem Schuldner die Forderung zusteht, von der Beitrittserklärung in Kenntniß gesetzt werden.

§. 365.

Wenn ein oder mehrere Gläubiger der Ermächtigung zur Einklagung einer ausstehenden Forderung beigetreten sind, so kann die Klage nur von allen gemeinschaftlich angestellt werden, oder es müssen, wenn die Klage bereits von einem Gläubiger angestellt worden ist, die übrigen Gläubiger diesem Processe beitreten.

Der Proceß ist in solchen Fällen durch einen gemeinschaftlichen Bevollmächtigten zu betreiben; findet über die Wahl des Bevollmächtigten keine Einigung unter den Gläubigen statt, so wird derselbe von dem Gericht bestellt.

§. 366.

Wenn sich ergiebt, daß die in Beschlag genommenen Sachen zur vollständigen Befriedigung der Gläubiger, welche aus denselben ihre Befriedigung suchen, nicht zulänglich sind, so ist der Erlös aus den Sachen in gerichtliche Verwahrung zu nehmen.

Ist die ausstehende Forderung zur vollständigen Befriedigung der Gläubiger, welche aus derselben ihre Befriedigung suchen (§. 363.) nicht zulänglich, so muß der zur Zahlung Verpflichtete die Zahlung zum gerichtlichen Depositorium leisten.

Hat die Forderung nicht eine bestimmte Geldsumme, sondern andere körperliche Sachen zum Gegenstande, so ist der Erlös aus den durch die Einziehung der Forderung herbeigeschafften Sachen im Falle der Unzulänglichkeit desselben in gerichtliche Verwahrung zu nehmen.

In Ermangelung einer gütlichen Einigung der Gläubiger ist demnächst die Vertheilung der Masse im Wege des Prioritäts-Verfahrens zu bewirken.

§. 367.

Das Gericht hat das Prioritäts-Verfahren von Amtswegen durch Beschluß zu eröffnen.

Die Eröffnung des Prioritäts-Verfahrens ist dem Schuldner, so wie den betheiligten Gläubigern bekannt zu machen.

§. 368.

In dem Prioritäts-Verfahren bestimmen sich die Theilnahmerechte der Gläubiger nach den Vorschriften über die Rangordnung der Concurs-Gläubiger. (Titel I. Abschnitt 8.)

Wo nach diesen Vorschriften bei Bestimmung der Vorrechte der Zeitpunkt der Concurs-Eröffnung in Betracht kommt, ist an dessen Stelle der Tag maaßgebend, an welchem für die betreffende Forderung die Beschlagnahme erfolgt, oder die Ermächtigung zur Einklagung ertheilt, oder die Beitritts-Erklärung für zulässig erklärt ist. (§. 364.)

Die im §. 84. erwähnten Forderungen können in dem Prioritäts-Verfahren geltend gemacht werden; sie haben jedoch erst nach vollständiger Berichtigung aller übrigen Forderungen Anspruch auf Befriedigung aus der Masse.

Besteht der Gegenstand einer Forderung in fortlaufenden Hebungen, so findet ein Anspruch auf Sicherstellung von künftigen Hebungen aus der Masse nur statt, insofern gegen den Schuldner die Verpflichtung zur Sicherstellung durch einen vollstreckbaren Titel ausdrücklich festgesetzt worden ist.

Der Lauf der Zinsen hört der Masse gegenüber mit dem Tage der Eröffnung des Prioritäts-Verfahrens auf.

§. 369.

Behufs der Vertheilung der Masse unter die Gläubiger ist ein Theilungsplan anzufertigen.

In demselben wird zuvörderst der vorhandene Bestand der Masse festgestellt und der Betrag der Communalkosten vorweg in Abzug gebracht. (§§. 40. 41.)

Sodann sind die Forderungen der Gläubiger einzeln aufzuführen und in ihren Beträgen darzustellen. Diejenigen Forderungen, für welche ein Vorzugsrecht in Anspruch genommen ist, sind vorläufig so zu behandeln, als wenn das verlangte Vorzugsrecht endgültig festgestellt worden wäre.

Demnächst ist anzugeben, welche Beträge von der zu vertheilenden Masse auf die einzelnen Forderungen fallen.

§. 370.

Nach der Aufstellung des Theilungsplanes ist zur Erklärung und Verhandlung über denselben, so wie zur Ausführung der Vertheilung ein Termin vor einem Commissar des Gerichts anzuberaumen.

Zu diesem Termin sind die Gläubiger und der Schuldner unter Mittheilung des Theilungsplanes vorzuladen.

§. 371.

Neue Beitritts-Erklärungen, sowie Anmeldungen von Vorrechten werden nach der Aufstellung des Theilungsplanes noch zugelassen; jedoch bleiben dieselben unberücksichtigt, wenn sie nicht spätestens sieben Tage vor dem anberaumten Termin (§. 370.) angebracht werden.

Sind nachträgliche Beitritts-Erklärungen oder Anmeldungen von Vorrechten rechtzeitig erfolgt, so ist der Theilungsplan danach vor dem Termine abzuändern.

§. 372.

Bei der Verhandlung in dem Termine und bei der Ausführung der Vertheilung kommen die für die Vertheilungen im Concurs-Verfahren geltenden Vorschriften zur Anwendung. (§§. 243. bis 245.)

Einwendungen gegen den Theilungsplan, welche erst nach dem Beginn der Ausführung der Vertheilung angebracht werden, bleiben unbeachtet.

§. 373.

Jeder bei dem Prioritäts-Verfahren betheiligte Gläubiger ist befugt, im Wege der Einwendung gegen den Theilungsplan die nachbezeichneten Forderungen anderer betheiligten Gläubiger als ungültig anzufechten:

1) Forderungen aus Rechtshandlungen, welche der Schuldner in der, dem andern Theile bekannten Absicht vorgenommen hat, sie nur zum Schein vorzunehmen oder die Gläubiger auf andere Weise zu bevortheilen;
2) Forderungen aus Entscheidungen und Mandaten, wenn dabei Umstände zum Grunde liegen, bei welchen eine gleiche Absicht (Nr. 1.) erhellt;
3) Forderungen aus freigebigen Verfügungen (§. 102. Nr. 2.) welche der Schuldner zum Vortheil seines Ehegatten nach geschlossener Ehe vorgenommen hat;
4) Forderungen der Ehefrau des Schuldners oder der Rechtsnachfolger der Ehefrau auf Sicherstellung oder Rückzahlung des in die Verwaltung des Schuldners gekommenen Vermögens der Ehefrau, sofern ein Fall der gesetzlichen Verpflichtung zur Sicherstellung der Ehefrau oder zur Herausgabe des Vermögens derselben nicht vorliegt;
5) Forderungen, deren Nachweis durch Empfangsbekenntnisse, Anerkenntnisse oder Zugeständnisse geführt worden ist, welche der Schuldner seinem Ehegatten gegenüber, vor oder nach geschlossener Ehe, ausdrücklich oder stillschweigend, insbesondere im Contumacial-Verfahren, abgegeben hat, sofern nicht die Richtigkeit des Empfangsbekenntnisses, Anerkenntnisses oder Zugeständnisses, oder der im Contumacial-Verfahren festgestellten Umstände anderweit nachgewiesen wird.

§. 374.

Wird eine Forderung auf Grund der vorstehenden Bestimmungen (§. 373.) als ungültig angefochten und keine Einigung der Interessenten erzielt, so hat der Commissar in dem Termine eine auf die Anfechtung der Forderung gerichtete Klage oder Klageanmeldung aufzunehmen, auf welche demnächst die weitere Verfügung ergeht.

Setzt der anfechtende Gläubiger die Klage nicht fort, so gilt die mittelst der Anfechtung angebrachte Einwendung gegen den Theilungsplan als zurückgenommen.

§. 375.

Bei der Anfechtung kommen die Grundsätze zur Anwendung, welche im Concurse bei der Anfechtung der vor der Concurseröffnung vorgefallenen Rechtshandlungen gelten. (§§. 104. 105. 109. 111. 112.)

Soweit die Ungültigkeit der angefochtenen Forderungen festgestellt wird, bleiben dieselben von der Theilnahme an der Masse ausgeschlossen.

§. 376.

Gläubiger, welchen die auf den Antrag anderer Gläubiger in Beschlag genommenen Sachen oder überwiesenen Forderungen als Faustpfand haften (§§. 32. 33.), sind dem Fortgange der Executions-Vollstreckung in diese Gegenstände zu widersprechen nicht befugt. Sie können jedoch aus denselben auch wenn ihre Forderungen noch nicht fällig sind, vor allen andern Gläubigern Befriedigung verlangen.

Wird der Anspruch der Faustpfand-Gläubiger bestritten, so ist derselbe von ihnen mittelst einer Interventionsklage in einem besonderen Processe auszuführen.

Zur Anstellung der Interventions-Klage hat das Gericht erforderlichen Falls eine Frist zu bestimmen. Läuft diese fruchtlos ab, so wird auf den Anspruch nur dann weitere Rücksicht genommen, wenn die Klage noch vor dem Termine zur Vertheilung der Masse angestellt wird.

Die Klage muß bei dem Gericht, welchem die Vertheilung der Masse zusteht, angestellt und sowohl gegen die widersprechenden Gläubiger, als gegen den Schuldner, wenn dieser den Anspruch bestreitet, gerichtet werden.

Zweiter Abschnitt.

Von dem Prioritätsverfahren bei Executionsvollstreckungen in Besoldungen und andere an die Person des Schuldners gebundene fortlaufende Einkünfte.

§. 377.

Die im Wege der Execution erfolgte Beschlagnahme von Besoldungen, Dienstemolumenten, Wartegeldern, Pensionen, Fideicommiß- oder Lehnsnutzungen, oder anderen an die Person des Schuldners gebundenen fortlaufenden Einkünften erstreckt sich sowohl auf die bereits fälligen, als auf die künftigen Beträge derselben.

Die einmal erfolgte Beschlagnahme des Diensteinkommens umfaßt auch jedes Diensteinkommen, welches bei später eintretenden Veränderungen durch Versetzung, durch Uebernahme neuer Aemter oder durch Gehaltszulage erworben wird.

§. 378.

Wenn Besolgungen oder andere an die Person des Schuldners gebundene fortlaufende Einkünfte (§. 377.) von mehreren Gläubigern im Wege der Execution in Beschlag genommen worden sind, so müssen dieselben gerichtlich vertheilt werden.

§. 379.

Die Vertheilung erfolgt jährlich mit dem Ablauf des Kalenderjahres, sobald die letzte Hebung eingegangen ist.

§. 380.

Bei den Vertheilungen ist nach folgenden Grundsätzen zu verfahren:

1) Forderungen, welchen ein Vorrecht zusteht (§. 368.), werden vorzugsweise befriedigt.
2) Von den übrigen Forderungen kommen zunächst die vor der ersten Beschlagnahme entstandenen zur Hebung. Dabei fällt die Ein-

nahme des ersten Jahres denjenigen Gläubigern zu, welche die erste Beschlagnahme ausgebracht haben.

Die Einnahme des zweiten Jahres wird zu gleichen Rechten auf sämmtliche Gläubiger vertheilt, welche während des ersten Jahres die Beschlagnahme ausgebracht haben oder derselben beigetreten sind.

Bei der Vertheilung der Einnahme des dritten und jeden folgenden Jahres treten den früher theilnehmenden Gläubigern immer noch diejenigen mit gleichen Rechten hinzu, welche in dem zunächst vorangegangenen Jahre der Beschlagnahme beigetreten sind.

3) Erst nach Berichtigung dieser Forderungen (Nr. 2.) kommen die nach der ersten Beschlagnahme entstandenen Forderungen zur Hebung. Hierbei schließt derjenige Gläubiger, welcher der Beschlagnahme früher beigetreten ist, die später beigetretenen Gläubiger aus; sind mehrere Gläubiger an demselben Tage beigetreten, so haben sie gleiche Rechte.

4) Die Vertheilung unter die gleichberechtigten Gläubiger geschieht nach Verhältniß des Betrages ihrer Forderungen.

§. 381.

Im Uebrigen kommen bei den jährlichen Vertheilungen die Vorschriften des ersten Abschnitts (§§. 369. 370. 372. bis 375.) zur Anwendung.

§. 382.

Bestehen die in Beschlag genommenen fortlaufenden Einkünfte in Revenuen von Immobilien, so finden die Bestimmungen des gegenwärtigen Abschnitts keine Anwendung, in so weit es sich um Vertheilungen unter die Realgläubiger handelt.

Beilage B.

Sechster Titel.

Von der gerichtlichen Zahlungsstundung und von der Rechtswohlthat der Competenz.

Erster Abschnitt.

Von der gerichtlichen Zahlungsstundung.

§. 421.

Der Richter ist befugt, gegen eine vollstreckbare Forderung dem Schuldner auf dessen Antrag Zahlungsstundung zu bewilligen, wenn die Lage des Schuldners die Stundung rechtfertigt und der Gläubiger nicht darunter leidet.

§. 422.

Der Schuldner, welcher eine gerichtliche Zahlungsstundung in Anspruch nehmen will, hat seinen Antrag spätestens vierzehn Tage nach dem Eintritt der Vollstreckbarkeit der Forderung bei dem Richter erster Instanz anzubringen.

§. 423.

Der Antrag muß enthalten:

1) Die vollständige Angabe der Umstände, welche den Schuldner an der sofortigen Zahlung hindern, so wie der Umstände, welche der Schuldner für die Aussetzung der Executionsvollstreckung anzuführen hat;
2) die Angabe der Mittel, aus welchen die Zahlung nach dem Ablauf der Stundungsfrist geleistet werden kann;
3) die Beweismittel für die Angaben des Schuldners;
4) das Erbieten des Schuldners zur Sicherstellung der Forderung des Gläubigers und die Angabe der Gegenstände, mit welchen die Sicherheit bestellt werden soll.

§. 424.

Ueber den Antrag wird im schleunigen Processe verfahren.

Es ist ein naher Termin zur Beantwortung des Antrags und zugleich zur mündlichen Verhandlung der Sache anzuberaumen.

Die Parteien haben in diesem Termine alle Beweismittel für ihre Behauptungen mit zur Stelle zu bringen, so weit dieselben nicht bereits dem Gerichte eingereicht sind.

Wird die Stundung von dem Gläubiger versagt, so ist sogleich in dem Termin zur Aufnahme des Beweises zu schreiten und über den Antrag durch Erkenntniß zu entscheiden.

§. 425.

Der Richter entscheidet nach billigem Ermessen unter Würdigung der beigebrachten Beweise und unter Berücksichtigung der Lage beider Theile.

Gegen das Erkenntniß ist kein Rechtsmittel zulässig.

Die Kosten des Verfahrens hat in jedem Falle der Schuldner zu tragen.

§. 426.

Die Zahlungsstundung darf die Dauer eines Jahres, vom Eintritt der Vollstreckbarkeit der Forderung an gerechnet, nicht übersteigen.

§. 427.

Der Schuldner ist verpflichtet, während der bewilligten Zahlungsfrist die Forderung des Gläubigers zu verzinsen.

§. 428.

Verlangt der Gläubiger die Sicherstellung seiner Forderung, so kann die Zahlungsstundung nur gegen Gewährung einer genügenden Sicherheit für Capital, Zinsen und Kosten bewilligt werden.

§. 429.

Als genügende Sicherheit (§. 428.) ist anzusehen:

1) die Sicherheit, welche durch Faustpfand bestellt wird, sofern der Betrag der Forderung drei Viertheile des gerichtlich abgeschätzten Werths des Pfandes nicht übersteigt;
2) die Sicherheit, welche auf städtische Grundstücke innerhalb der ersten Hälfte ihres Werths, oder auf ländliche Grundstücke innerhalb der ersten zwei Dritttheile ihres Werths durch Hypothekbestellung oder Verpfändung von Hypothekenforderungen angewiesen wird. Der Werth ist durch Hypotheken-Documente, durch Kauf-, Pacht- oder Miethsverträge, durch Atteste der landschaftlichen, Kreis- oder Ortsbehörden, oder in einer anderen glaubhaften Weise zu bescheinigen. Ob diese Bescheinigungen für genügend zu erachten sind, oder ob eine förmliche Taxe zu erfordern ist, hat der Richter zu ermessen.

Activforderungen, welche nicht hypothekarisch versichert sind, ingleichen Vermögensstücke, welche sich im Auslande befinden, ist der Gläubiger zur Sicherheit sich anweisen zu lassen nicht schuldig.

§. 430.

So lange dem Gläubiger die erforderliche Sicherheit (§§. 428. 429.) nicht bestellt ist, kann die Execution gegen den Schuldner vollstreckt werden.

§. 431.

Der Schuldner wird der bewilligten Zahlungsstundung verlustig, wenn gegen ihn auf den Antrag anderer Gläubiger die Execution vollstreckt wird.

§. 432.

Die Bewilligung einer Zahlungsstundung ist in jedem Falle unzulässig:

1) gegen Wechselforderungen;
2) gegen Forderungen von Alimenten;
3) gegen Forderungen aus unerlaubten Handlungen des Schuldners;
4) gegen Forderungen, über welche ein vollstreckbarer Vergleich geschlossen worden ist, so fern der Gläubiger bereits in diesem Vergleich dem Schuldner eine Zahlungsfrist bewilligt hat;
5) gegen alle Forderungen an einen Handelsmann, Schiffsrheder oder Fabrikbesitzer, wenn die Forderungen aus dem Geschäftsbetriebe desselben entspringen.

§. 433.

Generalmoratorien können nicht bewilligt werden.

Beilage C.

Gesetz

betreffend die Befugniß der Gläubiger zur Anfechtung der Rechtshandlungen zahlungsunfähiger Schuldner außerhalb des Concurses, für die Landestheile, in welchen das Allgemeine Landrecht und die Allgemeine Gerichts-Ordnung Gesetzeskraft hat.

Wir Friedrich Wilhelm, von Gottes Gnaden, König von Preußen ꝛc. verordnen für diejenigen Landestheile, in welchen das Allgemeine Landrecht und die Allgemeine Gerichts-Ordnung Gesetzeskraft haben, unter Zustimmung der Kammern, was folgt:

§. 1.

Außer dem Falle des Concurses steht jedem Gläubiger, dessen Forderung vollstreckbar ist, die Befugniß zu, Rechtshandlungen seines Schuldners im Wege der Klage oder Einwendung nach Maaßgabe der folgenden näheren Bestimmungen als ungültig anzufechten.

§. 2.

Die Anfechtung ist nur zulässig, wenn eine Vermögensunzulänglichkeit des Schuldners anzunehmen ist.

§. 3.

Eine Vermögensunzulänglichkeit des Schuldners (§. 2.) ist anzunehmen:

1) wenn bei der von dem Gläubiger veranlaßten Auspfändung keine Executions-Gegenstände, oder nur solche Gegenstände vorgefunden worden sind, deren Unzulänglichkeit sich klar ergiebt, oder welche von dritten Personen in Anspruch genommen werden, sofern der Schuldner auf Befragen anderweite Gegenstände nicht sofort nachweist;
2) wenn der Schuldner sich auf flüchtigen Fuß gesetzt hat oder sich verborgen hält, und deshalb die Vollstreckung der Execution nicht stattfinden kann;
3) wenn innerhalb des letzten Jahres vor dem Tage, an welchem die auf die Anfechtung gerichtete Klage oder Einwendung angebracht worden ist, eine Execution gegen die Person oder in das Vermögen des Schuldners fruchtlos gewesen ist.

Ein anderweiter Nachweis der Vermögensunzulänglichkeit ist durch vorstehende Bestimmungen nicht ausgeschlossen.

§. 4.

Werden bei der durch den Gläubiger veranlaßten Execution Gegenstände der Executionsvollstreckung vorgefunden oder von dem Schuldner nachgewiesen, so treten, bevor eine Vermögensunzulänglichkeit angenommen werden kann, folgende Bestimmungen ein:

1) wenn liquide, sichere, zur Deckung der Schuld hinreichende und

innerhalb dreier Monate fällige Activforderungen in Beschlag genommen sind, so muß der Gläubiger den Zahlungstermin abwarten;

2) wenn andere bewegliche Sachen, deren Unzulänglichkeit sich nicht klar ergiebt, abgepfändet sind, so muß der Gläubiger den öffentlichen Verkauf derselben bewirken lassen;

3) wenn der Schuldner Grundstücke besitzt, so muß der Gläubiger entweder deren Revenüen in Beschlag nehmen, sofern nicht klar erhellt, daß seine Befriedigung aus den Revenüen innerhalb Jahresfrist nicht zu erlangen sei; oder er muß den gerichtlichen Verkauf der Grundstücke und die Vertheilung der Kaufgelder abwarten, in sofern nicht der Ausfall der Forderung klar zu übersehen ist;

4) wenn für die Forderung eine Sache als Pfand oder Hypothek bestellt ist, welche sich nicht mehr im Eigenthum des Schuldners befindet, so muß der Gläubiger den gerichtlichen Verkauf derselben und die Vertheilung der Kaufgelder abwarten, in sofern nicht der Ausfall der Forderung klar zu übersehen ist.

§. 5.

Die nachstehend bezeichneten Rechtshandlungen unterliegen der Anfechtung, in sofern sie innerhalb zweier Jahre, vom Tage der Anbringung der auf die Anfechtung gerichteten Klage oder Einwendung zurückgerechnet, vorgenommen worden sind:

1) Verträge, durch welche der Schuldner Gegenstände seines Vermögens auf Leibrenten gegeben hat;

2) freigebige Verfügungen des Schuldners, insbesondere Schenkungen, Erbes- und Vermächtniß-Entsagungen, ingleichen solche Verfügungen, welche zwar unter lästigem Titel vorgenommen, aber wegen des zwischen der Leistung des Schuldners und der Gegenleistung obwaltenden erheblichen Mißverhältnisses als freigebige Verfügungen des Schuldners zu erachten sind;

3) Veräußerungen unter einem lästigen Titel, welche der Schuldner
   a) an seinen Ehegatten, vor oder nach geschlossener Ehe,
      oder
   b) an einen seiner eigenen nahen Verwandten,
      oder
   c) an einen nahen Verwandten seines Ehegatten,
      oder
   d) an den Ehegatten einer der unter b und c erwähnten Personen

   vorgenommen hat, sofern der andere Theil nicht Umstände nachweist, aus welchen zu entnehmen ist, daß er zur Zeit der Veräußerung um eine Absicht des Schuldners, seine Gläubiger durch die Veräußerung zu benachtheiligen, nicht gewußt hat.

Unter nahen Verwandten werden verstanden: die Verwandten in aufsteigender und absteigender Linie, so wie die vollbürtigen und halbbürtigen Geschwister.

§. 6.

Kann der Gläubiger schon vor der Vollstreckbarkeit seiner Forderung, sei es bei Aufstellung der Klage oder im Laufe des Processes gegen den

Schuldner, die Vermögensunzulänglichkeit desselben bescheinigen und eine der vorstehend (§. 5.) aufgeführten Rechtshandlungen bezeichnen, welche er künftig anzufechten gedenkt, so hat auf seinen Antrag das Gericht diese Absicht sofort Demjenigen bekannt zu machen, gegen welchen die Anfechtung künftig gerichtet werden soll.

Der Gläubiger erlangt durch eine solche Bekanntmachung das Recht, den zweijährigen Zeitraum, auf welchen die Anfechtung beschränkt ist, schon von dem Tage der Zustellung der Bekanntmachung zurückzurechnen.

§. 7.

Ohne Beschränkung auf einen bestimmten Zeitraum unterliegen der Anfechtung:

1) alle Rechtshandlungen, welche der Schuldner in der, dem andern Theile bekannten Absicht vorgenommen hat, sie nur zum Schein vorzunehmen oder die Gläubiger auf andere Weise zu bevortheilen;
2) die gegen den Schuldner ergangenen Entscheidungen und Mandate, so wie die auf Grund solcher Titel vorgenommenen Rechtshandlungen, wenn dabei Umstände zum Grunde liegen, bei welchen eine gleiche Absicht (Nr. 1.) erhellt;
3) die freigebigen Verfügungen (§. 5. Nr. 2.), welche der Schuldner zum Vortheil seines Ehegatten nach geschlossener Ehe vorgenommen hat;
4) die Rechtshandlungen, durch welche der Schuldner seiner Ehefrau oder deren Rechtsnachfolgern, behufs Sicherstellung oder Abfindung wegen des in seine Verwaltung gekommenen Vermögens, in stehender Ehe ein Pfandrecht oder ein Hypothekenrecht bestellt, oder auf irgend eine Weise Befriedigung gewährt hat, ohne daß ein Fall der gesetzlichen Verpflichtung zur Sicherstellung der Ehefrau oder zur Herausgabe des Vermögens derselben vorlag;
5) Quittungen, Anerkenntnisse oder Zugeständnisse, welche der Schuldner seinem Ehegatten gegenüber, vor oder nach geschlossener Ehe, ausdrücklich oder stillschweigend, insbesondere im Contumacial-Verfahren, abgegeben hat; sofern nicht die Richtigkeit der Quittung, des Anerkenntnisses oder Zugeständnisses, oder der im Contumacialverfahren festgestellten Umstände anderweit nachgewiesen wird.

§. 8.

Die Anfechtung einer Rechtshandlung wird dadurch nicht ausgeschlossen, daß derselben ein vollstreckbarer Vergleich oder ein anderer vollstreckbarer Titel (§. 7. Nr. 2.) hinzugetreten ist.

Vielmehr ist jeder einer anfechtbaren und für ungültig erklärten Rechtshandlung hinzugetretene vollstreckbare Titel, dem Gläubiger gegenüber, unwirksam, ohne daß es der besonderen Anfechtung desselben bedarf.

§. 9.

Die Anfechtung ist unstatthaft, wenn die Rechtshandlung schon vor der Entstehung der Forderung des Gläubigers vorgenommen worden ist und es sich nicht um ein Scheingeschäft handelt.

§. 10.

Der Gläubiger verliert sein Anfechtungsrecht, wenn er von demselben nicht innerhalb des Zeitraums Gebrauch macht, in welchem ihm die Execution gegen den Schuldner überhaupt zusteht.

Wenn der Gläubiger dem Schuldner Zahlungsfrist bewilligt und dies die Wirkung hat, daß die Frist verlängert wird, innerhalb welcher die Execution zulässig ist, so wird dadurch nicht zugleich der Zeitraum verlängert, innerhalb dessen der Gläubiger von seinem Anfechtungsrechte Gebrauch machen kann.

§. 11.

Die Bestimmungen wegen Anfechtung von Rechtshandlungen, welche vorstehend in Ansehung des Schuldners ertheilt sind, gelten auch von dem Erben hinsichtlich der Rechtshandlungen, welche derselbe seit dem Ableben des Schuldners über den Nachlaß in Betreff dieses Letzteren vorgenommen hat.

§. 12.

Der Gläubiger ist befugt, zu verlangen, daß Dasjenige zurückgewährt wird, was durch die ungültige Rechtshandlung von dem Schuldner aus seinem Vermögen oder von dem Erben aus dem Nachlasse (§. 11.) weggegeben oder veräußert worden ist.

Eben so kann, wenn die erfolgte Befriedigung eines anderen Gläubigers des Schuldners der Anfechtung unterliegt, der anfechtende Gläubiger verlangen, daß der befriedigte Gläubiger das Empfangene zurückgewährt.

Bildet eine freigebige Verfügung des Schuldners (§. 5. Nr. 2.) den Gegenstand der Anfechtung, so kann das Rückforderungsrecht, wenn nicht der Fall des §. 7. Nr. 1. vorliegt, nur in so weit ausgeübt werden, als der Erwerber zur Zeit der Anfechtung noch im Besitz der durch die freigebige Verfügung erlangten Sache sich befindet oder durch den aus derselben gelösten Werth noch wirklich reicher ist.

Dasjenige, was in Folge der Anfechtung zurückgewährt wird, ist zur Befriedigung des anfechtenden Gläubigers zu verwenden.

§. 13.

Gegen Rückgewähr des Empfangenen (§. 12.) muß dem Erwerber seine etwanige Gegenleistung vollständig erstattet werden.

Wenn jedoch dem Erwerber bekannt war, daß der Schuldner die Rechtshandlung nur zum Schein oder in der Absicht vorgenommen hat, die Gläubiger zu bevortheilen, so kann er sich wegen Erstattung der Gegenleistung nur an den Schuldner halten.

Muß der Empfänger einer anfechtbaren Zahlung das Empfangene zurückgeben, so tritt seine Forderung an den Schuldner wieder in Kraft.

§. 14.

Erfolgt die Anfechtung im Wege der Klage, so hat der Gläubiger sogleich in der Klage seinen Antrag darauf zu richten, was der Verklagte zu thun oder zu dulden für schuldig erkannt werden soll.

§. 15.

Inwieweit der zur Rückgewähr Verpflichtete sich wegen Forderungen, welche ihm gegen den Schuldner zustehen, ebenfalls an das halten kann, was er zurückgewähren muß, ist nach den allgemeinen Vorschriften über das Prioritäts-Verfahren in der Executions-Instanz (Tit. 5. Abschnitt 1. der Concurs-Ordnung) zu entscheiden.

§. 16.

Gegen einen dritten Besitzer der aus dem Vermögen des Schuldners weggegebenen oder veräußerten Gegenstände, oder der von dem Schuldner bestellten Pfandrechte oder Hypothekenrechte findet das in Beziehung auf den Vorbesitzer zulässige Anfechtungs- und Rückforderungsrecht statt:

1) wenn der dritte Besitzer zur Zeit seiner Erwerbung davon Kenntniß gehabt hat, daß die Rechtshandlung des Schuldners nur zum Schein oder in der Absicht vorgenommen ist, die Gläubiger zu bevortheilen;
2) wenn der dritte Besitzer der Ehegatte des Schuldners oder ein naher Verwandter oder Verschwägerter (§. 5. Nr. 3.) ist, insofern derselbe nicht Thatsachen nachweist, aus welchen zu entnehmen ist, daß er zur Zeit seiner Erwerbung von den Umständen, welche das Recht zur Anfechtung und Rückforderung gegen den Vorbesitzer begründen, keine Kenntniß gehabt hat;
3) wenn der dritte Besitzer die Sache durch eine freigebige Verfügung erworben hat; jedoch unterliegt in diesem Falle das Rückforderungsrecht denselben Beschränkungen, welche für den Fall der Anfechtung einer freigebigen Verfügung des Schuldners zu Gunsten des ersten Erwerbers festgesetzt sind. (§. 12.)

Gegen Erben findet das in Beziehung auf den Erblasser derselben begründete Anfechtungs- und Rückforderungsrecht ohne die vorstehenden Beschränkungen statt.

§. 17.

Bei der Entscheidung über die Zulässigkeit einer Anfechtung bleiben die positiven Regeln über die Wirkungen der Beweise außer Anwendung.

Der erkennende Richter hat, unter Erwägung aller vorliegenden Umstände und unter genauer Prüfung aller beigebrachten Beweise, nach seiner freien, aus dem Inbegriff der stattgehabten Verhandlungen geschöpften Ueberzeugung zu entscheiden, ob ein angetretener Beweis als geführt anzusehen sei oder nicht, oder ob es noch der Auferlegung eines nothwendigen Eides bedürfe.

Insbesondere bleibt es auch dem Ermessen des Richters vorbehalten, ob und welches Gewicht dabei auf die im §. 7. unter Nr. 5. erwähnten Quittungen, Anerkenntnisse und Zugeständnisse gelegt werden kann.

Der Richter muß die Gründe, auf welchen seine Ueberzeugung beruht, in dem Urtheil vollständig anführen.

Jedoch behält es in Ansehung der Befugniß der Parteien zur Eideszuschiebung, sowie in Ansehung der Wirkungen der geschehenen oder verweigerten Ableistung zugeschobener Eide bei den bestehenden gesetzlichen Vorschriften sein Bewenden.

§. 18.

Wird über das Vermögen des Schuldners der Concurs eröffnet, so gehen die Rechte, welche der Gläubiger aus dem gegenwärtigen Gesetze bereits erworben hat, auf die Gläubigerschaft über.

§. 19.

Das gegenwärtige Gesetz tritt mit dem 1. October 1855. in Kraft. Mit diesem Zeitpunkte sind alle entgegenstehenden Bestimmungen aufgehoben, namentlich das Gesetz vom 26. April 1835. über Verträge zahlungsunfähiger Schuldner zum Nachtheil ihrer Gläubiger.
(Gesetz-Sammlung S. 53.)

Urkundlich unter Unserer Höchsteigenhändigen Unterschrift und beigedrucktem königlichen Insiegel.

Gegeben Charlottenburg, den 9. Mai 1855.

(L. S.) Friedrich Wilhelm.

v. Manteuffel. v. d. Heydt. Simons. v. Raumer.
v. Westphalen. v. Bodelschwingh. Gr. v. Waldersee.

Für den Minister für die landwirthschaftlichen Angelegenheiten:
v. Manteuffel.

Beilage D.

Notizen resp. Auszug

aus dem Gesetz, betreffend den Ansatz und die Erhebung der Gerichtskosten vom 10. Mai 1851. — und den, dasselbe ergänzenden Gesetzen vom 3. Mai 1853. und vom 9. Mai 1854. — ingleichen aus der Instruktion des Justiz-Ministers vom 1. Juni 1854.

I. Die in der Executions-Instanz zu erhebenden Kosten-Vorschüsse.

1.

Für alle Geschäfte, mit welchen baare Auslagen verbunden sind, ist in der Regel ein zur Deckung derselben ausreichender, vom Gerichte festzusetzender Vorschuß zu erheben. Ausgenommen sind nur Untersuchungssachen. §. 8. 1. des Gesetzes vom 10. Mai 1851.

2.

Die Ministerial-Instruction vom 1. Juni 1854. sanctionirt unter Nr. 17. wiederholt diesen Grundsatz als Regel. Sie gestattet aber den Gerichten in einzelnen Fällen aus Billigkeits-Rücksichten oder aus andern praktischen Gründen von der Einziehung eines Kosten-Vorschusses Abstand zu nehmen. Namentlich kann, wenn aus der Unterlassung der Vorschuß-Einziehung eine Gefahr des Verlustes nicht droht, bei einfachen Geschäften und solchen Angelegenheiten, deren Beendigung in kurzer Zeit zu erwarten ist, dieselbe zur Vermeidung doppelter Berechnung und Controllirung unterbleiben.

3.

Demnach wird ein Vorschuß in der Executions-Instanz nur dann eingefordert, wenn sich ermessen läßt, daß die Sache weitläuftig und verwickelt werden wird und viele Auslagen entstehen werden.

II. Kosten in der Executions-Instanz.

§. 14.

des Tarifs zum Gesetze vom 10. Mai 1851.

1) Für die Erlassung des Vollstreckungsbefehls an den Executor, oder des, eine andere Executions-Maaßregel androhenden Gerichts-Befehles, für die Beschlagnahme einer Forderung, für die Ueberweisung einer solchen, für eine Requisition an den Hypothekenrichter um Eintragung eines Judicats, für das Verfahren wegen **Abnahme eines Manifestations-Eides — in allen diesen Fällen einschließlich** der erforderlichen Nebenverfügungen oder **Verhandlungen — wird** der zu I. A. (Artikel 5. des Gesetzes vom 9. Mai 1854.) bestimmte Satz, nämlich:
   a) **von dem Betrage bis zu 100 Thlrn. von je 10 Thlrn.: 2½ Sgr., jedoch nicht unter 5 Sgr.**
   b) **von dem Mehrbetrage bis zu 200 Thlrn. von je 10 Thlrn., 1½ Sgr.**
   c) von dem Mehrbetrage von je 50 Thlrn.: **2½ Sgr. bis zu dem höchsten Satze von 4 Thlrn.**
      (vergl. Tabelle 1.)

   jedoch unter Fortfall der Beschränkung auf das Minimum von 5 Sgr. erhoben und zwar für jede dieser Executions-Maaßregeln, besonders nach dem Betrage des Gegenstandes derselben und bei erneuerten Anträgen wiederholt.

2) Für die Vollstreckung einer Execution durch Pfändung, durch Personal-Arrest, oder durch Ausführung der **executio ad faciendum** wird erhoben:
   a) bei Beträgen bis zu 100 Thlrn. von je 10 Thlrn.: 4 Sgr., jedoch nicht unter 5 Sgr.
   b) von dem Mehrbetrage bis zu 200 Thlrn. einschließlich, von je 10 Thlrn.: 2 Sgr.
   c) von dem Mehrbetrage von je 50 Thlrn.: 6 Sgr.

   Wird bei dem Antritt dieser Vollstreckung, dem Gerichtsbefehle genügt, oder der Executions-Antrag zurückgenommen, so daß es der Vollstreckung selbst nicht bedarf, so ist der unter Nr. 1. dieses Paragraphen bestimmte Satz zu erheben.

3) Diese Bestimmungen (Nr. 1. und 2.) sind auch bei allen Executionen wegen Gerichtskosten maaßgebend.

Zu §. 14. des Tarifs.

Artikel 14.

des Gesetzes vom 9. Mai 1854.

Ist die Execution in das Mobiliar-Vermögen fruchtlos vollstreckt, so sind von dem Extrahenten außer den Kosten für die Executions-Verfügung (Nr. 1. §. 14. des Tarifs in Verbindung mit Artikel 5. dieses Gesetzes), nur die Kosten für den Antritt der Vollstreckung (Nr. 2. Alinea 2.) zu erheben. Ist blos ein Theil der Forderung beigetrieben worden, so wird der Berechnung des Satzes für die Vollstreckung nur der Betrag dieses Theiles zum Grunde gelegt, jedoch nicht weniger, als der Satz für den Antritt der Vollstreckung, liquidirt.

Bei Executionen wegen eines Gegenstandes bis zu 1 Thlr. einschließlich sind für die Erlassung des Vollstreckungs-Befehles nur 2 Sgr. und für die Vollstreckung ebenfalls nur 2 Sgr. zu erheben.

(Vergl. Tabelle 15.)

Instruction des Justiz-Ministers vom 1. Juni 1854.

Zu §. 14. und Artikel 14. vorstehend.

51) Zu Nr. 1. Der Kostensatz I. A. wird für jede in der Executions-Instanz vorkommende Maaßregel (mit Ausnahme der in Nr. 2. bezeichneten Vollstreckungs-Maaßregeln), insoweit sie Gegenstand eines besonderen Antrages ist, mit Einschluß der Nebenverfügungen erhoben. So wird z. B. wenn Mobiliar-Execution nachgesucht worden ist, für den Vollstreckungsbefehl an den Executor und für die Benachrichtigung des Gläubigers und des Schuldners — für diese drei Verfügungen zusammen — nur der einfache Satz erhoben.

Ueber die Kosten für die Zurückweisung unbegründeter Executions-Anträge ist im Artikel 5. B. das Nöthige bestimmt.

Dieser lautet unter

B. Für Aufforderungen zur Erstattung außergerichtlicher Kosten, ferner für die Zurückweisung eines unbegründeten Executions-Antrages oder Arrestgesuches (Artikel 10.) und eines Antrages auf Erstattung außergerichtlicher Kosten sind dieselben Sätze

(nämlich unter A. — siehe oben §. 14. des Tarifs)

zu erheben, jedoch unter Fortfall der Beschränkung auf das Minimum von 5 Sgr. und bei einem Gegenstande bis zu 1 Thlr. einschließlich nur 2 Sgr.

C. Für Bescheide der höheren Instanz auf unbegründet befundene Beschwerden werden die Sätze A. erhoben, jedoch nicht unter 10 Sgr. (Vergl. Tabelle 1.)

Ministerial-Instruction zu Artikel 5.

34) Für die Zurückweisung eines unbegründeten Arrestgesuches ist der Satz B. zu erheben, gleichviel, ob das Gesuch in Verbindung mit der Hauptsache oder abgesondert von derselben angebracht worden ist. Wird jedoch gleichzeitig die Klage in

der Hauptsache und das damit verbundene Arrestgesuch zurückgewiesen, so kann der Satz des Artikel 5. A. nur einmal erhoben werden.

35) Der unter C. bestimmte Satz für Bescheide der höheren Instanz auf unbegründet befundene Beschwerden kommt für alle solche Beschwerden in Civil-Processen zur Anwendung, welche nicht in die Kategorie der Rechtsmittel (Recurs, Appellation u. s. w.) fallen, also z. B. wegen verweigerter Einleitung eines Processes, für Beschwerden in der Executions-Instanz u. s. w.

Dagegen sind bei Beschwerden gegen Verfügungen des Richters erster Instanz über die Gebühren-Liquidation eines Rechts-Anwalts oder Notars die Kosten nach Artikel 8. zu liquidiren, da dieselben als Recurse zu behandeln sind. (§. 4. der Gesetze vom 11. und 12. Mai 1851.)

Der vorstehend unter B. citirte Artikel 10. lautet im zweiten Absatz:

Für die Anlegung von Arresten in Proceßsachen neben der Hauptsache sind die Sätze wie bei Executionen zu liquidiren, jedoch auf die Kosten der später eintretenden Execution in Anrechnung zu bringen.

(Vergl. Tabelle 15.)

Ministerial-Instruction zu Artikel 10,

41) Der für die Verhandlung schleuniger Arrestsachen (Allgemeine Gerichts-Ordnung Thl. I. Tit. 29. §§. 30—40.) im §. 9. des Tarifs bestimmte Kostensatz begreift die Kosten für die Anlegung des Arrestes in sich, und es sind daher daneben nicht noch die in diesem Artikel angeordneten Kosten für die Anlegung von Arresten besonders zu erheben. Der Ansatz dieser Kosten findet vielmehr nur bei der Anlegung gewöhnlicher Arreste statt, in diesen Fällen jedoch ohne Unterschied, ob das Verfahren über die Rechtmäßigkeit oder Unrechmäßigkeit des angelegten Arrestes mit dem Verfahren über die Hauptsache verbunden, oder ob über die Aufhebung des Arrestes besonders verhandelt worden ist. (§§. 63—73. Tit. 29. Thl. I. der Allgemeinen Gerichts-Ordnung.)

Welche Kostensätze in den einzelnen Fällen nach Maaßgabe des §. 14. des Tarifs unter Berücksichtigung des Artikel 14. zu erheben sind, bestimmt sich nach dem Inhalte der auf das Arrestgesuch erlassenen richterlichen Verfügung, so wie nach der Natur der zur Ausführung derselben erforderlich gewesenen Maaßregeln. So ist z. B. zu liquidiren:

a) der Satz unter Nr. 1. im §. 14. des Tarifs für die Beschlagnahme einer Forderung, für eine Requisition an den Hypothekenrichter um Eintragung eines Arrestes, so wie für den Befehl an den Executor zur Verhaftung des Arrestaten;

b) der Satz unter Nr. 2. daselbst, neben dem Satze unter Nr. 1., wenn bewegliche Sachen unter Sperre gelegt sind, oder in Personal-Arrestsachen die Verhaftung erfolgt ist;

c) der Satz für den Antritt der Vollstreckung, ebenfalls neben dem Satze unter Nr. 1., wenn die unter Sperre zu legenden Sachen nicht vorgefunden sind, oder wenn in Personal-Arrestsachen die Verhaftung fruchtlos versucht worden ist.

Die Berechnung der Kosten erfolgt bei Personal-Arresten nach der Höhe der Forderung, welche durch den Arrest sicher gestellt werden soll, in anderen Fällen entweder nach dem Betrage der Forderung, oder nach dem Werthe der Gegenstände, worauf das Arrestgesuch sich bezieht, je nachdem der eine, oder der andere Betrag der niedrigere ist. Ist der Arrest nur auf einen Theil dieser Gegenstände angelegt worden, so findet die Vorschrift des Artikel 14. Anwendung.

Den obigen Sätzen treten, wenn in Fällen des §. 14. Tit. 29. Thl. I. der Allgemeinen Gerichts-Ordnung die mit Arrest belegten Sachen gerichtlich haben versteigert werden müssen, die Auctions-Kosten nach §. 66. des Tarifs hinzu.

Uebrigens ist zu beachten, daß die in Rede stehende Bestimmung sich überall nur auf die im Tit. 29. Thl. I. der Allgemeinen Gerichts-Ordnung abgehandelten Arreste, nicht aber auf die in andern Fällen eintretenden Vermögens-Beschlagnahmen (§. 110. des Strafgesetzbuches, Artikel 1. des Gesetzes vom 9. Mai 1854.), so wie auf die im §. 21. Tit. 38. Thl. I. der Allgemeinen Gerichts-Ordnung erwähnten Sicherungs-Maaßregeln bezieht.

Zu 2. Eine Execution ist als angetreten zu betrachten, wenn der Executor behufs der Vollstreckung der Execution bei dem Schuldner erscheint, oder wenn er, um den Exequenden zum Personal-Arrest zu bringen, sich in die Behausung des Letzteren begeben, oder ihn verfolgt hat; als vollstreckt ist die Execution anzusehen, wenn der mit der Vollstreckung beauftragte Beamte Alles gethan hat, was zur Erledigung des ihm ertheilten Auftrages nothwendig gewesen ist.

Wie für die Vollstreckung einer Execution in das Mobiliar-Vermögen, je nachdem dieselbe von Erfolg, oder fruchtlos ist, die Kosten zu berechnen sind, ergiebt der Artikel 14.

Ohne Rücksicht auf den Erfolg wird der Satz §. 14. Nr. 2. erhoben für die Vollstreckung der Execution durch Personal-Arrest und für die Ausführung der executio ad faciendum. Verwandelt sich im Laufe des letzteren Verfahrens der Anspruch des Berechtigten in eine, aus dem Mobiliar-Vermögen des Schuldners beizutreibende Geldforderung, so sind die Kosten der Vollstreckung auch in diesem Falle nach Maaßgabe der wirklich beigetriebenen Summe zu berechnen.

Da es in der Executions-Instanz nach §. 14. und nach Artikel 14. entweder auf den Betrag des Gegenstandes der Execution, oder auf die Höhe der wirklich beigetriebenen Summe ankommt, so kann die im §. 11. des Gesetzes vom 10. Mai 1851. gemachte Unterscheidung der vor, oder während des Processes entstandenen Nutzungen, Zinsen, Früchte, Kosten und Schäden hier keine Anwendung finden.

Außer den in §. 14. Nr. 2. bestimmten Sätzen sind, wenn es zur

Auction kommt, die dafür nach §. 66. des Tarifs zu liquidirenden Beträge zu erheben.

Zu den außerdem in Ansatz kommenden baaren Auslagen gehören nicht die den Executoren nach §. 10. des Gesetzes vom 9. Mai 1851. aus der Kasse zu zahlenden Zehrungskosten, da solche den Parteien überhaupt nicht in Rechnung gestellt werden dürfen.

Die Vollstreckung der Execution oder die Leitung derselben darf übrigens nur in wichtigen Ausnahmefällen (Allgemeine Gerichts-Ordnung Thl. I. Tit. 24. §. 59.) einem richterlichen oder Subaltern-Beamten übertragen werden. Pfändungen sind auch bei höheren Objecten durch die gewöhnlichen Executoren zu vollstrecken. Ist ausnahmsweise ein anderer Gerichtsbeamter damit beauftragt worden, so sind die als baare Auslagen nach Artikel 20. zu liquidirenden Beträge außer dem Pauschquantum des §. 14. oder des Artikel 14. zu erheben.

Aus der Schlußbestimmung im §. 14. Nr. 2. des Tarifs und aus der Bestimmung des Artikel 14., daß, wenn beim Antritt der Vollstreckung entweder dem Befehle genügt, oder der Executions-Antrag zurückgenommen wird, oder wenn die Mobiliar-Execution fruchtlos ausfällt, nur der Satz des §. 14. Nr. 1. nochmals zu erheben ist, ergiebt sich unzweideutig, daß, wenn vor dem wirklichen Antritt, wenn auch nach abgelaufener Frist, der Antrag zurückgenommen, oder die Befriedigung nachgewiesen wird, der Satz §. 14. Nr. 2. überhaupt nicht erhoben werden darf.

Letzterer bleibt auch bei solchen Executions-Maaßregeln ausgeschlossen, für welche die im §. 13. des Tarifs gedachten Kostensätze zu erheben sind.
(§. 13. des Tarifs siehe weiter unten.)

In Bezug auf die zur Execution gestellten Gerichtskosten vertritt der dem Executor ausgehändigte Auszug aus der Executionsliste und das darin enthaltene generelle Mandat (§. 33. der Instruction zur Verwaltung der gerichtlichen Salarien-Kassen vom 10. November 1851.) die Stelle des Executionsbefehls; die im §. 14. Nr. 1. des Tarifs und im zweiten Absatze des Artikel 14. gedachten Kosten sind daher, eben so wie in den geeigneten Fällen die Kosten des Antritts oder der Vollstreckung der Execution, von jeder einzelnen Kostenpost zu erheben.

Bei der Einziehung der Executionskosten ist erst dann auf den Executionssucher zurückzugehen, wenn die Beitreibung derselben von dem Schuldner vergeblich versucht ist. (§. 10. Nr. 1e. des Gesetzes vom 10. Mai 1851.)

Aus jedem Executionsbefehle muß ersichtlich sein, welcher Kostenbetrag erhoben werden soll:

a) wenn die Execution zwar angetreten, aber nicht vollstreckt ist;
b) wenn die Vollstreckung der Execution wirklich stattgefunden hat.

Für jeden dieser Fälle ist mit Einschluß des Zuschlages der zur Erhebung kommende Gesammtbetrag der Kosten anzugeben und dabei zu bemerken, daß die Erhebung des einen Betrages die Einziehung des andern ausschließt, und daß, wenn bei Mobiliar-Executionen die Forderung des Executionssuchers nur theilweise beigetrieben wird, neben den, für den Executionsbefehl einzuziehenden Kosten, die nach Artikel 14. des Gesetzes vom 9. Mai 1854. von der wirklich beigetriebenen Summe zu berechnenden Sätze (§. 14. Nr. 2. des Gerichtskosten-Tarifs) zu erheben sind.

Da in dem zuletzt gedachten Falle der in Ansatz kommende Kostenbetrag von dem Ausfalle der Execution abhängt, so muß derselbe von den Executoren selbst berechnet werden. Um diese hierzu in den Stand zu setzen, ist für dieselben eine besondere Instruction mit den erforderlichen Tabellen entworfen, von der jedem Executor ein Exemplar auszuhändigen ist. Die Executoren haben das letztere, wenn sie Executions-Vollstreckungen vornehmen, bei sich zu führen, nnd bei Einziehung der Kosten dem Exequenden auf Verlangen zur Einsicht vorzulegen.

Die Gerichtseingesessenen sind von dieser Einrichtung durch eine an der Gerichtsstelle auszuhängende Bekanntmachung in Kenntniß zu setzen.

Die Executions-Inspectoren sind verpflichtet, die Executoren über die Berechnung und Einziehung der Executionskosten mit näherer Anweisung und Belehrung zu versehen. Dieselben haben, eben so wie die Kassen-Beamten, darauf zu achten, daß die gedachten Kosten in den einzelnen Fällen richtig berechnet werden.

§. 13.

Des Tarifs zum Gesetze vom 10. Mai 1851.

E. Für das Verfahren bei Sequestrationen, Beschlagnahme der Gutseinkünfte und aller anderer, an die Person des Schuldners gebundener Einkünfte (§. 16. der Verordnung vom 4. März 1834.) so wie bei Häuser-Administrationen — ausschließlich der Remuneration des Sequesters und Administrators — wird die Hälfte der sub D. 3. bestimmten Sätze erhoben, wenn damit ein Prioritäts-Verfahren unter mehreren immittirten Gläubigern nicht verbunden ist.

Ist damit aber ein Prioritäts-Verfahren verbunden (§. 17. l. c.), so werden die vollen Sätze sub D. 3. erhoben.

Unter den danach zu erhebenden Sätzen sind die Kosten der Deposital-Verwaltung und Administration mit begriffen; für die dabei aber etwa entstehenden eigentlichen Processe werden die für diese bestimmten Sätze besonders erhoben. (Vergl. Tabelle 14.)

Ministerial-Instruction hierzu.

50) Unter dem Ausdruck „Prioritäts-Verfahren" ist hier, wie sich aus dem Zusammenhange und namentlich aus der Schlußbestimmung dieses Paragraphen ergiebt, nicht der etwa bei der Distribution entstehende Prioritätsstreit, sondern das in der Verordnung vom 4. März 1834. §. 17. und in der Verordnung vom 21. Juli 1849. §. 89. vorgezeichnete Verfahren zu verstehen. Kommt es dabei zum Streite, also zum eigentlichen Proceß, so ist für diesen, außer den Kosten jenes Verfahrens, der gewöhnliche Satz für Processe nach Artikel 7. bis 9. zu erheben.

Uebrigens ist bei den im §. 16. der Verordnung vom 4. März 1834. erwähnten Beschlagnahmen zu unterscheiden, ob bei dem Gericht ein Prioritäts-Verfahren unter mehreren immittirten Gläubigern stattfindet, ob also die Einkünfte erst nach Anfertigung eines Vertheilungsplanes und nach Vernehmung der Gläubiger darüber, vertheilt werden können, oder ob es einer solchen Regulirung der Vertheilung und der Priorität nicht bedarf. Im ersten Falle ist der volle, in andern Falle der halbe Satz D. 3. §. 12. zu erheben. Es kommt hierbei also immer darauf an, ob mehrere Gläubiger immittirt sind. Zahlungen, welche vom Sequestor oder Administrator aus den Revenüen vorweg an beständigen Abgaben, Zinsen u. s. w. zu leisten sind, kommen dabei nicht in Betracht. Es kann also, wenn auf den danach verbleibenden Ueberschuß nur ein einziger Gläubiger angewiesen ist, blos der halbe Satz erhoben werden.

Die Höhe der Sätze wird bestimmt nach dem Jahresbetrage der in Beschlag genommenen, zur Distribution kommenden oder überwiesenen Summe; die Kosten sind in jedem Jahre aus der Masse vorweg zu erheben. (§. 10. Nr. 2. des Gesetzes vom 10. Mai 1851. §. 18. der Verordnung vom 4. März 1834. §. 89. der Verordnung vom 21. Juli 1849.)

Der vorstehend in Bezug genommene §. 12. des Tarifs lautet unter

D. 3. Für die Constituirung der Passivmasse im Allgemeinen, einschließlich des Classifications-Erkenntnisses und dessen Publication, ist nach dem Betrage der Activ-Masse zu erheben:

a) von dem Betrage bis zu 1000 Thlr. von je 10 Thlr.: 15 Sgr.,
b) von dem Mehrbetrage bis zu 2000 Thlr. von je 100 Thlr.: $2\frac{1}{2}$ Thlr.,
c) von dem Mehrbetrage bis zu 20,000 Thlr. von je 100 Thlr.: 1 Thlr.,
d) von dem Mehrbetrage von je 100 Thlr.: 15 Sgr.

Vorbemerkungen
zu den Tabellen.

1) Die in den nachfolgenden Tabelleu enthaltenen Tarifsätze sind bei Erhebung der Kosten auf Thaler und Silbergroschen dergestalt abzurunden: daß überschießende Pfennige unter $\frac{1}{2}$ Silbergroschen **nicht berechnet**, im Betrage von $\frac{1}{2}$ Silbergroschen oder mehr aber **als ein voller Silbergroschen in Rechnung gestellt werden.** (Zweite Vorbemerkung zum Gerichtskosten-Tarif.)
2) Jedem vollen Thaler eines hiernach zur Erhebung kommenden Kostenbetrages sind noch 6 Silbergroschen zuzuschlagen. (Dritte Vorbemerkung zum Tarif.)

Zurückgewiesene Klagen und Rechtsmittel, Beschwerden u. s. w.

(Artikel 5 des Gesetzes vom 9. Mai 1854.)

Tabelle 1. Bei einem Werthe des Streitgegenstandes	Für die Zurückweisung einer Klage, eines Rechtsmittels u. s. w. (Art. 5.) Rth.	Sgr.	Tabelle 1. Bei einem Werthe des Streitgegenstandes	Für die Zurückweisung einer Klage, eines Rechtsmittels u. s. w. (Art. 5.) Rth.	Sgr.
bis 1 rtlr. einschl.	—	—	von mehr als		
von mehr als 1 rtlr. — 10 " "	—	—	500 rtlr. bis 550 rtlr. einschl.	1	27½
" 10 " — 20 " "	—	5	" 550 " — 600 " "	2	—
" 20 " — 30 " "	—	7½	" 600 " — 650 " "	2	2½
" 30 " — 40 " "	—	10	" 650 " — 700 " "	2	5
" 40 " — 50 " "	—	12½	" 700 " — 750 " "	2	7½
" 50 " — 60 " "	—	15	" 750 " — 800 " "	2	10
" 60 " — 70 " "	—	17½	" 800 " — 850 " "	2	12½
" 70 " — 80 " "	—	20	" 850 " — 900 " "	2	15
" 80 " — 90 " "	—	22½	" 900 " — 950 " "	2	17½
" 90 " —100 " "	—	25	" 950 " —1000 " "	2	20
" 100 " —110 " "	—	26½	" 1000 " —1050 " "	2	22½
" 110 " —120 " "	—	28	" 1050 " —1100 " "	2	25
" 120 " —130 " "	—	29½	" 1100 " —1150 " "	2	27½
" 130 " —140 " "	1	1	" 1150 " —1200 " "	3	—
" 140 " —150 " "	1	2½	" 1200 " —1250 " "	3	2½
" 150 " —160 " "	1	4	" 1250 " —1300 " "	3	5
" 160 " —170 " "	1	5½	" 1300 " —1350 " "	3	7½
" 170 " —180 " "	1	7	" 1350 " —1400 " "	3	10
" 180 " —190 " "	1	8½	" 1400 " —1450 " "	3	12½
" 190 " —200 " "	1	10	" 1450 " —1500 " "	3	15
" 200 " —250 " "	1	12½	" 1500 " —1550 " "	3	17½
" 250 " —300 " "	1	15	" 1550 " —1600 " "	3	20
" 300 " —350 " "	1	17½	" 1600 " —1650 " "	3	22½
" 350 " —400 " "	1	20	" 1650 " —1700 " "	3	25
" 400 " —450 " "	1	22½	" 1700 " —1750 " "	3	27½
" 450 " —500 " "	1	25	" 1750	4	—

Schlußbemerkung:

Für Aufforderungen zur Erstattung außergerichtlicher Kosten u. s. w. (Art. 5. B.) sind zu erheben bei einem Objecte

bis 1 rtlr. einschl. 2 sgr.
von mehr als 1 rtlr. — 10 " " 2½ "
" 10 " — 20 " " 5 "

u. s. w. wie in der vorstehenden Tabelle.

Für Bescheide, die der höheren Instanz auf unbegründet befundene Beschwerden in streitigen und nicht streitigen Angelegenheiten (Art. 5. C. und Art. 15.) sind zu liquidiren bei einem Objecte

bis 40 rtlr. einschl. 10 sgr.
von mehr als 40 rtlr. — 50 " " 12½ "

u. s. w. wie in der vorstehenden Tabelle.

Bei Sequestrationen ꝛc. (§. 13. des Tarifs.)

Tabelle 14.

Bei einem Jahresbetrage der in Beschlag genommenen Summe.	§. 13. des Tarifs. Für Sequestrationen ꝛc. wenn damit ein Prioritäts-Verfahren nicht verbunden ist.		verbunden ist.	
	rtlr.	sgr.	rtlr.	sgr.
bis 10 rtlr. einschl.	—	7½	—	15
von mehr als				
10 rtlr. bis 20 rtlr. einschl.	—	15	1	—
20 „ — 30 „ „	—	22½	1	15
30 „ — 40 „ „	1	—	2	—
40 „ — 50 „ „	1	7½	2	15
50 „ — 60 „ „	1	15	3	—
60 „ — 70 „ „	1	22½	3	15
70 „ — 80 „ „	2	—	4	—
80 „ — 90 „ „	2	7½	4	15
90 „ — 100 „ „	2	15	5	—
100 „ — 110 „ „	2	22½	5	15
110 „ — 120 „ „	3	—	6	—
120 „ — 130 „ „	3	7½	6	15
130 „ — 140 „ „	3	15	7	—
140 „ — 150 „ „	3	22½	7	15
150 „ — 160 „ „	4	—	8	—
160 „ — 170 „ „	4	7½	8	15
170 „ — 180 „ „	4	15	9	—
180 „ — 190 „ „	4	22½	9	15
190 „ — 200 „ „	5	—	10	—
200 „ — 210 „ „	5	7½	10	15
210 „ — 220 „ „	5	15	11	—
220 „ — 230 „ „	5	22½	11	15
230 „ — 240 „ „	6	—	12	—
240 „ — 250 „ „	6	7½	12	15
250 „ — 260 „ „	6	15	13	—
260 „ — 270 „ „	6	22½	13	15
270 „ — 280 „ „	7	—	14	—
280 „ — 290 „ „	7	7½	14	15
290 „ — 300 „ „	7	15	15	—
300 „ — 310 „ „	7	22½	15	15
310 „ — 320 „ „	8	—	16	—
320 „ — 330 „ „	8	7½	16	15
330 „ — 340 „ „	8	15	17	—
340 „ — 350 „ „	8	22½	17	15
350 „ — 360 „ „	9	—	18	—
360 „ — 370 „ „	9	7½	18	15
370 „ — 380 „ „	9	15	19	—
380 „ — 390 „ „	9	22½	19	15
390 „ — 400 „ „	10	—	20	—
400 „ — 410 „ „	10	7½	20	15
410 „ — 420 „ „	10	15	21	—
420 „ — 430 „ „	10	22½	21	15
430 „ — 440 „ „	11	—	22	—
440 „ — 450 „ „	11	7½	22	15
450 „ — 460 „ „	11	15	23	—
460 „ — 470 „ „	11	22½	23	15
470 „ — 480 „ „	12	—	24	—
480 „ — 490 „ „	12	7½	24	15

Bei einem Jahresbetrage der in Beschlag genommenen Summe.	§. 13. des Tarifs. Für Sequestrationen ꝛc. wenn damit ein Prioritäts-Verfahren nicht verbunden ist.		verbunden ist.	
	rtlr.	sgr.	rtlr.	sgr.
von mehr als				
490 rtlr. bis 500 rtlr. einschl.	12	15	25	—
500 „ — 510 „ „	12	22½	25	15
510 „ — 520 „ „	13	—	26	—
520 „ — 530 „ „	13	7½	26	15
530 „ — 540 „ „	13	15	27	—
540 „ — 550 „ „	13	22½	27	15
550 „ — 560 „ „	14	—	28	—
560 „ — 570 „ „	14	7½	28	15
570 „ — 580 „ „	14	15	29	—
580 „ — 590 „ „	14	22½	29	15
590 „ — 600 „ „	15	—	30	—
600 „ — 610 „ „	15	7½	30	15
610 „ — 620 „ „	15	15	31	—
620 „ — 630 „ „	15	22½	31	15
630 „ — 640 „ „	16	—	32	—
640 „ — 650 „ „	16	7½	32	15
650 „ — 660 „ „	16	15	33	—
660 „ — 670 „ „	16	22½	33	15
670 „ — 680 „ „	17	—	34	—
680 „ — 690 „ „	17	7½	34	15
690 „ — 700 „ „	17	15	35	—
700 „ — 710 „ „	17	22½	35	15
710 „ — 720 „ „	18	—	36	—
720 „ — 730 „ „	18	7½	36	15
730 „ — 740 „ „	18	15	37	—
740 „ — 750 „ „	18	22½	37	15
750 „ — 760 „ „	19	—	38	—
760 „ — 770 „ „	19	7½	38	15
770 „ — 780 „ „	19	15	39	—
780 „ — 790 „ „	19	22½	39	15
790 „ — 800 „ „	20	—	40	—
800 „ — 810 „ „	20	7½	40	15
810 „ — 820 „ „	20	15	41	—
820 „ — 830 „ „	20	22½	41	15
830 „ — 840 „ „	21	—	42	—
840 „ — 850 „ „	21	7½	42	15
850 „ — 860 „ „	21	15	43	—
860 „ — 870 „ „	21	22½	43	15
870 „ — 880 „ „	22	—	44	—
880 „ — 890 „ „	22	7½	44	15
890 „ — 900 „ „	22	15	45	—
900 „ — 910 „ „	22	22½	45	15
910 „ — 920 „ „	23	—	46	—
920 „ — 930 „ „	23	7½	46	15
930 „ — 940 „ „	23	15	47	—
940 „ — 950 „ „	23	22½	47	15
950 „ — 960 „ „	24	—	48	—
960 „ — 970 „ „	24	7½	48	15
970 „ — 980 „ „	24	15	49	—

Bei Sequestrationen ꝛc. (§. 13. des Tarifs.)

Tabelle 14.

Bei einem Jahresbetrage der in Beschlag genommenen Summe.	§. 13. des Tarifs. Für Sequestrationen ꝛc. wenn damit ein Prioritäts-Verfahren **nicht** verbunden ist.		verbunden ist.		Bei einem Jahresbetrage der in Beschlag genommenen Summe.	§. 13. des Tarifs. Für Sequestrationen ꝛc. wenn damit ein Prioritäts-Verfahren **nicht** verbunden ist.		verbunden ist.	
	rtlr.	sgr.	rtlr.	sgr.		rtlr.	sgr.	rtlr.	sgr.
von mehr als 980 rtlr. bis 990 rtlr. einschl.	24	22½	49	15	von mehr als 5800 rtlr. bis 5900 rtlr. einschl.	57	—	114	—
990 „ —1000 „ „	25	—	50	—	5900 „ —6000 „ „	57	15	115	—
1000 „ —1100 „ „	26	7½	52	15	6000 „ —6100 „ „	58	—	116	—
1100 „ —1200 „ „	27	15	55	—	6100 „ —6200 „ „	58	15	117	—
1200 „ —1300 „ „	28	22½	57	15	6200 „ —6300 „ „	59	—	118	—
1300 „ —1400 „ „	30	—	60	—	6300 „ —6400 „ „	59	15	119	—
1400 „ —1500 „ „	31	7½	62	15	6400 „ —6500 „ „	60	—	120	—
1500 „ —1600 „ „	32	15	65	—	6500 „ —6600 „ „	60	15	121	—
1600 „ —1700 „ „	33	22½	67	15	6600 „ —6700 „ „	61	—	122	—
1700 „ —1800 „ „	35	—	70	—	6700 „ —6800 „ „	61	15	123	—
1800 „ —1900 „ „	36	7½	72	15	6800 „ —6900 „ „	62	—	124	—
1900 „ —2000 „ „	37	15	75	—	6900 „ —7000 „ „	62	15	125	—
2000 „ —2100 „ „	38	—	76	—	7000 „ —7100 „ „	63	—	126	—
2100 „ —2200 „ „	38	15	77	—	7100 „ —7200 „ „	63	15	127	—
2200 „ —2300 „ „	39	—	78	—	7200 „ —7300 „ „	64	—	128	—
2300 „ —2400 „ „	39	15	79	—	7300 „ —7400 „ „	64	15	129	—
2400 „ —2500 „ „	40	—	80	-	7400 „ —7500 „ „	65	—	130	—
2500 „ —2600 „ „	40	15	81	—	7500 „ —7600 „ „	65	15	131	—
2600 „ —2700 „ „	41	—	82	—	7600 „ —7700 „ „	66	—	132	—
2700 „ —2800 „ „	41	15	83	—	7700 „ —7800 „ „	66	15	133	—
2800 „ —2900 „ „	42	—	84	—	7800 „ —7900 „ „	67	—	134	—
2900 „ —3000 „ „	42	15	85	—	7900 „ —8000 „ „	67	15	135	—
3000 „ —3100 „ „	43	—	86	—	8000 „ —8100 „ „	68	—	136	—
3100 „ —3200 „ „	43	15	87	—	8100 „ —8200 „ „	68	15	137	—
3200 „ —3300 „ „	44	—	88	—	8200 „ —8300 „ „	69	—	138	—
3300 „ —3400 „ „	44	15	89	—	8300 „ —8400 „ „	69	15	139	—
3400 „ —3500 „ „	45	—	90	—	8400 „ —8500 „ „	70	—	140	—
3500 „ —3600 „ „	45	15	91	—	8500 „ —8600 „ „	70	15	141	—
3600 „ —3700 „ „	46	—	92	—	8600 „ —8700 „ „	71	—	142	—
3700 „ —3800 „ „	46	15	93	—	8700 „ —8800 „ „	71	15	143	—
3800 „ —3900 „ „	47	—	94	—	8800 „ —8900 „ „	72	—	144	—
3900 „ —4000 „ „	47	15	95	—	8900 „ —9000 „ „	72	15	145	—
4000 „ —4100 „ „	48	—	96	—	9000 „ —9100 „ „	73	—	146	—
4100 „ —4200 „ „	48	15	97	—	9100 „ —9200 „ „	73	15	147	—
4200 „ —4300 „ „	49	—	98	—	9200 „ —9300 „ „	74	—	148	—
4300 „ —4400 „ „	49	15	99	—	9300 „ —9400 „ „	74	15	149	—
4400 „ —4500 „ „	50	—	100	—	9400 „ —9500 „ „	75	—	150	—
4500 „ —4600 „ „	50	15	101	—	9500 „ —9600 „ „	75	15	151	—
4600 „ —4700 „ „	51	—	102	-	9600 „ —9700 „ „	76	—	152	—
4700 „ —4800 „ „	51	15	103	—	9700 „ —9800 „ „	76	15	153	—
4800 „ —4900 „ „	52	—	104	—	9800 „ —9900 „ „	77	—	154	—
4900 „ —5000 „ „	52	15	105	—	9900 „ —10000 „ „	77	15	155	—
5000 „ —5100 „ „	53	—	106	—	10000 „ —10100 „ „	78	—	156	—
5100 „ —5200 „ „	53	15	107	—	10100 „ —10200 „ „	78	15	157	—
5200 „ —5300 „ „	54	—	108	—	10200 „ —10300 „ „	79	—	158	—
5300 „ —5400 „ „	54	15	109	—	10300 „ —10400 „ „	79	15	159	—
5400 „ —5500 „ „	55	—	110	—	10400 „ —10500 „ „	80	—	160	—
5500 „ —5600 „ „	55	15	111	—	10500 „ —10600 „ „	80	15	161	—
5600 „ —5700 „ „	56	—	112	—	10600 „ —10700 „ „	81	—	162	—
5700 „ —5800 „ „	56	15	113	—	10700 „ —10800 „ „	81	5	163	—

Bei Sequestrationen ꝛc. (§. 13. des Tarifs.)

Tabelle 14.

Bei einem Jahresbetrage der in Beschlag genommenen Summe.	§. 13. des Tarifs. Für Sequestrationen ꝛc. wenn damit ein Prioritäts-Verfahren **nicht** verbunden ist.		verbunden ist.		Bei einem Jahresbetrage der in Beschlag genommenen Summe.	§. 13. des Tarifs. Für Sequestrationen ꝛc. wenn damit ein Prioritäts-Verfahren **nicht** verbunden ist.		verbunden ist.	
	rtlr.	sgr.	rtlr.	sgr.		rtlr.	sgr.	rtlr.	sgr.
von mehr als 10800 rtl. bis 10900 rtl. einschl.	82	—	164	—	von mehr als 15800 rtl. bis 15900 rtl. einschl.	107	—	214	—
10900 „ — 11000 „ „	82	15	165	—	15900 „ — 16000 „ „	107	15	215	—
11000 „ — 11100 „ „	83	—	166	—	16000 „ — 16100 „ „	108	—	216	—
11100 „ — 11200 „ „	83	15	167	—	16100 „ — 16200 „ „	108	15	217	—
11200 „ — 11300 „ „	84	—	168	—	16200 „ — 16300 „ „	109	—	218	—
11300 „ — 11400 „ „	84	15	169	—	16300 „ — 16400 „ „	109	15	219	—
11400 „ — 11500 „ „	85	—	170	—	16400 „ — 16500 „ „	110	—	220	—
11500 „ — 11600 „ „	85	15	171	—	16500 „ — 16600 „ „	110	15	221	—
11600 „ — 11700 „ „	86	—	172	—	16600 „ — 16700 „ „	111	—	222	—
11700 „ — 11800 „ „	86	15	173	—	16700 „ — 16800 „ „	111	15	223	—
11800 „ — 11900 „ „	87	—	174	—	16800 „ — 16900 „ „	112	—	224	—
11900 „ — 12000 „ „	87	15	175	—	16900 „ — 17000 „ „	112	15	225	—
12000 „ — 12100 „ „	88	—	176	—	17000 „ — 17100 „ „	113	—	226	—
12100 „ — 12200 „ „	88	15	177	—	17100 „ — 17200 „ „	113	15	227	—
12200 „ — 12300 „ „	89	—	178	—	17200 „ — 17300 „ „	114	—	228	—
12300 „ — 12400 „ „	89	15	179	—	17300 „ — 17400 „ „	114	15	229	—
12400 „ — 12500 „ „	90	—	180	—	17400 „ — 17500 „ „	115	—	230	—
12500 „ — 12600 „ „	90	15	181	—	17500 „ — 17600 „ „	115	15	231	—
12600 „ — 12700 „ „	91	—	182	—	17600 „ — 17700 „ „	116	—	232	—
12700 „ — 12800 „ „	91	15	183	—	17700 „ — 17800 „ „	116	15	233	—
12800 „ — 12900 „ „	92	—	184	—	17800 „ — 17900 „ „	117	—	234	—
12900 „ — 13000 „ „	92	15	185	—	17900 „ — 18000 „ „	117	15	235	—
13000 „ — 13100 „ „	93	—	186	—	18000 „ — 18100 „ „	118	—	236	—
13100 „ — 13200 „ „	93	15	187	—	18100 „ — 18200 „ „	118	15	237	—
13200 „ — 13300 „ „	94	—	188	—	18200 „ — 18300 „ „	119	—	238	—
13300 „ — 13400 „ „	94	15	189	—	18300 „ — 18400 „ „	119	15	239	—
13400 „ — 13500 „ „	95	—	190	—	18400 „ — 18500 „ „	120	—	240	—
13500 „ — 13600 „ „	95	15	191	—	18500 „ — 18600 „ „	120	15	241	—
13600 „ — 13700 „ „	96	—	192	—	18600 „ — 18700 „ „	121	—	242	—
13700 „ — 13800 „ „	96	15	193	—	18700 „ — 18800 „ „	121	15	243	—
13800 „ — 13900 „ „	97	—	194	—	18800 „ — 18900 „ „	122	—	244	—
13900 „ — 14000 „ „	97	15	195	—	18900 „ — 19000 „ „	122	15	245	—
14000 „ — 14100 „ „	98	—	196	—	19000 „ — 19100 „ „	123	—	246	—
14100 „ — 14200 „ „	98	15	197	—	19100 „ — 19200 „ „	123	15	247	—
14200 „ — 14300 „ „	99	—	198	—	19200 „ — 19300 „ „	124	—	248	—
14300 „ — 14400 „ „	99	15	199	—	19300 „ — 19400 „ „	124	15	249	—
14400 „ — 14500 „ „	100	—	200	—	19400 „ — 19500 „ „	125	—	250	—
14500 „ — 14600 „ „	100	15	201	—	19500 „ — 19600 „ „	125	15	251	—
14600 „ — 14700 „ „	101	—	202	—	19600 „ — 19700 „ „	126	—	252	—
14700 „ — 14800 „ „	101	15	203	—	19700 „ — 19800 „ „	126	15	253	—
14800 „ — 14900 „ „	102	—	204	—	19800 „ — 19900 „ „	127	—	254	—
14900 „ — 15000 „ „	102	15	205	—	19900 „ — 20000 „ „	127	15	255	—
15000 „ — 15100 „ „	103	—	206	—	20000 „ — 20100 „ „	127	22½	255	15
15100 „ — 15200 „ „	103	15	207	—	20100 „ — 20200 „ „	128	—	256	—
15200 „ — 15300 „ „	104	—	208	—	u. s. w. von je 100 rtl. in den Sachen	—	7½	—	15
15300 „ — 15400 „ „	104	15	209	—	also z. B. bei einem Objecte von				
15400 „ — 15500 „ „	105	—	210	—	mehr als				
15500 „ — 15600 „ „	105	15	211	—	49900 rtl. bis 50000 rtl. einschl.	202	15	405	—
15600 „ — 15700 „ „	106	—	212	—	87800 „ — 87900 „ „	297	7½	594	15
15700 „ — 15800 „ „	106	15	213	—					

Executions-Instanz. (§. 14. des Tarifs und Art. 14. des Gesetzes vom 9. Mai 1854.)

Bemerkung zu §. 14. Nr. 1. des Tarifs und zu Art. 14. des Gesetzes vom 9. Mai 1854.

Für jede der im §. 14. Nr. 1. des Tarifs bezeichneten Executions-Maaßregeln und wenn die Execution in das Mobiliar-Vermögen fruchtlos vollstreckt ist, sind die Sätze Tabelle 1. bis zu einem Maximum von 4 rtlr. jedoch bei Objecten bis 1 rtlr. einschl. nur 2 sgr. von mehr als 1 rtlr bis 10 rtlr. einschl. 2½ sgr. u. s. w. zu erheben.

Tabelle 15.

Für die Vollstreckung der Execution durch Pfändung, durch Personal-Arrest oder durch Ausführung der executio ad faciendum (§. 14. Nr. 2. des Tarifs und Art. 14 des Gesetzes v. 9. Mai 1854.) so wie für die Anlegung von Arresten in Proceßsachen neben der Hauptsache (Art. 10. Absatz 2. des gedachten Gesetzes).

Bei einem Betrage des Gegenstandes, beziehungsweise des beigetriebenen Theils der Forderung.	rtl.	sg.	Bei einem Betrage des Gegenstandes, beziehungsweise des beigetriebenen Theils der Forderung.	rtl.	sg.
bis 1 rtlr. einschl.	—	2	von mehr als 1200 rtlr. bis 1250 rtlr. einschl.	6	6
von mehr als 1 rtlr. bis 10 rtlr. einschl.	—	5	1250 „ — 1300 „ „	6	12
10 „ — 20 „ „	—	8	1300 „ — 1350 „ „	6	18
20 „ — 30 „ „	—	12	1350 „ — 1400 „ „	6	24
30 „ — 40 „ „	—	16	1400 „ — 1450 „ „	7	—
40 „ — 50 „ „	—	20	1450 „ — 1500 „ „	7	6
50 „ — 60 „ „	—	24	1500 „ — 1550 „ „	7	12
60 „ — 70 „ „	—	28	1550 „ — 1600 „ „	7	18
70 „ — 80 „ „	1	2	1600 „ — 1650 „ „	7	24
80 „ — 90 „ „	1	6	1650 „ — 1700 „ „	8	—
90 „ — 100 „ „	1	10	1700 „ — 1750 „ „	8	6
100 „ — 110 „ „	1	12	1750 „ — 1800 „ „	8	12
110 „ — 120 „ „	1	14	1800 „ — 1850 „ „	8	18
120 „ — 130 „ „	1	16	1850 „ — 1900 „ „	8	24
130 „ — 140 „ „	1	18	1900 „ — 1950 „ „	9	—
140 „ — 150 „ „	1	20	1950 „ — 2000 „ „	9	6
150 „ — 160 „ „	1	22	2000 „ — 2050 „ „	9	12
160 „ — 170 „ „	1	24	2050 „ — 2100 „ „	9	18
170 „ — 180 „ „	1	26	2100 „ — 2150 „ „	9	24
180 „ — 190 „ „	1	28	2150 „ — 2200 „ „	10	—
190 „ — 200 „ „	2	—	2200 „ — 2250 „ „	10	6
200 „ — 250 „ „	2	6	2250 „ — 2300 „ „	10	12
250 „ — 300 „ „	2	12	2300 „ — 2350 „ „	10	18
300 „ — 350 „ „	2	18	2350 „ — 2400 „ „	10	24
350 „ — 400 „ „	2	24	2400 „ — 2450 „ „	11	—
400 „ — 450 „ „	3	—	2450 „ — 2500 „ „	11	6
450 „ — 500 „ „	3	6	2500 „ — 2550 „ „	11	12
500 „ — 550 „ „	3	12	2550 „ — 2600 „ „	11	18
550 „ — 600 „ „	3	18	2600 „ — 2650 „ „	11	24
600 „ — 650 „ „	3	24	2650 „ — 2700 „ „	12	—
650 „ — 700 „ „	4	—	2700 „ — 2750 „ „	12	6
700 „ — 750 „ „	4	6	2750 „ — 2800 „ „	12	12
750 „ — 800 „ „	4	12	2800 „ — 2850 „ „	12	18
800 „ — 850 „ „	4	18	2850 „ — 2900 „ „	12	24
850 „ — 900 „ „	4	24	2900 „ — 2950 „ „	13	—
900 „ — 950 „ „	5	—	2950 „ — 3000 „ „	13	6
950 „ — 1000 „ „	5	6	u. s. w. von je 50 rtlr. noch 6 sgr. also z. B. bei einem Objecte von mehr als		
1000 „ — 1050 „ „	5	12	4950 rtlr. bis 5000 rtlr. einschl.	21	6
1050 „ — 1100 „ „	5	18	10000 „ — 10050 „ „	41	12
1100 „ — 1150 „ „	5	24			
1150 „ — 1200 „ „	6	—			

Beilage E.

I. Gebühren-Taxe
für die Justiz-Commissarien.
Vom 21. Juni 1845.

(Justiz-Ministerial-Blatt Seite 120.)

Die bisherigen Bestimmungen über die Gebühren der Auctions-Commissarien sind einer Revision unterworfen und es wird nunmehr auf Grund der gutachtlichen Berichte der Königlichen Landes-Justiz-Collegien und Regierungen für alle gerichtliche und außergerichtliche Auctions-Commissarien Folgendes bestimmt:

1) der Auctions-Commissarius erhält für die vollständige Besorgung einer jeden einzelnen Versteigerung von dem Empfange des Auftrags angerechnet bis zur vollständigen Ablieferung der Auctionslosung, von dem Betrage dieser letzteren
   a) bis zu 5 Thlr. einschließl., d. h. von den ersten 5 Thlrn. $16\frac{2}{3}$ %. oder 5 Sgr. von jedem vollen Thaler,
   b) von dem Betrage über 5 Thlr. bis zu 10 Thlr. einschließl. $13\frac{1}{3}$ = oder 4 Thlr. von jedem vollen Thaler,
   c) von dem Betrage über 10 Thlr. bis zu 20 Thlr. einschließl. 10 = oder 3 Sgr. von jedem vollen Thaler,
   d) von dem Betrage über 20 Thlr. bis 50 Thlr. einschließl. $8\frac{1}{3}$ = oder $2\frac{1}{2}$ Sgr. von jedem vollen Thaler,
   e) von dem Betrage über 50 Thlr. bis 100 Thlr. einschließl. 5 = oder $1\frac{1}{2}$ Sgr. von jedem vollen Thaler,
   f) von dem Betrage über 100 Thlr. bis zu 1000 Thlr. einschl. $3\frac{1}{3}$ = oder 1 Sgr. von jedem vollen Thaler, und
   g) von dem Betrage über 1000 Thlr. . . . . . . $1\frac{2}{3}$ = oder $\frac{1}{2}$ Sgr. von jedem vollen Thaler.

   Der niedrigere Procentsatz in einer der höheren Colonnen wird erst von demjenigen Betrage einer Auctionslosung erhoben, welcher das Maximum der unmittelbar vorhergehenden Colonne übersteigt.

Anmerkung. Bei Versteigerung verschiedener Massen in einem und demselben Termine werden die Auctions-Gebühren von dem Ertrage jeder einzelnen Versteigerung, für welche der Auctions-Commissarius einen besonderen Auftrag erhalten hat, berechnet. (Rescr. vom 21. September 1846. I. 3813.)

2) Gegen diese Remuneration muß der Auctions-Commissarius, so weit nicht in Folgendem ein Anderes bestimmt ist, alle und jede Auslagen, namentlich für Benachrichtigung der Interessenten, für die Bekanntmachungen durch öffentliche Anschläge, Ausrufungen und Insertionen, für den Ausrufer bei der Auction selbst, für Stempel, für Einziehung creditirter Kaufelder u. s. w. übernehmen und bestreiten, auch sich auf seine Kosten ein Auctions-Local besorgen.

3) An Orten, wo die Miethspreise der Wohnungen so beträchtlich sind, daß der Auctions-Commissarius durch die Gebühren zu 1. für den zur Beschaffung des Auctions-Locals erforderlichen Kostenaufwand nicht ausreichend entschädigt erscheint, kann auf den Antrag des betreffenden Landes-Justiz-Collegiums oder der betreffenden Regierung, beziehungsweise des hiesigen Polizei-Präsidiums, eine besondere Vergütung für das Local bewilligt werden.

4) Wird aber im Gerichtshause oder in einem anderen Gebäude ein Auctions-Local unentgeltlich eingeräumt, so hat der Auctions-Commissarius für die Heizung und Reinigung des Locals, so wie für die zur Abhaltung der Auction erforderlichen Utensilien, selbst zu sorgen, auch, wenn das Local ausschließlich zu Auctionen benutzt wird, die Reparatur in demselben zu übernehmen.

5) Müssen zu versteigernde Gegenstände von einem Orte nach einem anderen (nicht blos von einem Hause in das andere) transportirt werden, so sind die dem Auctions-Commissarius dadurch entstandenen, von ihm zu belegenden baaren Auslagen besonders zu erstatten. Auch gehören Kosten des Transports gepfändeter Gegenstände aus der Wohnung des Schuldners in das Pfandhaus nicht zu den vom Auctions-Commissarius für die zu 1. ausgesetzte Remuneration zu bestreitenden Auslagen.

6) Unterzieht sich der Auctions-Commissarius der Taxation zu versteigernder Gegenstände oder der Anfertigung von Bücher-Catalogen, so werden die diesfälligen Kosten besonders festgesetzt und eben so wie die Kosten des Drucks der Cataloge besonders vergütet.

7) Hinsichtlich der Art der öffentlichen Bekanntmachung gerichtlicher Auctionen, muß sich der Auctions-Commissarius nach den Bestimmungen achten, welche jedes einzelne Gericht, beziehungsweise die Regierungen und das hiesige Polizei-Präsidium nach Maaßgabe der örtlichen Verhältnisse, mit Rücksicht auf den §. 85. Tit. 24. Thl. I. der Allgemeinen Gerichts-Ordnung erlassen werden. Wenn auf besondern Antrag der Interessenten mehrere oder andere öffentliche Bekanntmachungen erfolgen, als nach den erwähnten Bestimmungen erforderlich sind, so sind die dadurch entstehenden baaren Auslagen dem Commissarius besonders zu erstatten.

8) Muß der Auctions-Commissarius Reisen unternehmen, so erhält derselbe, falls nicht bei seiner Anstellung ausdrücklich etwas anderes bestimmt worden ist, in jeder einzelnen Versteigerungs-Angelegenheit, wenn die Auctionslosung mehr als **50 Thlr.** beträgt, außer den Gebühren zu 1. an Reisekosten **15 Sgr.** für jede

Meile des Hin- und Rückweges, beide zusammengerechnet, ohne Rücksicht darauf, ob er nur eine oder mehrere Auctionen zugleich abgehalten hat. Beträgt die Entfernung weniger als ¼ Meile von dem Wohnort des Auctions-Commissarius, so können keine Reisekosten liquidirt werden.

In jeder einzelnen Angelegenheit dürfen höchstens zwei Reisen, die eine zur Uebernahme und Abschätzung der Sachen — falls hierzu eine Reise verlangt worden — und die andere zur Abhaltung der Auction, liquidirt werden.

Beträgt die Auctionslosung nicht mehr als **50 Thlr.**, so finden gar keine Reisekosten statt; es wäre denn, daß sie einzelnen Auctions-Commissarien mit Rücksicht auf die große Ausdehnung ihres Bezirks und auf die geringere Zahl vorkommender kleiner Auctionen besonders bewilligt werden.

Anmerkung. Nach der unter Nr. 8. enthaltenen Bestimmung unterliegt es keinem Bedenken, daß, wenn an einem Tage verschiedene Auctions-Aufträge erledigt werden, die Reisekosten, so weit sie überhaupt zulässig, in jeder einzelnen Sache in Rechnung zu stellen sind. (Rescr. vom 26. November 1853. I. 5262.)

9) Wird die Gelderhebung nicht von dem Auctions-Commissarius besorgt, so erhält er außer den etwanigen Reisekosten nur ¾ der zu 1. bestimmten Procentsätze. Ein Viertel der letztern wird für die Einziehung und Erhebung der Kauflosung abgerechnet. Das Porto für die etwanige Versendung erhobener Auctionsgelder gehört nicht zu den, vom Auctions-Commissarius zu tragenden Auslagen.

10) Kommt es nicht zur Abhaltung der bereits eingeleiteten und angeordneten Auction, so erhält der Auctions-Commissarius, wenn die Auction erst in dem zu ihrer Abhaltung bestimmten Termine selbst rückgängig wird, zwei Drittheile, sonst aber ein Viertheil von dem zu 1. bestimmten Procentsatze.

Dieser wird alsdann von dem Betrage des Taxwerthes, wenn aber letzterer den Betrag der durch den Verkauf zu deckenden Forderung übersteigt, nur nach der Höhe der letzteren berechnet.

Bei außergerichtlichen Auctionen wird, wenn keine Abschätzung vorhergegangen ist, der Procentsatz nach dem marktgängigen Preise der Gegenstände oder auf Grund einer besonders zu veranlassenden Schätzung berechnet.

Reisekosten werden in diesen Fällen besonders vergütigt, wenn der Auctions-Commissarius wirklich eine Reise hat unternehmen müssen und der Taxwerth oder die Forderung **50 Thlr.** übersteigt.

Anmerkung. Die von den besonders bestellten Auctions-Commissarien liquidirten Gebühren für rückgängig gewordene Auctionen werden von den betreffenden Salarienkassen als durchlaufende, nach dem Eingehen zahlbare Posten zur Solleinnahme gestellt und mit den übrigen Kosten von der zur Zahlung verpflichteten Partei eingezogen. (R. vom 28. September 1852. — I. 4140.)

Vorstehende Bestimmungen finden auch auf andere Beamte Anwendung, welche, ohne beständige Auctions-Commissarien zu sein, mit

Auctionen in einzelnen Fällen beauftragt werden, in so weit sie nach den bestehenden Grundsätzen und den bei ihrer Anstellung ergangenen Verfügungen, zum Genuß von Gebühren und Emolumenten neben ihrem sonstigen Diensteinkommen berechtigt sind.

Die zu Königlichen Kassen fließenden Gebühren für gerichtliche Auctionen sind nach der Sportel-Taxe vom 23. August 1815 zu berechnen. (Die beiden Schlußbestimmungen sind durch den §. 66. des Tarifs abgeändert.)

Berlin, den 21. Juni 1845.

Der Finanz-Minister
Flottwell.

Der Justiz-Minister
Uhden.

II. Tarif
zur
Erhebung der Kosten für Auctionen.

Für die vollständige Besorgung einer jeden einzelnen Versteigerung von dem Empfange des Auftrages an gerechnet, bis zur vollständigen Ablieferung der Auctions-Losung.

Bei einem Betrage der Auctionslosung von rtlr.	Procentsatz.	sind zu erheben rtlr.	sgr.	pf.	Bei einem Betrage der Auctionslosung von rtlr.	Procentsatz.	sind zu erheben rtlr.	sgr.	pf.	Bei einem Betrage der Auctionslosung von rtlr.	Procentsatz.	sind zu erheben rtlr.	sgr.	pf.	Bei einem Betrage der Auctionslosung von rtlr.	Procentsatz.	sind zu erheben rtlr.	sgr.	pf.
1	16⅔	—	5	—	43		4	12	6	85	5	6	22	6	127	3⅓	8	12	—
2		—	10	—	44		4	15	—	86		6	24	—	128		8	13	—
3		—	15	—	45		4	17	6	87		6	25	6	129		8	14	—
4		—	20	—	46		4	20	—	88		6	27	—	130		8	15	—
5		—	25	—	47		4	22	6	89		6	28	6	131		8	16	—
6	13⅓	—	29	—	48		4	25	—	90		7	—	—	132		8	17	—
7		1	3	—	49		4	27	6	91		7	1	6	133		8	18	—
8		1	7	—	50		5	—	—	92		7	3	—	134		8	19	—
9		1	11	—	51	5	5	1	6	93		7	4	6	135		8	20	—
10		1	15	—	52		5	3	—	94		7	6	—	136		8	21	—
11	10	1	18	—	53		5	4	6	95		7	7	6	137		8	22	—
12		1	21	—	54		5	6	—	96		7	9	—	138		8	23	—
13		1	24	—	55		5	7	6	97		7	10	6	139		8	24	—
14		1	27	—	56		5	9	—	98		7	12	—	140		8	25	—
15		2	—	—	57		5	10	6	99		7	13	6	141		8	26	—
16		2	3	—	58		5	12	—	100		7	15	—	142		8	27	—
17		2	6	—	59		5	13	6	101	3⅓	7	16	—	143		8	28	—
18		2	9	—	60		5	15	—	102		7	17	—	144		8	29	—
19		2	12	—	61		5	16	6	103		7	18	—	145		9	—	—
20		2	15	—	62		5	18	—	104		7	19	—	146		9	1	—
21	8⅓	2	17	6	63		5	19	6	105		7	20	—	147		9	2	—
22		2	20	—	64		5	21	—	106		7	21	—	148		9	3	—
23		2	22	6	65		5	22	6	107		7	22	—	149		9	4	—
24		2	25	—	66		5	24	—	108		7	23	—	150		9	5	—
25		2	27	6	67		5	25	6	109		7	24	—	151		9	6	—
26		3	—	—	68		5	27	—	110		7	25	—	152		9	7	—
27		3	2	6	69		5	28	6	111		7	26	—	153		9	8	—
28		3	5	—	70		6	—	—	112		7	27	—	154		9	9	—
29		3	7	6	71		6	1	6	113		7	28	—	155		9	10	—
30		3	10	—	72		6	3	—	114		7	29	—	156		9	11	—
31		3	12	6	73		6	4	6	115		8	—	—	157		9	12	—
32		3	15	—	74		6	6	—	116		8	1	—	158		9	13	—
33		3	17	6	75		6	7	6	117		8	2	—	159		9	14	—
34		3	20	—	76		6	9	—	118		8	3	—	160		9	15	—
35		3	22	6	77		6	10	6	119		8	4	—	161		9	16	—
36		3	25	—	78		6	12	—	120		8	5	—	162		9	17	—
37		3	27	6	79		6	13	6	121		8	6	—	163		9	18	—
38		4	—	—	80		6	15	—	122		8	7	—	164		9	19	—
39		4	2	6	81		6	16	6	123		8	8	—	165		9	20	—
40		4	5	—	82		6	18	—	124		8	9	—	166		9	21	—
41		4	7	6	83		6	19	6	125		8	10	—	167		9	22	—
42		4	10	—	84		6	21	—	126		8	11	—	168		9	23	—

Für die vollständige Besorgung einer jeden einzelnen Versteigerung von dem Empfange des Auftrages an gerechnet bis zur vollständigen Ablieferung der Auctions-Losung.

Bei einem Betrage der Auctionslosung von rtlr.	Procentsatz.	sind zu erheben rtlr.	sgr.	pf.	Bei einem Betrage der Auctionslosung von rtlr.	Procentsatz.	sind zu erheben rtlr.	sgr.	pf.	Bei einem Betrage der Auctionslosung von rtlr.	Procentsatz.	sind zu erheben rtlr.	sgr.	pf.	Bei einem Betrage der Auctionslosung von rtlr.	Procentsatz.	sind zu erheben rtlr.	sgr.	pf.
169	3⅓	9	24	—	217	3⅓	11	12	—	265	3⅓	13	—	—	313	3⅓	14	18	—
170		9	25	—	218		11	13	—	266		13	1	—	314		14	19	—
171		9	26	—	219		11	14	—	267		13	2	—	315		14	20	—
172		9	27	—	220		11	15	—	268		13	3	—	316		14	21	—
173		9	28	—	221		11	16	—	269		13	4	—	317		14	22	—
174		9	29	—	222		11	17	—	270		13	5	—	318		14	23	—
175		10	—	—	223		11	18	—	271		13	6	—	319		14	24	—
176		10	1	—	224		11	19	—	272		13	7	—	320		14	25	—
177		10	2	—	225		11	20	—	273		13	8	—	321		14	26	—
178		10	3	—	226		11	21	—	274		13	9	—	322		14	27	—
179		10	4	—	227		11	22	—	275		13	10	—	323		14	28	—
180		10	5	—	228		11	23	—	276		13	11	—	324		14	29	—
181		10	6	—	229		11	24	—	277		13	12	—	325		15	—	—
182		10	7	—	230		11	25	—	278		13	13	—	326		15	1	—
183		10	8	—	231		11	26	—	279		13	14	-	327		15	2	—
184		10	9	—	232		11	27	—	280		13	15	—	328		15	3	—
185		10	10	—	233		11	28	—	281		13	16	—	329		15	4	—
186		10	11	—	234		11	29	—	282		13	17	—	330		15	5	—
187		10	12	—	235		12	—	—	283		13	18	—	331		15	6	—
188		10	13	—	236		12	1	—	284		13	19	—	332		15	7	—
189		10	14	—	237		12	2	—	285		13	20	—	333		15	8	—
190		10	15	—	238		12	3	—	286		13	21	—	334		15	9	—
191		10	16	—	239		12	4	—	287		13	22	—	335		15	10	—
192		10	17	—	240		12	5	—	288		13	23	—	336		15	11	—
193		10	18	—	241		12	6	—	289		13	24	—	337		15	12	—
194		10	19	—	242		12	7	—	290		13	25	—	338		15	13	—
195		10	20	—	243		12	8	—	291		13	26	—	339		15	14	—
196		10	21	—	244		12	9	—	292		13	27	—	340		15	15	—
197		10	22	—	245		12	10	—	293		13	28	—	341		15	16	—
198		10	23	—	246		12	11	—	294		13	29	—	342		15	17	—
199		10	24	—	247		12	12	—	295		14	—	—	343		15	18	—
200		10	25	—	248		12	13	—	296		14	1	—	344		15	19	—
201		10	26	—	249		12	14	—	297		14	2	—	345		15	20	—
202		10	27	—	250		12	15	—	298		14	3	—	346		15	21	—
203		10	28	—	251		12	16	—	299		14	4	—	347		15	22	—
204		10	29	—	252		12	17	—	300		14	5	—	348		15	23	—
205		11	—	—	253		12	18	—	301		14	6	—	349		15	24	—
206		11	1	—	254		12	19	—	302		14	7	—	350		15	25	—
207		11	2	—	255		12	20	—	303		14	8	—	351		15	26	—
208		11	3	—	256		12	21	—	304		14	9	—	352		15	27	—
209		11	4	—	257		12	22	—	305		14	10	—	353		15	28	—
210		11	5	—	258		12	23	—	306		14	11	—	354		15	29	—
211		11	6	—	259		12	24	—	307		14	12	—	355		16	—	—
212		11	7	—	260		12	25	—	308		14	13	—	356		16	1	—
213		11	8	—	261		12	26	—	309		14	14	—	357		16	2	—
214		11	9	—	262		12	27	—	310		14	15	—	358		16	3	—
215		11	10	—	263		12	28	—	311		14	16	—	359		16	4	—
216		11	11	—	264		12	29	—	312		14	17	—	360		16	5	—

Für die vollständige Besorgung einer jeden einzelnen Versteigerung von dem Empfange des Auftrages an gerechnet bis zur vollständigen Ablieferung der Auctions-Losung.

Bei einem Betrage der Auctionslosung von	Procentsatz.	sind zu erheben			Bei einem Betrage der Auctionslosung von	Procentsatz.	sind zu erheben			Bei einem Betrage der Auctionslosung von	Procentsatz.	sind zu erheben			Bei einem Betrage der Auctionslosung von	Procentsatz.	sind zu erheben		
rtlr.		rtlr.	sgr.	pf.	rtlr.		rtlr.	sgr.	pf.	rtlr.		rtlr.	sgr.	pf.	rtlr.		rtlr.	sgr.	pf.
361	3⅓	16	6	—	409	3⅓	17	24	—	457	3⅓	19	12	—	u. s. w. bis 1000 rtl.				
362		16	7	—	410		17	25	—	458		19	13	—	einschließlich von				
363		16	8	—	411		17	26	—	459		19	14	—	jedem vollen Thlr.				
364		16	9	—	412		17	27	—	460		19	15	—	1sgr. also bei einem				
365		16	10	—	413		17	28	—	461		19	16	—	Betrage von				
366		16	11	—	414		17	29	—	462		19	17	—	1000 rtl.		37	15	—
367		16	12	—	415		18	—	—	463		19	18	—	ferner bei einem				
368		16	13	—	416		18	1	—	464		19	19	—	Betrage von				
369		16	14	—	417		18	2	—	465		19	20	—	1001 rtl.	1⅔	37	15	6
370		16	15	—	418		18	3	—	466		19	21	—	1002 „		37	16	—
371		16	16	—	419		18	4	—	467		19	22	—	1003 „		37	16	6
372		16	17	—	420		18	5	—	468		19	23	—	1004 „		37	17	—
373		16	18	—	421		18	6	—	469		19	24	—	1005 „		37	17	6
374		16	19	—	422		18	7	—	470		19	25	—	u. s. w. von jedem				
375		16	20	—	423		18	8	—	471		19	26	—	vollen Thaler 6 pf.				
376		16	21	—	424		18	9	—	472		19	27	—	also z. B. bei einem				
377		16	22	—	425		18	10	—	473		19	28	—	Betrage von				
378		16	23	—	426		18	11	—	474		19	29	—	1150 rtlr. 15 sgr.		40	—	3
379		16	24	—	427		18	12	—	475		20	—	—	3550 „ 22½ „		80	—	5
380		16	25	—	428		18	13	—	476		20	1	—	10005 „ 25 „		187	17	11
381		16	26	—	429		18	14	—	477		20	2	—					
382		16	27	—	430		18	15	—	478		20	3	—					
383		16	28	—	431		18	16	—	479		20	4	—					
384		16	29	—	432		18	17	—	480		20	5	—					
385		17	—	—	433		18	18	—	481		20	6	—					
386		17	1	—	434		18	19	—	482		20	7	—					
387		17	2	—	435		18	20	—	483		20	8	—					
388		17	3	—	436		18	21	—	484		20	9	—					
389		17	4	—	437		18	22	—	485		20	10	—					
390		17	5	—	438		18	23	—	486		20	11	—					
391		17	6	—	439		18	24	—	487		20	12	—					
392		17	7	—	440		18	25	—	488		20	13	—					
393		17	8	—	441		18	26	—	489		20	14	—					
394		17	9	—	442		18	27	—	490		20	15	—					
395		17	10	—	443		18	28	—	491		20	16	—					
396		17	11	—	444		18	29	—	492		20	17	—					
397		17	12	—	445		19	—	—	493		20	18	—					
398		17	13	—	446		19	1	—	494		20	19	—					
399		17	14	—	447		19	2	—	495		20	20	—					
400		17	15	—	448		19	3	—	496		20	21	—					
401		17	16	—	449		19	4	—	497		20	22	—					
402		17	17	—	450		19	5	—	498		20	23	—					
403		17	18	—	451		19	6	—	499		20	24	—					
404		17	19	—	452		19	7	—	500		20	25	—					
405		17	20	—	453		19	8	—	501		20	26	—					
406		17	21	—	454		19	9	—	502		20	27	—					
407		17	22	—	455		19	10	—	503		20	28	—					
408		17	23	—	456		19	11	—	504		20	29	—					

Bemerkungen.

1) Von den Sätzen dieser Tabelle sind zu erheben:
   a) ⅔ wenn die Geld-Erhebung nicht von dem Commissarius bewirkt wird und zwar ebenfalls nach dem Betrage der Auctions-Losung.
   b) ⅔, wenn die Auction erst in dem zu ihrer Abhaltung bestimmten Termine rückgängig wird; und
   c) ¼, wenn dies schon vor dem zu b bezeichneten Zeitpunkte geschieht, u. zwar die Sätze zu b u. c nach dem Betrage des Taxwerths der zu verkaufenden Gegenstände, oder, in so fern der letztere den Betrag der durch den Verkauf zu deckenden Forderung übersteigt, nach der Höhe der letzteren.

2) Die sonst noch bei gerichtlichen Auctionen zulässigen Kosten sind nach Anleitung der Instruction zu §. 66. des Tarifs zu erheben.

Wenn die Auctions-Losung nicht in vollen Thalern besteht, so betragen die vollen Sätze beispielsweise von	Bei Anwendung des Procentsatzes von																				
	16⅔			13⅓			10			8⅓			5			3⅓			1⅔ also bei Beträgen von mehr als 1000 rtlr.		
	also bei Beträgen unter																				
	5 rtlr.			10 rtlr.			20 rtlr.			50 rtlr.			100 rtlr.			1000 rtlr.					
	rtlr.	sgr.	pf.	rtlr.	sgr.	pf.	rtlr.	sgr.	pf.	rtlr.	sgr.	pf.	rtlr.	sgr.	pf.	rtlr.	sgr.	pf.	rtlr.	sgr.	pf.
1 sgr.	—	—	2	—	—	1⅗	—	—	1⅕	—	—	1	—	—	⅗	—	—	⅖	—	—	⅕
1 „ 6 pf.	—	—	3	—	—	2⅖	—	—	1⅘	—	—	1½	—	—	9/10	—	—	⅗	—	—	3/10
2 „	—	—	4	—	—	3⅕	—	—	2⅖	—	—	2	—	—	1⅕	—	—	⅘	—	—	⅖
2 „ 6 „	—	—	5	—	—	4	—	—	3	—	—	2½	—	—	1½	—	—	1	—	—	½
3 „	—	—	6	—	—	4⅘	—	—	3⅗	—	—	3	—	—	1⅘	—	—	1⅕	—	—	⅗
4 „	—	—	8	—	—	6⅖	—	—	4⅘	—	—	4	—	—	2⅖	—	—	1⅗	—	—	⅘
5 „	—	—	10	—	—	8	—	—	6	—	—	5	—	—	3	—	—	2	—	—	1
6 „	—	1	—	—	—	9⅗	—	—	7⅕	—	—	6	—	—	3⅗	—	—	2⅖	—	—	1⅕
7 „	—	1	2	—	—	11⅕	—	—	8⅖	—	—	7	—	—	4⅕	—	—	2⅘	—	—	1⅖
8 „	—	1	4	—	1	⅘	—	—	9⅗	—	—	8	—	—	4⅘	—	—	3⅕	—	—	1⅗
9 „	—	1	6	—	1	2⅖	—	—	10⅘	—	—	9	—	—	5⅖	—	—	3⅗	—	—	1⅘
10 „	—	1	8	—	1	4	—	1	—	—	—	10	—	—	6	—	—	4	—	—	2
15 „	—	2	6	—	2	—	—	1	6	—	1	3	—	—	9	—	—	6	—	—	3
20 „	—	3	4	—	2	8	—	2	—	—	1	8	—	1	—	—	—	8	—	—	4
27 „ 6 „	—	4	7	—	3	8	—	2	9	—	2	3½	—	1	4½	—	—	11	—	—	5½
Es kommen also z. B. zur Erhebung bei einem Betrage von																					
4 rtlr. 27 sgr. 6 pf.	—	24	7																		
5 „ 2 „ — „	—	—	—	—	25	3															
10 „ 6 „ 9 „	—	—	—	—	—	—	1	15	8												
20 „ 10 „ — „	—	—	—	—	—	—	—	—	—	2	15	10									
50 „ 20 „ — „	—	—	—	—	—	—	—	—	—	—	—	—	5	1	—						
100 „ 22 „ 6 „	—	—	—	—	—	—	—	—	—	—	—	—	—	—	—	7	15	9			
1000 „ 27 „ 6 „	—	—	—	—	—	—	—	—	—	—	—	—	—	—	—	—	—	—	37	15	6

Beilage F.

Organisation

der

Executiv-Rechtspflege

beim

Stadt-Gericht in Breslau.

I.

Einrichtung der Executions-Commission und Geschäfts-Betrieb in derselben.

Nach dem Geschäfts-Regulativ für die Gerichte erster Instanz vom 18. Juli 1850. gehört die Ausübung der Executiv-Rechtspflege zur Competenz der ersten Abtheilung (§. 7.). Bei dem Stadt-Gerichte in Breslau findet jedoch, wie bei dem Stadt-Gerichte in Berlin insofern eine Ausnahme statt, als sämmtliche Executions-Sachen mit Genehmigung des Justiz-Ministeriums von einer im Jahre 1850. installirten Commission bearbeitet werden.

Nach deren ursprünglichen Geschäfts-Reglement vom 22. October 1850. und den späteren Anordnungen normiren folgende Bestimmungen.

1.

Auf den Grund des Justiz-Ministerial-Rescriptes vom 6. Juni 1850. (II. d. 2184.) wird das Executions-Wesen bei dem königlichen Stadt-Gericht zu Breslau vom 1. Dezember ejusd. a. ab, an eine besondere Commission des Stadt-Gerichts übertragen.

2.

Zur Competenz dieser Commission gehört die Verfügung auf alle Executions-Anträge, die Vollstreckung der executivischen Maaßregeln aller Arten und Grade in Civil-, Vormundschafts- und andern Sachen. Aus schiedsmännischen Vergleichen und aus schiedsrichterlichen Aussprüchen mit Einschluß der im §. 22. der Verordnung vom 4. März 1834. (Gesetz-Sammlung Seite 36.) gedachten Requisitionen an die Hypotheken-Behörde um Eintragung auf die Immobilien und mit Einschluß der offenen Requisitionen um Hülfs-Vollstreckung an alle Gerichte, wo der Schuldner und Vermögensstücke desselben sich befinden — desgleichen die Verfügung und Vollstreckung der Executionen wegen Geldstrafen und Kosten aller Art. Geschäftskreis der Commission.

3.

Der Commission gebühren ferner:

a) **Die Regulirungen** zur Abwendung der Execution aus vorläufig vollstreckbaren Erkenntnissen §§. 7. und 8. Tit. 14. — §. 51. Tit. 27. Thl. I. der Gerichts-Ordnung — §. 40. der Verordnung vom 1. Juni 1833. (Gesetz-Sammlung Seite 44.) — und §. 9. Tit. 28. Thl. I. der Gerichts-Ordnung — §. 41. Tit. 44. l. c. und aus Erkenntnissen, welche durch die Nichtigkeits-Beschwerden angefochten sind — §. 10. der Verordnung vom 14. December 1833. (Gesetz-Sammlung S. 305.) — und Artikel 5. der Declaration vom 6. April 1839. (Gesetz-Sammlung S. 128. 129.)

b) Bei Execution auf Unterlassungen die Festsetzung der Strafen durch Verfügung oder Erkenntniß nach §. 10. der Verordnung vom 4. März 1834. (Gesetz-Sammlung S. 33.) mit Vorbehalt des Recurses an das Appellations-Gericht.

c) Die Regulirung des Rententionsrechts zwischen Miethern und Vermiethern nach §. 302 des Anhanges zur Gerichts-Ordnung.

d) Die Verfügungen der gerichtlichen Verkaufe von Schiffsladungen nach dem §. 1721. Tit. 8. Thl. II. des A. L. R. Die Regulirung des Retentionsrechtes zwischen den Schiffern und Empfängern der Ladungen nach dem §. 1723. l. c. und die gerichtliche Beschlagnahme von Schiffsladungen nach den §§. 1724. und 1725. l. c.

e) Der Versuch gütlicher Regulirung, wenn es auf Herausgabe einer zurückbehaltenen Sache, gegen Bestellung annehmlicher Sicherheit ankommt. (§. 556. Tit. 20. Thl. I. des Allgemeinen Land-Rechts.)

f) Die Ausführung von Arrest-Verfügungen aller Art — auch in so fern sie vom Collegium selbst erlassen werden. —

g) Die Erledigung sämmtlicher Requisitionen anderer Behörden um Vollstreckung executivischer Maaßregeln und Einziehung von Kosten und Geldbußen.

h) Die Abnahme von Manifestations-Eiden in den beim Stadt-Gericht anhängigen und in den Requisitions-Sachen.

i) Der Versuch einer gütlichen Regulirung der Sache, wenn Interventions-Ansprüche auf abgepfändete bewegliche Sachen oder mit Beschlag belegte Forderungen erhoben werden, oder falls mehrere Gläubiger aus den zu ihrer aller Befriedigung unzureichenden Gegenständen ihre Befriedigung nachsuchen, (confr. die neueren Vorschriften von dem Prioritäts-Verfahren in der Concurs-Ordnung vom 8. Mai 1855.) oder bei Einwendungen gegen die Execution, welche solche nach §. 6. der Verordnung vom 4. März 1854 rc. hemmen, angebracht werden.

Ist die Sache nicht auf diese Art beizulegen, so erfolgt die Abgabe an das Collegium, welches späterhin der Executions-Commission von dem Ausgange des Interventions- oder Prioritäts-Streites Nachricht zu geben hat.

k) Die Liquidation, Festsetzung und Einziehung der in der Executions-Instanz erwachsenen gerichtlichen Kosten, die Festsetzung der außergerichtlichen Auslagen und Mandatarien-Gebühren, und der Erlaß der Zahlungs-Verfügung an die Mandanten auf Antrag der Mandatarien. (§. 8. der Instruction vom 24. Juli 1833. zur Ausführung der Verord. vom 1. Juni 1833.)

l) Die Aufsicht über die Schuldgefängnisse unter Vorbehalt der Ueberwachung und anderweitigen Revision Seitens des Directorium §. 49. des Regulativs vom 18. Juli 1850. (confer. das beigefügte Gefängniß-Reglement.)

4.

Die Competenz der Commission hört auf durch die Eröffnung des Concurses oder des erbschaftlichen Liquidations-Processes und Hinsichts der Immobilien:

Aufhören der Competenz der Executions-Commission.

a) für den Fall der Administration, mit der von der Commission noch zu verfügenden Einleitung derselben,
b) für den Fall der Subhastation, mit der nach Erlaß des Mandates (§. 5. der Verordnung vom 4. März 1834.) noch von der Commission zu verfügenden Requisition an den Realrichter um Einleitung der Subhastation. —

5.

Das Verfahren der Executions-Commission wird im Allgemeinen durch die Gesetze bestimmt, und hier nur folgendes bemerkt:

Verfahren.

a) wird gegen einen Schuldner, gegen welchen bereits die Execution einmal fruchtlos vollstreckt worden ist, innerhalb Jahresfrist in derselben oder in einer andern Sache von Neuem Execution nachgesucht, so kann die Commission die Execution so lange ablehnen, bis bestimmte Vermögens-Objecte des Schuldners zur Abpfändung vorgeschlagen werden. Hat der Schuldner bereits den Manifestationseid geleistet, so ist dem Executionssucher davon Nachricht zu geben.
b) Die Commission muß vom Collegium von der Eröffnung des Concurses und vom Zeitpunkte der Eröffnung ꝛc. in Kenntniß gesetzt werden.
c) Die Salarien-Kassen-Verwaltung des Stadt-Gerichts tritt zu der Commission in das Verhältniß eines Executionssuchers. Sie hat jede einzelne executivische Maaßregel gegen den Debenten in Antrag zu bringen und erhält vom Erfolge Nachricht.

   Wegen Vollstreckung der Mobiliar-Execution in Kassen-Sachen hat die Salarien-Kasse in bestimmten Zeit-Abschnitten unter Beilegung von Debenten-Listen, welche nach den Executions-Revieren eingerichtet sein müssen, bei der Commission die nöthigen Anträge zu machen.

   Dem Kassen-Curator verbleibt die Verfügung der Execution in schleunigen Fällen, für welche ein besonderer Kassen-Executor bestimmt ist, ferner die Niederschlagung von Kosten jeder Art und die Verfügung auf Gesuche wegen Stundung der Kosten oder Bewilligung von Abschlagszahlungen. Die Aussetzung der Execution in dergleichen Fällen, ist durch Formular-Scheine, welche den Debenten ausgehändigt werden, oder durch Formular-Anzeigen an die Commission zu bewirken.

   Zur unmittelbaren Verfügung des Kassen-Curators gehören ferner alle Maaßregeln zur Sicherung des Kassen-Interesses, welche nicht rein executivischer Art sind — namentlich Eintragungen auf Immobilien des Debenten, auf den Grund des den Königlichen Salarien-Kassen zustehenden gesetzlichen Titels zur Hypothek resp. Beantragung bei dem betreffenden Richter.
d) Beschwerden über die Executions-Commission in materieller

Beziehung sind bei dem Appellations-Gerichte anzubringen. Beschwerden über die Commission in Betreff der Disciplin, des Geschäftsbetriebes oder wegen Verzögerungen, — gehören vor das Stadtgerichts-Directorium. (§. 49. des Regulativs vom 18. Juli 1850.)

6.

Innere Einrichtung der Executions-Commission.

Die Executions-Commission besteht aus zwei Abtheilungen. Jeder Abtheilung steht ein Mitglied des Stadt-Gerichts selbstständig vor.

Die Arbeiten der Abtheilungen werden nach dem Alphabet in gleichmäßiger Art vertheilt. Den Executions-Commissarien werden wirkliche Referendarien und Auscultatoren zur Erledigung der Station in Executionssachen — erstere aber auch zur Aushülfe zugeordnet.

Beiden Abtheilungen der Executions-Commission gehört ein gemeinschaftliches Bureau an, bestehend aus dem Executions-Inspector und 6 Bureau-Beamten resp. Diätaren, 4 Lohnschreibern und 18 Executoren.

Dabei, daß der Siegelungs- und Inventur-Commissarius alle Arrest-Sachen in Ausführung bringt, und in dieser Beziehung zu den Beamten der Executions-Commission gehört, hat es sein Bewenden.

7.

Jeder der Executions-Commissarien erläßt alle Executionsverfügungen und sonstige den Geschäftsbetrieb betreffenden Verfügungen selbstständig. In zweifelhaften Fällen und bei Sachen von Wichtigkeit, so wie bei Remonstrationen der Parteien gegen die von ihnen erlassenen Verfügungen haben die Commissarien das Recht und die Pflicht, darüber zunächst in der I. Abtheilung, und wenn die Sache dazu angethan ist oder dazu angethan befunden wird, in der Plenar-Sitzung vorzutragen; in diesem Falle müssen sie sich dem conclusum des Collegium fügen.

(§. 49. §. 5. des Regulativs vom 18. Juli 1850.)

Die Commissarien führen wechselsweise die Aufsicht über die Geschäfts-Verwaltung und sind die nächsten Dienst-Vorgesetzten sämmtlicher Beamten des Bureaus.

Zu ihrer Function gehört die Abhaltung der Termine, sie sind jedoch befugt, den ihnen beigeordneten Referendarien &c. die Abhaltung zu übertragen, so weit dies nach Maaßgabe des Gegenstandes zulässig ist.

8.

Vorstand des Bureaus.

Vorstand des Bureaus und des internen und externen Dienstes, ist der Executions-Inspector. Wird derselbe verhindert, seiner Function vorzustehen, sei es wegen Krankheit oder wegen anderer Gründe, so hat der Inventur- und Siegelungs-Commissarius zunächst die Verpflichtung, ihn zu vertreten.

Der Vorstand hat bezüglich auf die Verwaltung des Bureaus und den Geschäftsbetrieb in demselben alle Rechte und Pflichten zu üben, welche das Bureau-Reglement vom 3. August 1841. der §. 52. &c. des Regulativs vom 18. Juli 1850. und die spätern, dazu ergangenen Ergänzungen ihm auferlegen.

9.

Das Bureau ist in 6 Abtheilungen nach den Buchstaben im Alphabet eingetheilt. Jeder der Bureau-Beamten steht einer solchen Abtheilung als Bureau-Vorstand, Expedient, Registrator, Kosten-Liquidator und als Canzlei-Beamter selbstständig vor.

Geschäfts-Betrieb im Bureau.

Er bleibt in diesen Grenzen für den ordentlichen und prompten Geschäfts-Betrieb incl. der Führung der Controllen verantwortlich.

In der Pflicht des Executions-Inspectors liegt es, ihn darin strenge zu überwachen, und in den festgesetzten Zeitfristen zu revidiren, bei genügender Veranlassung dazu ihn auch einer außerordentlichen Revision zu unterwerfen.

10.

Alle zum Geschäftsbetriebe der Executions-Commission gehörigen Gesuche und Requisitionen müssen direct an sie abgegeben, von den Commissarien nach Maaßgabe der Geschäftseintheilung präsentirt, demnächst vom Bureau mit den vorhandenen Piecen oder mit den br. m. aus den betreffenden Bureaus zu erfordernden Acten ungesäumt zum Vortrage gebracht werden.

Die zu jeder Sache gehörenden Piecen sind in einen Actensattel, an welchen ein im Voraus gefertigter Actenzettel mit Bezeichnung des Buchstabens und der Nr. des Executions-Journals geklebt wird, einzuheften und aufzubewahren. Die Acten sind, sobald sie nicht mehr gebraucht werden, an das betreffende Bureau sofort zurückzugeben. In Ansehung der eingehefteten Piecen ist dasselbe zu thun, wenn die Sache durch die Executions-Vollstreckung und die Befriedigung des Gläubigers ihre vollständige Erledigung gefunden hat.

Wird der Executions-Antrag in Folge einer Befristung auf länger als 4 Wochen zurückgenommen, so verbleiben die in einen Actensattel eingehefteten Piecen noch ein Jahr im Bureau der Executions-Commission. Förmliche Acten werden nur dann angelegt, wenn die Executionssache sehr verwickelt und weitläufig ist oder im Laufe der Zeit wird.

Bei Executionen, welche im Laufe des Processes zu vollstrecken sind, muß sich die Executions-Commission die erforderlichen Abschriften zurückbehalten.

11.

Zur Controllirung der Geschäfte werden im Bureau folgende Controllen gehalten:

Geschäfts-Controllen.

1) Das Executions-Journal.
2) Das Sachregister.
3) Das Annotationsbuch.
4) Das Quittungsbuch mit den einzelnen Bureaus wegen der zu den Haupt-Acten zurückgehenden erledigten Executions-Piecen.
5) Der Termins- und Reproductions-Kalender.
6) Das Controll-Nummer-Buch des Executions-Inspectors. } beide controlliren sich gegenseitig.
7) Executions-Mandaten-Buch des Executors N. N. }

8) Das Kassen-Buch des Executors N. N.

9) Liste über diejenigen Personen, welche den Manifestations-Eid geleistet haben.

Formular.

Die Art und Weise der Führung desselben ergiebt sich aus dem beigefügten Formulare.

Bezirke für die Executoren.

12.

Für die Executoren werden so viele einzelne Reviere abgegrenzt, als das Bedürfniß es erheischt, und die Localität und die Zahl der Executoren es gestattet.

Mit diesen Revieren ist von Zeit zu Zeit, und sobald sich irgend ein Grund der Nützlichkeit oder Nothwendigkeit dazu herausstellt, zu wechseln — in einzelnen Fällen es auch zulässig, daß die Vollstreckung der Execution in einem Reviere dem Executor eines anderen Revieres aufgetragen wird.

Jedes Revier erhält eine Nummer.

Pflichten der Executoren und Ueberwachung derselben.

13.

Die Pflichten der Executoren bei den verschiedenen Executions-Vollstreckungen in Betreff des Verfahrens dabei, der Berichterstattung, der Abführung an die Pfandkammer rc. werden durch die Executions-Ordnung selbst geregelt.

Es wird deshalb im Allgemeinen auf dieselbe verwiesen, und daß jeder Executor die ihm nach derselben obliegenden Pflichten pünktlich und gewissenhaft erfüllt, hat der Executions-Inspector strenge zu überwachen.

Wichtigere Executions-Vollstreckungen muß er selbst leiten, und diejenigen Executionen, welche den Executoren übertragen sind, von Zeit zu Zeit, oder wenn specielle Veranlassung dazu da ist, an Ort und Stelle recherchiren, entdeckte Verzögerungen, Unregelmäßigkeiten rc. sofort beseitigen event. davon zur weitern Rüge Anzeige machen.

Ablieferung der Auctions-Gelder an die Gläubiger rc.

14.

Die Ablieferung der im Wege der Execution rc. abgepfändeten Sachen in die Pfandkammer, welche unter der Verwaltung des besonders angestellten Auctions-Commissarius (derselbe hat eine entsprechende Caution bestellt) steht, erfolgt entweder sofort, oder an zwei in der Woche dazu bestimmten Tagen. Werden die Sachen durch den Auctions-Commissarius auf Grund der ihm ertheilten Anweisung verkauft, so hat er nach Abzug der Kosten und seiner Gebühren und Auslagen aus dem Erlöse den Gläubiger laut aufzunehmender Quittungsverhandlung sofort zu befriedigen oder Falls er an einem andern Orte wohnt, die ihm zukommende Forderung an denselben mit der Post abzusenden, und dies unter Beifügung der aufgenommenen Verhandlung resp. der eingesandten Quittung und des Postscheins der Executions-Commission nachzuweisen.

Die Executoren dürfen sich mit der Annahme der beizutreibenden Forderung und mit deren Abführung an die Gläubiger nicht befassen, wenn sie nicht ausdrücklich dazu ermächtigt sind. Eine Ausnahme findet bei der Einziehung der Kosten statt — bis zum Betrage von 40 Thlr.

Wird im Wege der Execution und Auspfändung zur Befriedigung des Gläubigers dem Exequenden eine Summe baaren Geldes zwangsweise weggenommen, so muß in diesem Falle der Executions-Inspector — welcher eine angemessene Caution bestellt hat — das Geld an sich nehmen, demnächst sofort an den Executionssucher abführen, resp. absenden und wie dies geschehen, unter Beifügung der Quittungsverhandlung, des Postscheins und der Quittung des Erstern, der Executions-Commission anzeigen.

16.

Liegt irgend ein Hinderungsgrund, oder liegen sonstige Gründe vor, die beigetriebenen Gelder zur gerichtlichen Verwahrung zu bringen, so müssen solche nach Bewandniß der Umstände entweder zum gerichtlichen oder vormundschaftlichen Asservatorium nach vorgängiger Eintragung in die Asservaten-Listen, sofort abgeführt, und das gleichzeitig entworfene Depositat-Annahme-Mandat zur Genehmigung beigelegt werden.

17.

Revision des Executions-Inspectors durch die Executions-Commissarien.

Die bestellten Executions-Commissarien haben wechselsweise in jedem Monate unter Einsicht der Geschäfts-Controllen und der Beläge den Executions-Inspector und den Siegelungs- und Inventur-Commissarius Hinsichts ihrer Geschäftsführung, namentlich in der Beziehung zu revidiren:

1) ob die ihnen ertheilten Aufträge erledigt sind oder nicht, und ob dabei nicht zu duldende Verzögerungen stattgefunden haben;
2) ob die bei ihnen eingegangenen resp. von ihnen in ihrer amtlichen Qualität eingezogenen Gelder zeitig und ordnungsgemäß an die berechtigten Interessenten ausgezahlt, abgesandt, oder zu den bezeichneten Asservatorien abgeführt sind;
3) und wenn dies in Betreff einer oder der andern Summe nicht der Fall sein sollte, aus welchen Gründen die Abführung ꝛc. unterblieben ist.

Die aufzunehmende Revisions-Verhandlung ist zu den betreffenden General-Acten zur weitern Verfügung einzureichen.

Nicht minder hat der Canzlei-Director die Bureau-Verwaltung vierteljährlich zu revidiren.

18.

Beizutreibende Kosten.

Die beizutreibenden Kosten, mögen sie in der Executions-Instanz, oder anderweitig entstanden sein, müssen die Executoren unmittelbar an die Salarien-Kasse abführen, sich von derselben in den Ablieferungslisten quittiren lassen, und die Erfüllung dieser Pflicht bei den Rapporten dem Executions-Inspector, welcher auch in dieser Beziehung eine strenge Ueberwachung zu üben hat, nachweisen.

19.

Von der Zeichnung der Verfügungen Seitens der Executions-Commission.

Die Commissarien bedienen sich Hinsichts der von ihnen erlassenen Verfügungen, und der Ausfertigungen, der Unterschrift

Executions-Commission Abthl.
des Königlichen Stadtgerichts Abtheilung I. (II.)

und eines besonderen Dienst-Siegels.

Alle von ihnen aufgenommenen Verhandlungen haben gerichtlichen Glauben und die von ihnen innerhalb des Geschäftskreises der Commission geschlossenen Vergleiche sind gerichtliche.

20.

Unstatthafte Gesuche können urschriftlich, mit der nöthigen Verfügung versehen, zurückgegeben werden.

Zur Förderung des Geschäftsganges rc. müssen die in umfassender Weise angeschafften Formulare verwandt werden.

II. Resultate dieser Einrichtung.

Die vorstehend bezeichnete Einrichtung hat sich im Laufe der Jahre als höchst vortheilhaft für die Bearbeitung der Executionssachen bewährt.

Letztere sind im Allgemeinen mit Sorgfalt, dem Zweck entsprechend, und zur Zufriedenheit der betheiligten Executionssucher erledigt worden.

Die Anerkennung der guten Executions-Rechtspflege ist aber nicht blos im Jurisdictionsbezirke von den Gerichtseingesessenen, sondern auch anderweitig und in einem Maaße ausgesprochen, daß von Seiten mehrerer größerer Stadt- und Kreis-Gerichte außerhalb der Provinz Anfragen über die Einrichtung eingegangen und auf Requisition die nöthigen Mittheilungen bereitwillig gemacht sind.

Die nachfolgenden statistischen Notizen mögen die Größe der Arbeitslast, anderer Seits aber auch nachweisen, was geleistet ist.

Es waren zu erledigen an Executions-Aufträgen.

Im Jahre		davon wurden erledigt	blieben Rest
1853.	25,751.	25,107.	644.
1854.	27,471.	27,001.	470.
1855.	29,018.	28,571.	447.

Arrestschläge.

Im Jahre		davon wurden erledigt	blieben Rest
1853.	291.	291.	—
1854.	303.	302.	1.
1855.	380.	377.	3.

Vorträge hat die Executions-Commission zu bearbeiten gehabt.

Im Jahre	
1853.	55,263.
1854.	57,821.
1855.	71,860.

Form des Aktensattels.

Vortrags-	Executions-Commission
№	des
1	Stadtgerichts zu Breslau.
2	Liste der Sachen
3	Litt. M. No. 200.
4	pro 1855.
5	1. Dem Sportel-Revisor vorgelegt den 4. Februar 1855. Hahn.
	2. Revidirt vom Sportel-Revisor den 5. Februar 1855. Stieff.
	3. Die Executions-Instanz ist erledigt — daher zu den Haupt-Akten zurück den 8. April 1855. Bureau XXIII. Hahn.

Formulare

für

den Geschäfts-Betrieb

bei der

Königl. Executions-Commission N. N.

I. Executions-

1.	2.	3.	4.	5.		6.		7.		
Laufende №	a. Revier b. Name des Executors.	a. Datum des Gesuchs b. Tag des Eingangs.	a. zum betreffenden Bureau b. zurück den	Des Exequenden		Der Akten		Gegenständ der Execution.		
				Name	Stand.	Benennung	Zeichen.	rtlr.	sgr.	pf.

II. Sach-

Extrahent.	Exequend.	Journ. №	Extrahent.	Exequend.	Journ. №

Journal.

8.			9.		10.	11.	12.		13.		14.	15.	
Vortragsstücke.			Verfügungen darauf		Dem Kanzlei-Beamten den	Der Executor hat das Mandat erhalten	Bemerkung über Erledigung des gestellten Executions-Antrags.		Vorlegungen, Beilegungen und sonstige Bemerkungen.		Als vorläufig erledigt im Bureau asservirt.	Die Piecen sind abgegeben.	
Laufende №	Inhalt.	Zum Vortrage den	Inhalt.	Datum			Dat.		Dat.			Dat.	wohin.

Register.

Extrahent.	Exequend.	Journ. №	Extrahent.	Exequend.	Journ. №

III. Annota-

Zum		Bezeichnung der Piecen nach			Zurück den	Wechsel-Sache rc.	Zum		Bezeichnung der Piecen nach			Zurück den	Wechsel-Sache rc.
Bureau.	den	Buchstabe.	№	Geschäfts-Jahr.			Bureau.	den	Buchstabe.	№	Geschäfts-Jahr.		

IV. Quittungs-Buch mit

wegen der zu den Haupt-Akten zurück-

Zum Bureau IX.					Zum Bureau X.					Zum Bureau XIII.				
Litt.	№	Jahr.	Abgegeben den	Quittung.	Litt.	№	Jahr.	Abgegeben den	Quittung.	Litt.	№	Jahr.	Abgegeben den	Quittung.

tions-Buch.

Zum Bureau.	Zum den	Bezeichnung der Piecen nach Buchstabe.	Bezeichnung der Piecen nach №	Bezeichnung der Piecen nach Geschäfts-Jahr.	Zurück den	Wechsel-Sache 2c.	Zum Bureau.	Zum den	Bezeichnung der Piecen nach Buchstabe.	Bezeichnung der Piecen nach №	Bezeichnung der Piecen nach Geschäfts-Jahr.	Zurück den	Wechsel-Sache 2c.

den einzelnen Bureaux
gehenden erledigten Executions-Piecen.

Zum Bureau XIV. Litt.	Zum Bureau XIV. №	Zum Bureau XIV. Jahr.	Zum Bureau XIV. Abgegeben den	Zum Bureau XIV. Quittung.	Zum Bureau XV. Litt.	Zum Bureau XV. №	Zum Bureau XV. Jahr.	Zum Bureau XV. Abgegeben den	Zum Bureau XV. Quittung.	Zum Bureau XVI. Litt.	Zum Bureau XVI. №	Zum Bureau XVI. Jahr.	Zum Bureau XVI. Abgegeben den	Zum Bureau XVI. Quittung.

V. Termin-

Laufende №	Executions-Journal. Litt.	Executions-Journal. №	Termins-Stunde.	Termins-Verhandlung zurück und vorgelegt den	Bemerkungen.	Laufende №	Executions-Journal. Litt.	Executions-Journal. №	Termins-Stunde.	Termins-Verhandlung zurück und vorgelegt den	Bemerkungen.
		Mon	tag, d	en				Donn	erstag,	den	

VI. Reproductions-

Laufende №	Executions-Journal. Litt.	Executions-Journal. №	Vorgelegt oder anderweit erledigt den	Bemerkungen insbesondere ob prompt 2c.	Laufende №	Executions-Journal. Litt.	Executions-Journal. №	Vorgelegt oder anderweit erledigt den	Bemerkungen insbesondere ob prompt 2c.
		Mon	tag, den				Donn	erstag, den	

Kalender.

Laufende №	Executions-Journal. Litt.	Executions-Journal. №	Termins-Stunde.	Termins-Verhandlung zurück und vorgelegt den	Bemerkungen.	Laufende №	Executions-Journal. Litt.	Executions-Journal. №	Termins-Stunde.	Termins-Verhandlung zurück und vorgelegt den	Bemerkungen.
		Mon	tag, d	en				Donn	erstag,	den	

Kalender.

Laufende №	Executions-Journal. Litt.	Executions-Journal. №	Vorgelegt oder anderweit erledigt den	Bemerkungen insbesondere ob prompt ꝛc.	Laufende №	Executions-Journal. Litt.	Executions-Journal. №	Vorgelegt oder anderweit erledigt den	Bemerkungen insbesondere ob prompt ꝛc.
		Mon	tag, den				Donn	erstag, den	

VII. Controll=Nr.=Buch

Behufs Controllirung

1.		2.		3.		4.		5.		6.		7.		8.	
Tag	№	Tag	№	Tag	№	Tag	№	Tag	№	Tag	№	Tag	№	Tag	№

VIII. Executions-Mandaten=

Laufende №	Executions-Journal.		Des Exequenden			Bezeichnung der Sache.
	Litt.	№	Name.	Stand.	Wohnung.	

des Executions-Inspectors
des externen Dienstes.

9.		10.		11.		12.		13.		14.		15.		16.	
Tag	№	Tag	№	Tag	№	Tag	№	Tag	№	Tag	№	Tag	№	Tag	№

Buch des Executors N. N.

Gegenstand der Execution.			Datum des Empfanges des Mandats	Datum der Insinuation des Mandats	Datum der Berichts-Erstattung.	Bemerkungen über Erledigung des Auftrages.
Rthl.	Sgr.	Pfg.				

IX. Kassen-Buch des

Laufende №	Executions-Journal. Litt.	Executions-Journal. № und Jahr.	Datum des Executions-Auftrages.	Name und Stand des Schuldners.	Benennung der Sache.

X. Liste über diejenigen Personen,

Laufende №	Den Manifestations-Eid hat geleistet: Familienname.	Vorname.	Charakter.	Der Manifestations-Eid ist geleistet. wegen Rth.	Sgr.	Pfg.	Bezeichnung der Schuld.
1.							
2.							
3.							
4.							
5.							
6.							

Executors N. N.

Angabe des Tages an welchem der Executor die Zahlung geleistet.	Gezahlter Betrag. Rthl.	Sgr.	Pfg.	№ der verwendeten Quittung.	Angabe des Tages, an welchem die Verzahlung geleistet ist.	Name und Stand des Empfängers.	Bemerkungen.

welche den Manifestations-Eid geleistet.

Bureau. Zeichen und Journ. №	Rubrum der Akten und Aktenzeichen.	Executions-Journal. Revier- №	Litt.	№	Die Ableistung des Manifestations-Eides ist erfolgt den	Bemerkungen.

Beilage G.

Instruction
für die
Inspectoren, Aufseher und Wärter der gerichtlichen Gefangnen-Anstalten.

Die Abweichungen in den Bestimmungen der Instructionen, welche den Gefängniß-Officianten in Gemäßheit des §. 76. der Allgemeinen Criminal-Ordnung ertheilt sind, haben den Justiz-Minister veranlaßt, das nachstehende allgemeine Regulativ für dieselben zu ertheilen, welches, mit Aufhebung der bisherigen Vorschriften, fortan bei allen gerichtlichen Gefangnen-Anstalten zur Anwendung kommt.

§. 1.

Verschiedene Klassen der Gefangenen.

Die Gefangenen sind entweder
Untersuchungs-Gefangene, oder
Straf-Gefangene, oder
Schuld-Gefangene.

Die Straf-Gefangenen sind:

1) solche, die wegen Injurien, leichter fiscalischer Vergehen, oder wegen Verletzung der zur Aufrechthaltung der Ordnung im Staatsdienste erforderlichen Disciplin Gefängnißstrafen verbüßen. Sie werden gleich den Schuldgefangenen behandelt;
2) solche, die wegen Vergehen, welche einen Mangel an ehrliebenden Gesinnungen beurkunden, mit Gefängnißstrafe oder Strafarbeit bestraft werden.

Nur diese letztern sind in diesem Regulativ unter dem Ausdruck: „Straf-Gefangene" ohne nähere Bezeichnung zu verstehen.

Den Schuld-Gefangenen gleich werden auch diejenigen behandelt, welche wegen verweigerter Ableistung eines Eides oder der Caution halber zum Gefängniß gebracht werden.

§. 2.

Anwendung dieses Reglements auf Untersuchungs-Schuld- und Strafgefangene.

Die Bestimmungen der §§. 4. bis 30. einschließlich dieses Reglements sind auf sämmtliche Untersuchungs- und Straf-Gefangene, so wie der §. 31. auf die Schuld-Gefangenen anzuwenden, sofern nicht besondere Straf- und Schuld-Gefangenhäuser bestehen, in denen es bei der Beobachtung der für sie besonders ertheilten Reglements sein Bewenden behält.

§. 3.

A. Von den Untersuchungs und Straf-Gefangenen.

Aufnahme der Gefangenen.

Die Aufnahme eines Gefangenen darf nur auf Verfügung des Gerichts-Dirigenten oder seines Stellvertreters erfolgen. Diese Verfügung wird durch Vorzeigung oder Abschrift des Decrets ertheilt. Gefangene, die von öffentlichen Behörden, einem Polizei-Beamten oder Executor eingebracht werden, muß der Gefangenwärter, auch wenn ihm ein Annahmebefehl des Gerichts-Dirigenten noch nicht ertheilt ist, zwar annehmen, jedoch ist solche Einlieferung eines Gefangenen unverzüglich dem Gerichts-Dirigenten anzuzeigen. Diese Anzeige darf auch dann nicht unterbleiben, wenn die Gefangnen-Anstalt gleichzeitig von mehreren Behörden zur Unterbringung der Gefangenen benutzt wird.

§. 4.

Visitation der Gefangenen.

Vor der Aufnahme ins Gefängniß wird jeder männliche Gefangene von dem Gefangenwärter, unter Aufsicht eines Inspectors, wo ein solcher zugleich angestellt ist, und jede weibliche Gefangene von einer zuverlässigen Frau in der Anstalt visitirt, und, soweit es erforderlich, zur Reinigung angehalten.

Orden und Ehrenzeichen, alle überflüssige Kleidungsstücke, baares Geld, Kostbarkeiten und alle Werkzeuge, welche zur Beförderung der Flucht dienen können, werden dem Gefangenen, schweren und unzuverlässigern Verbrechern aber auch die Fuß- und Kopfbekleidungen und, nach Bewandniß der Umstände, die Tragebänder abgenommen.

Auf längere Zeit eingelieferte Gefangene, die nicht zu den höhern Ständen gehören, können gleich bei der Einlieferung statt ihrer eigenen, bis zu ihrer Wiederentlassung aufzubewahrenden Kleider, eine besondere Gefängnißbekleidung erhalten. — Die abgenommenen Gegenstände überreicht der Inspector oder Wärter dem Dirigenten, oder dem ernannten Inquirenten zur Aufnahme eines Verzeichnisses und zu deren Aufbewahrung. Das Signalement des Inhaftaten wird sogleich vom Inspector oder dem Gefangen-Wärter aufgenommen und vom Inquirenten konstatirt. Es muß dasselbe zugleich das Verzeichniß derjenigen Kleidungsstücke und Effecten enthalten, die dem Gefangenen ins Gefängniß verabfolgt worden sind. Den Gerichts-Dirigenten oder Inquirenten bleibt es nach Maaßgabe der Erheblichkeit und des Werthes der abgelieferten Gegenstände überlassen, das Verzeichniß derselben auch andern Beamten, namentlich dem Actuar oder Protocollführer zu übertragen.

Säuglinge dürfen nicht eher von der gefangenen Mutter getrennt werden, als bis der Arzt dies für zulässig erklärt; ältere hülflose Kinder, welche kein Verbrechen begangen haben, können nur so lange bei ihren zum Criminal-Gefängniß eingebrachten Eltern im Gefängniß gelassen werden, bis für ihre schleunig von der Polizei-Behörde zu bewirkende anderweite Unterbringung gesorgt ist.

§. 5.

Verwahrung der den Gefangenen abgenommenen Sachen.

Für die Verwahrung der den Gefangenen abgenommenen Gelder und Sachen und deren Sicherung gegen Diebstahl, Motten und Mäusefraß oder sonstiges Verderbniß, sorgt der damit beautragte Gerichts-Beamte nach der ihm deshalb besonders zu ertheilenden Anweisung.

§. 6.

Gefangenliste. Jeder Gefangene wird in ein gehörig geheftetes und mit nachstehenden Rubriken versehenes Buch eingetragen:

Laufende Nummer.	Name, Stand und Alter des Gefangenen.	Tag der Einlieferung.	Von wem der Verhafts-Befehl erlassen worden.	Grund der Verhaftung.	Tag des publicirten Erkenntnisses.	Strafbestimmung.	Tag der Entlassung oder Ablieferung.	Ob und womit, oder warum der Gefangene nicht beschäftigt worden ist.

§. 7.

Dislocation der Gefangenen. Männliche und weibliche Gefangene,

Untersuchungs-Gefangene, die an demselben Verbrechen Theil genommen,

Untersuchungs- und Strafgefangene,

dürfen nicht in einer Gefangenstube zusammengesperrt, Untersuchungs-Gefangene aber müssen dergestalt isolirt werden, daß jede Communication unter einander verhindert wird. Entgegenstehende Hindernisse, die ihren Grund in den bisherigen localen Einrichtungen und Mangel an Raum haben, sind so bald wie möglich zu beseitigen.

Bei Belegung der Gefangenstuben muß möglichst das Alter, der Stand und die Bildung der Gefangenen, denen gemeinschaftlich ein Gefängniß angewiesen wird, berücksichtiget, der in Rücksicht seiner Verhältnisse zuverlässige Gefangene mit minder sicheren Gefangenen zusammen gebracht, besonders aber darauf gesehen werden, daß unerwachsene jugendliche Gefangene nicht in schlechte Gesellschaft gerathen.

§. 8.

Fesselung der Gefangenen. Nur auf Verfügung des Dirigenten oder Inquirenten dürfen dem Gefangenen Fesseln, und zwar auf eine der Gesundheit unschädliche Weise angelegt werden.

Nimmt jedoch der Gefangenwärter wahr, daß der Gefangene Anstalten zur Flucht macht, so hat er denselben sofort zu fesseln und davon ohne Verzug den Dirigenten in Kenntniß zu setzen.

§. 9.

Verschluß der Gefängnisse. Die Gefängnißthüren müssen stets gehörig verschlossen und verriegelt gehalten werden, und nur während der Freistunde und während der unter Aufsicht des Gefangenwärters vorzunehmenden Reinigung des Gefängnisses bleibt dasselbe geöffnet. Desgleichen müssen die Ofen- und Schornsteinthüren stets nach der Heizung wieder verschlossen oder verriegelt werden. Die Schlüssel zu den einzelnen Gefängnissen dürfen nicht die Nummern der Gefängnißzellen tragen, und nur da, wo zugleich ein Inspector angestellt ist, verwahrt derselbe einen Hauptschlüssel zu den Gefängnissen, von dem er jedoch nur in dringenden und eiligen Fällen, z. B. bei einer Feuers- oder andern außerordentlichen Gefahr, Gebrauch machen darf.

§. 10.

Der Gefangen-Inspector und Wärter müssen durch mehrmalige tägliche Visitation zu verschiedenen Tageszeiten sich überzeugen, daß die Fensterstäbe, Wände, Decken, Dielen, Fesseln, Oefen und Utensilien unbeschädigt sind, daß im Strohsack und in den Winkeln des Gefängnisses nichts Verdächtiges vorhanden ist, und zu dem Ende auch die Kleidungsstücke der Gefangenen durchsuchen. Genießen die Gefangenen Freistunden, so ist diese Zeit zur Visitation des Gefängnisses möglichst zu benutzen. Regelmäßige Visitation der Gefängnisse.

Bei Gefangenen, die zum Tode rechtskräftig verurtheilt sind, ist die Aufsicht zu schärfen, damit sie nicht durch Selbstentleibung sich der öffentlichen Hinrichtung entziehen.

§. 11.

Außer den Gerichts-Beamten haben nur der Arzt, Wundarzt, Barbier und die Hebeamme unter Aufsicht des Wärters oder Inspectors Zutritt zu den Verhafteten im Gefängniß. Ertheilt der Dirigent oder Inquirent die Erlaubniß zum Gespräch eines Gefangenen mit einer andern Person, so muß dies Gespräch, so fern die Untersuchung noch nicht geschlossen ist, in seinem, sonst und bei allen Strafgefangenen im Beisein des Inspectors oder Wärters im Verhör- oder Expeditions-Zimmer, niemals aber im Gefängniß erfolgen. Das Gespräch darf in keiner andern, als der dem Aufsichtsbeamten bekannten Sprache geführt werden, und die Besuchenden der Untersuchungs-Gefangenen, so wie diese selbst, werden vorher gewarnt, über den Gegenstand der Untersuchung zu sprechen, widrigenfalls die Unterredung sofort abgebrochen und der fernere Zutritt zu dem Gefangenen untersagt wird. Gefangen-Besuche.

§. 12.

Alle an Criminal-Gefangene ankommende Briefe revidirt der Inquirent oder Dirigent und läßt sie, so fern kein Bedenken obwaltet, dem Gefangenen zugehen. Correspondenz der Gefangenen.

Kein Criminal-Gefangener erhält Schreibmaterialien ins Gefängniß. Will ein Untersuchungs-Gefangener schreiben, so geschieht dies unter der Aufsicht des Inquirenten oder Inspectors. Kein Brief eines Criminal-Gefangenen darf befördert werden, bevor der Dirigent oder Inquirent ihn revidirt hat.

§. 13.

Keine Bestellung an einen Gefangenen darf ohne Erlaubniß des Dirigenten oder Inquirenten ausgerichtet werden, noch weniger dürfen die Gefängniß-Officianten sich in Verkehr mit den Gefangenen einlassen und Aufträge derselben ausrichten. Bestellungen an Gefangene.

Werden Naturalien ausnahmsweise zugelassen (§. 19.), so sind sie nebst dem Geschirr sorgfältig zu untersuchen und namentlich Backwaaren zu zerschneiden, desgleichen Kleider und Wäsche im Futter und in den Näthen zu visitiren.

§. 14.

Verbot des Tabakrauchens und Branntweintrinkens.

Kein Gefangener erhält Branntwein. Das Tabakrauchen ist in der Regel verboten. Nur in den Freistunden im Hofe und nur so fern nach der Oertlichkeit keine Feuersgefahr oder sonstiger Mißbrauch zu befürchten ist, ist es denen zu gestatten, welche sich durch gute Aufführung auszeichnen.

§. 15.

Lectüre.

In jeder Criminal-Gefangen-Anstalt muß eine Bibel, ein neues Testament oder ein anderes religiöses Erbauungsbuch, welches von der geistlichen Behörde als geeignet bezeichnet wird, gehalten werden. Der Gefangenwärter hat sich von Zeit zu Zeit zu überzeugen, daß nichts herausgerissen, und gemißbraucht wird. Nur zuverlässige gebildete Untersuchungs- und Straf-Gefangene können mit Erlaubniß des Dirigenten oder Inquirenten, andere angemessene Lectüre erhalten.

16.

Lichtbrennen.

Kein Untersuchungs- und Straf-Gefangener darf Licht brennen. Wird bei besonderer Zuverlässigkeit eine Ausnahme hierin bewilligt, so kann dies doch nur bis 10 Uhr Abends geschehen. Chemische und andere Feuerzeuge werden in den Gefängnissen nicht geduldet.

§. 17.

Verfahren beim Ausbruch einer Feuersbrunst; und Vorsichts-Maaßregeln.

Für den Fall des Ausbruchs einer Feuersbrunst müssen mit der Orts-Polizei-Behörde Vorkehrungen getroffen werden, welche, wenn ein Transport der Gefangenen nöthig wird, deren Entweichen verhindern. Bricht eine Feuersbrunst in der Anstalt oder deren Nähe aus, welche Gefahr droht, so werden die gefährlichen Criminal-Gefangenen sogleich geschlossen und in angemessenen kleinen Abtheilungen unter gehöriger Bedeckung dahin abgeführt, wo der Gerichts-Dirigent ihre einstweilige Verwahrung für angemessen erachtet. In welcher Folgeordnung hiernächst die Utensilien und Vorräthe zu retten sind, und wohin das Gerettete zu schaffen ist, bestimmt der Gerichts-Dirigent.

Während des Feuers nehmen Aufseher und Wärter ihren Posten bei den Gefangenen, und dürfen denselben ohne Befehl oder Erlaubniß des Gerichts-Dirigenten nicht verlassen.

Den Gefängniß-Officianten ist die größte Vorsicht bei der Heizung und beim Umgehen mit Licht einzuschärfen. Sie haben die regelmäßige Reinigung der Essen zu beaufsichtigen. Auch müssen die vorhandenen Feuerlöschgeräthschaften der Anstalt von Zeit zu Zeit in Beziehung auf ihre Brauchbarkeit untersucht, Fässer mit Wasser immerwährend vorräthig gehalten, die Brunnen der Anstalt in brauchbarem Zustande erhalten und feuergefährliche Constructionen des Gebäudes zur Abhülfe angezeigt werden. Insonderheit dürfen die Gefängniß-Officianten sich in der Anstalt nur der Oellampen in gehörig verwahrten blechernen Laternen bedienen, Stroh und andere feuerfangenden Stoffe an keinem feuergefährlichen Ort und in keiner größeren Menge aufbewahren, als das nächste Bedürfniß erfordert, das alte Lagerstroh nur in die Düngergrube schaffen, die Corridors nicht mit Stroh oder Heizungsmaterialien belegen, Holz nicht auf den Oefen trocknen, Asche und Kohlen nicht in hölzernen Gefäßen aufbewahren, sondern möglichst in gewölbten Kellern niederlegen.

§. 18.

Freistunden.

Kein Untersuchungs-Gefangener erhält vor dem Schlusse seiner Untersuchung Freistunden, so fern nicht der Hausarzt bescheinigt, oder in dessen Ermangelung der Dirigent oder Inquirent die Ueberzeugung gewinnt, daß der Gefangene ohne Nachtheil für seine Gesundheit den Genuß der Luft und Bewegung nicht länger entbehren kann. In diesem Falle muß er die Freistunde nicht in Gesellschaft Anderer genießen, und so fern dies nach den Umständen nicht ausführbar ist, ihm dennoch jede Mittheilung mit andern ambulirenden Gefangenen untersagt werden.

Straf- und solche Criminal-Gefangene, deren Untersuchung geschlossen ist, erhalten, so fern ihre Gefährlichkeit nicht eine Ausnahme begründet, täglich bis zu vier Freistunden.

Während derselben ist jede Unterredung in der Regel verboten und nur ausnahmsweise zu gestatten.

Zum Genuß der Freistunde erscheint der Gefangene gehörig angekleidet. Der Gefangenwärter oder ein anderer Hausbeamter führt während der Freistunde die Aufsicht über die Gefangenen, deren auf einmal nicht zu viel in den Gefangenhof, der gehörig gegen jedes Entweichen verwahrt sein muß, gelassen werden dürfen.

§. 19.

Beköstigung der Gefangenen.

Kein Untersuchungs- oder Strafgefangener darf sich, ohne ausdrückliche Erlaubniß des Inquirenten und Dirigenten selbst verpflegen. Diese Erlaubniß darf nur ertheilt werden, wenn besondere Gründe eine solche Ausnahme motiviren. Was entweder den Eindruck, den die Haft oder Strafe machen soll, erleichtern oder zur Völlerei und zu Störungen führen könnte, darf niemals zugelassen werden.

Die Verpflegung für alle von der Anstalt naturaliter zu beköstigende Gefangene ist gleich, doch müssen bei Gefangenen jüdischen Glaubens solche Speisen und Ingredenzien vermieden werden, welche ihnen ihre Religionsgrundsätze verbieten. Kranke, die in der Anstalt behandelt werden, erhalten die vom Arzt vorgeschriebene Beköstigung.

Jeder gesunde Gefangene erhält von der Anstalt täglich $1\frac{1}{2}$ Pfund gut ausgebackenes Roggenbrot auf drei Mahlzeiten Morgens, Mittags und Abends vertheilt, nebst $\frac{1}{2}$ Loth Salz und Mittags $1\frac{1}{2}$ Quart dickgekochter, mit frischem Fett geschmelzter Suppe, mit deren Ingredenzien täglich, nach einer für die Woche festzustellenden Reihenfolge abzuwechseln ist. — Auch kann die Mittagskost auf 1 Quart beschränkt und dagegen des Morgens eine warme Suppe gereicht werden, ohne daß die Kosten im Ganzen sich dadurch vermehren dürfen. Wo eine andere Beköstigung mit Rücksicht auf örtliche Verhältnisse, auf abgeschlossene Verpflegungscontracte, oder auf die Lebensweise der untersten Volksklasse seither eingeführt ist, kann dieselbe mit Genehmigung des Justiz-Ministers beibehalten werden. In Anstalten, welche keine Oeconomie haben und wo für den Gefangenen ein Geldquantum zu seiner Beköstigung angewiesen ist, darf das Geld dem Gefangenen gleichwohl nicht verabfolgt und auch nur zu seinen Verpflegungsbedürfnissen darüber disponirt werden. Der Gefangenwärter führt darüber ein Buch, in welchem er den Gefangenen über das Erhaltene Quittung ertheilen läßt.

Das Mittagessen muß in der Stunde von 12 bis 1 Uhr ausgetheilt werden.

Untersuchungs-Gefangenen wird in der Regel nur hölzernes Geschirr für die Speisen und hölzerne Löffel zugelassen.

Straf-Gefangenen, von denen kein Mißbrauch zu besorgen ist, dürfen Messer und Gabel von Metall nur während des Mittagessens belassen werden.

Als Getränk erhalten die Gefangenen nur Wasser, welches jedoch im Winter zwei- oder im Sommer dreimal frisch zu verabreichen ist.

§. 20.

Erkrankungen der Gefangenen.

Kranke Gefangene müssen möglichst in abgesonderten, gesund gelegenen Zellen, unter Aufsicht eines zuverlässigen Gefangenen als Wärters, so lange vom Arzt behandelt werden, bis dieser ihre Fortschaffung in eine Heilanstalt für nöthig erachtet.

Schwangere müssen beim Herannahen ihrer Niederkunft, sofern eine öffentliche Entbindungsanstalt im Orte besteht, dahin geschafft werden, falls sie nicht der Haft vorläufig entlassen werden können.

Von jeder Erkrankung muß der Hausarzt, sofern dieser nicht angetroffen wird, in akuten Fällen der nächste disponible Arzt sofort in Kenntniß gesetzt, vom Gefangenwärter aber darauf geachtet werden, daß der Gefangene genau den ärztlichen Vorschriften nachkomme und die Medicin nicht verschütte. Vermögende Gefangene können mit Genehmigung des Dirigenten sich der Hülfe eines andern, als des ordentlichen Arztes der Anstalt auf ihre Kosten bedienen. Stirbt ein Gefangener und sind keine Angehörigen am Orte, denen der Leichnam ausgeantwortet werden kann, so wird die Orts-Polizei-Behörde zur Veranstaltung des Begräbnisses davon in Kenntniß gesetzt. Zugleich hat der Inquirent binnen 24 Stunden den Geistlichen der Parochie, zu welcher die Anstalt gehört, und die Polizei-Behörde des Orts, welchem der Verstorbene angehört, von dem Todesfalle in Kenntniß zu setzen.

In Betreff der Beerdigung solcher Verbrecher, welche die Todesstrafe zu erwarten haben, bestimmt §. 550. der Allgemeinen Criminal-Ordnung das Nähere.

§. 21.

Reinlichkeit der Gefängnisse und der Gefangenen.

Die Eß- und Trinkgeschirre, die Gefängnisse, die Corridors die Abtritte und der Hof müssen stets reinlich gehalten werden. Die Gefangenen, mit Ausnahme der vermögenden Untersuchungsgefangenen, reinigen und scheuern in der Regel die Gefängnisse selbst unter Aufsicht des Gefangenwärters. Das Weißen auch der überbohlten Gefängnisse muß, so oft es nöthig, in Antrag gebracht, und das Geeignete zur Vertilgung des Ungeziefers angeordnet werden. In den Feustern der Gefängnisse sind zur Erhaltung einer reinen Luft blecherne Drehscheiben (Ventilatoren) anzubringen, die Fenster selbst sind bei Tage ohne

Rücksicht auf die Jahreszeit, wiederholt zu öffnen, außerdem auch die Räume öfters zu durchräuchern.

Wo nicht gemeinschaftliche sichere Abtritte benutzt werden, müssen die Kübel bei kleinern Gefangen-Anstalten möglichst auf die Gänge gestellt und die Gefangenen unter Aufsicht des Wärters zu denselben gelassen werden. Es versteht sich übrigens, daß des Nachts ein zu verdeckendes Nachtgeschirr in jeder Gefangenstube gehalten werden muß. Die Reinigung der Kübel liegt in der Regel den Gefangenen ob, mit Ausnahme der vermögenden Untersuchungsgefangenen und aller Personen aus den höhern Ständen.

Kein Gefangener darf etwas aus dem Fenster schütten, oder zum Fenster hinausspucken, und die Utensilien oder das Gefängniß beschmutzen. Deshalb ist aber auch in jedes Gefängniß ein hölzerner mit Sand gefüllter Spucknapf zu setzen, alle Wochen zu reinigen und frisch zu füllen.

Jeder Gefangene muß sich des Morgens waschen und ankleiden.

Er wird wöchentlich einmal, unter Aufsicht des Gefangenwärters, rasirt und so oft es nöthig, wird ihm das Hauptthaar vom Gefangenwärter abgeschnitten. Alle Wochen erhält der Gefangene ein reines Hemd und Handtuch. Besitzt der Gefangene kein zweites Hemd, so wird ihm ein solches, so wie die nöthigsten Kleidungsstücke, aus dem Inventarium der Anstalt verabreicht.

Die Reinigung der Wäsche wird in der Anstalt besorgt.

Jeder Gefangene erhält ein besonderes Lager zum Schlafen, es besteht aus einem gefüllten Strohsack, einem Bettlacken (Betttuch), Strohkopfkissen und wollener Decke. Die Schlaf-Utensilien werden bei Tage aus dem Gefängniß entfernt und auf die Gänge geschafft.

Spätestens alle drei Monate werden die Strohsäcke mit frischem Stroh gefüllt, die Decken und Betttücher aber gewaschen oder gewalkt.

Eigene Betten mitzubringen ist in der Regel nicht zu gestatten.

§. 22.

Heizung.

Während der Kälte werden die Gefängnisse, der Witterung angemessen, 1 bis 2 Mal, Krankenstuben nach Vorschrift des Arztes geheitzt.

§. 23.

Beschäftigung der Gefangenen.

Jeder Gefangene, ohne Unterschied des Standes, muß nach seinen Fähigkeiten zu einer nützlichen Beschäftigung angehalten, und mit Stricken, Nähen, Spinnen und andern im Gefängniß zulässigen Arbeiten beschäftigt werden. Kann jedoch der Gefangene seine Verpflegungskosten selbst tragen, können ihm nach seinem Stande, seiner Erziehung und seinen bisherigen Verhältnissen körperliche Arbeiten nicht wohl zugemuthet werden, und kann er in dem Gefängniß nicht auf eine seinem Stande oder seinen bisherigen Verhältnissen angemessene Weise beschäftigt werden, so ist er mit Arbeiten zu verschonen, oder ihm wenigstens die Wahl einer zulässigen Beschäftigung allein zu überlassen.

Die Gefangenen sind mit den Arbeiten, welche sie bereits verstehen, falls diese Arbeiten aber nicht eingeführt sind, oder werden können, anderweit zu beschäftigen. Es muß dabei auf eine solche Beschäftigung möglichst Rücksicht genommen werden, welche das künftige Fortkommen des Gefangenen sichert.

Als vorzüglich geeignet sind folgende Beschäftigungsarten neben der Besorgung aller häuslichen und Oeconomie-Arbeiten, mit welchen letzteren jedoch solche Strafgefangene nicht zu belegen sind, bei denen auf einsames Gefängniß erkannt ist, einzuführen:

Spinnen in Wolle, Flachs, Hanf oder Werg, Stricken von Strümpfen, Jacken, Mützen und dergleichen,

Klöppeln von Spitzen und Schnüren, Korbflechten, Nähen, namentlich von Winterschuhen aus Tuchecken; — Bandwirken, Weben auf Stühlen, Schuhmacher-, Schneider-, Drechsler- und Tischler-Arbeiten.

Alle für die Anstalt erforderlichen Kleidungsstücke, Lagergeräthschaften und Utensilien müssen, wenn es nur irgend angeht, durch die Criminal-Gefangenen verfertigt, in so weit dies aber nicht möglich ist, von den Verwaltern anderer Gefangen-Anstalten, woselbst die benöthigten Stücke angefertigt werden können, entnommen werden.

So lange die Gefangenen durch Arbeiten für die Anstalt und für Fremde hinreichend beschäftigt sind, soll auf Arbeiten zum Verkauf für eigene Rechnung verzichtet und zu dieser Maaßregel nur dann geschritten werden, wenn auf andere Weise die Beschäftigung der Gefangenen nicht möglich ist. So viel es irgend thunlich, muß die Beschäftigung der Gefangenen durch abzuschließende Contracte gesichert werden. An den Sonn- und Festtagen wird nicht gearbeitet.

Der Ertrag der Arbeit des Straf- und Untersuchungs-Gefangenen soll zur Hälfte ihm, zur andern Hälfte der Anstalt gehören, deren Unter-Beamten, wenn sie für ordnungsmäßige Beschäftigung der Gefangenen thätig gewesen sind, aus der letztern Hälfte mit Genehmigung des Justiz-Ministers eine Remuneration gewährt werden kann.

Bei Verrichtung der für die Anstalt nöthigen Arbeiten erhält der Untersuchungsgefangene bis zur Hälfte seines Naturalquanti eine Verpflegungszulage. In Anstalten, in denen Arbeitssäle für Fabrik-Arbeiter bestehen, bewendet es bei dem, dem Werkmeister gegebenen Reglement.

§. 24.

Theilnahme der Gefangenen am Gottesdienst.

Wo es die Localität irgend gestattet und es ohne die Andacht störendes Aufsehen geschehen kann, müssen die Straf- und solche zuverlässige Untersuchungs-Gefangene, deren Untersuchung geschlossen ist, auf Verlangen zur Theilnahme am Gottesdienst in der Kirche zugelassen werden. Wo ein eigener Betsaal hierzu im Gefangenhause besteht, dürfen Fremde keinen Zutritt zum Gottesdienst erhalten.

Keinem Gefangenen darf der religiöse Zuspruch eines Geistlichen seines Glaubens auf Verlangen versagt werden und es wird in jeder Anstalt sich leicht ein geeignetes Local zu gemeinschaftlichen Andachtsübungen und zur Feier des Abendmahls für Bekenner des christlichen Glaubens ermitteln lassen.

§. 25.

Behandlung der Gefangenen.

Die Gefangenen sollen mit Güte und Menschlichkeit behandelt, aber auch mit angemessener Strenge zur Zucht und Ordnung angehalten werden. Jedem Gefangenen muß von den Haus-Officianten anständig begegnet, und ihm diejenige Benennung in der Anrede beigelegt werden, welche Gefangenen seines Standes zukommt. Kein Gefangenwärter darf einen Gefangenen wörtlich oder thätlich beleidigen.

Der Gefangenwärter und Inspector darf sich mit den Gefangenen nicht in Durchstechereien einlassen, Geschenke von ihnen oder ihren Angehörigen weder annehmen, noch sich versprechen lassen, und über den Gegenstand der Untersuchung so wenig, als überhaupt unnöthige Gespräche mit ihnen führen.

Die Verpflichtung für die Sicherheit und die Wartung der Gefangenen bringt es mit sich, daß der Inspector, so wenig als der Wärter außer dem Dienst sich aus der Anstalt ohne Genehmigung des Dirigenten entfernen, oder gar über Nacht außer dem Hause zubringen.

§. 26.

Betragen der Gefangenen.

Jeder Gefangene hat sich ruhig und friedlich im Gefängnisse zu betragen, den Gefängnißbeamten unbedingten Gehorsam zu leisten und diejenigen Vorschriften zu befolgen, welche auf der innern Gefängnißthür aufgeheftet sind. Kein Gefangener darf diesen Aushang, wovon jedes Oberlandesgericht für sein Departement eine hinreichende Anzahl gedruckter Exemplare anzuschaffen hat, abreißen oder beschmutzen. Alles laute Reden, Schreien, Singen, Rufen, Fluchen, Zotenreißen, Klopfen, Pfeifen, Musiciren, Zanken und Raufen, alle Communicationen mit andern Gefangenen durch Zeichen, Worte oder auf andere Weise, alle Karten- und Würfelspiele, muthwillige Beschädigung der Kleidungs- oder Inventarienstücke, Beiseiteschaffen des Arbeitsmaterials sind untersagt und, wie Faulheit bei der Arbeit, zu bestrafen.

§. 27.

Strafen für Contraventionen der Gefangenen.

Gefangene, welche den in diesem Reglement für sie gegebenen, und ihnen durch die im vorstehenden §. erwähnten Aushang bekannt zu machenden Vorschriften entgegen handeln, haben Strafe verwirkt. Diese Strafen bestehen, außer Verweisen, in

a) Entziehung der ausnahmsweise gestatteten Vergünstigungen auf vier Wochen oder für immer;
b) Einsperrung in ein dunkles Gefängniß oder Verdunkelung des Gefängnisses durch Fensterverschluß bis auf acht Tage;
c) Entziehung der Freistunden bis zu vierzehn Tagen;
d) Einsperrung bei Wasser und Brot in einem einsamen Gefängniß, wobei nur zweimal wöchentlich warme Kost verabreicht wird, überhaupt bis auf vierzehn Tage;
e) Anlegung von Fesseln bis auf eine Woche;
f) körperliche Züchtigung bis zu zehn Peitschenhieben bei männlichen und Anwendung der Zwangssitz-Maschine (confer. die Anlage) bei weiblichen Gefangenen.

Die Züchtigung darf jedoch nur angewendet werden, so fern der Contravenient züchtigungsfähig ist, und entweder schon früher auf den Grund eines Erkenntnisses gezüchtigt ist, oder der National-Cocarde verlustig erklärt, oder in die zweite Klasse des Soldatenstandes versetzt ist.

Bei den zur Landwehr oder Kriegsreserve gehörenden Gefangenen muß die Züchtigung durch Stockschläge im Beisein eines von der Militair-Behörde zu requirirenden Unterofficiers vollzogen werden.

g) Cumulation zweier der vorstehenden Disciplinarstrafen.

Die Anwendung dieser Strafen bei Beleidigung des Inquirenten oder Dirigenten selbst steht auf deren Denunciation nur dem Obergericht zu, sofern der Fall sich nicht zur förmlichen Untersuchung eignet.

Die Anwendung der Strafen in allen übrigen Contraventions-Fällen setzt ein summarisches Verfahren des Untersuchungs-Richters voraus, dessen Resultate zum Protocoll zu bringen sind. Mit diesen Protocollen sind General-Acten, betreffend die Handhabung der Disciplin gegen Gefangene anzulegen, welche das Obergericht in Beschwerdefällen einzusehen hat. In dringenden Fällen, da ein sofortiges Einschreiten zur Aufrechthaltung der Ruhe und Ordnung erforderlich erscheint, kann der Gefangen-Inspector die unter e. bestimmten Strafen, körperliche Züchtigung bis zu fünf Hieben, gleich selbst anordnen, muß aber, wie dies geschehen, sofort zu den Acten anzeigen. Disciplinarisch erkannte Züchtigungen darf der unmittelbar beleidigte Gefangenwärter nicht selbst vollstrecken. Von der Vollziehung härterer Disciplinarstrafen sind auch die übrigen Gefangenen in Kenntniß zu setzen.

§. 28.

Entlassung der Gefangenen.

Ohne schriftliche Anweisung des Dirigenten oder Inquirenten darf kein Untersuchungs-Gefangener entlassen werden. Straf-Gefangene werden nach Ablauf der im Decrete benannten Strafzeit ohne Rückfrage entlassen, und daß dies geschehen, vom Inspector oder Wärter zu den Acten angezeigt. Bei ihrer Entlassung werden sie der Polizei-Behörde des Orts präsentirt. Auswärtige erhalten vom Gericht ein Attest, daß und weshalb sie die Strafe verbüßt und wie sie sich während dieser Zeit geführt haben.

Ob und in wie weit im Interesse der Kostenzahlungsverbindlichkeit den Gefangenen die mit eingelieferten Gegenstände bei ihrer Entlassung zurückzugeben sind, bestimmt das Gericht.

§. 29.

Anzeige des Gefangen-Inspectors oder Wärters.

Der Inspector oder Wärter erstattet jeden Morgen und in erheblichen Fällen sofort dem Dirigenten und Inquirenten mündlichen Rapport über den Stand der Dinge, die Ordnung, Führung und Gesundheit der Gefangenen und die etwanigen Ereignisse in der Anstalt.

Am ersten Tage jeden Monats reicht er die, auf den Grund des Gefangenbuches und der letzten Monatsliste aufgestellte Gefangenliste für den abgelaufenen Monat ein.

Wo verfassungsmäßig dem Gefängnißbeamten auch die Aufstellung der Alimentenrechnungen obliegt, hat es dabei sein Bewenden.

§. 30.

Beaufsichtigung der Gefängniß-Officianten.

Bei den wöchentlich zu verschiedenen Tageszeiten und außerdem auf besondere Veranlassung vorzunehmenden Visitationen der Gefängnisse Seitens des Gerichts-Dirigenten, welche derselbe, ohne den Inspector oder Wärter mit ins Gefängniß zu nehmen, vornimmt, hat er sich von der sichern Verwahrung, vorschriftsmäßigen Verpflegung, Reinlichkeit und Beschäftigung der Gefangenen zu überzeugen, ihre Beschwerden zu prüfen und zu erledigen, auf die Gesuche aber, welche außer der Umgangszeit von Gefangenen eingehen und welche die Gefangenwärter ohne Zeitverlust anzumelden haben, sofort zu verfügen.

§. 31.

B. Von den Schuld-Gefangenen.

Was in den vorstehenden Paragraphen von den Untersuchungs- und Straf-Gefangenen verordnet ist, findet seine Anwendung auch, so weit jene Bestimmungen sich nicht ausschließlich auf Criminal-Gefangene beziehen, auf Schuld- und solche Gefangene, welche wegen Injurien oder leichter fiscalischer Vergehen verhaftet sind, oder disciplinarische Ordnungsstrafen im Gefängniß verbüßen, jedoch mit folgenden Modificationen:

Zu §. 4. Bei der Visitation sind ihnen diejenigen Gegenstände zu belassen, welche Personen ihres Standes zu ihrer Bequemlichkeit zu besitzen pflegen. Es ist ihnen daher erlaubt, ihr Bett mitzubringen, so fern sich nicht bei der Visitation ergiebt, daß sie Ungeziefer haben. Bettstellen und andere größere Räume einnehmende, oder solche Meubles, durch welche das Einbringen von Wanzen ins Gefängniß zu besorgen ist, sind in der Regel nicht zuzulassen.

Kranke Personen, welche als Schuldgefangene eingebracht werden, sind zurückzuweisen.

Die ihnen abgenommenen Gegenstände verzeichnet der Gefangen-Aufseher oder Wärter und stellt einen Empfangsschein hierüber dem Gefangenen zu. Kinder der Schuldgefangenen dürfen unter keiner Bedingung ins Gefängniß aufgenommen werden.

Zu §. 7. — Schuldgefangene dürfen nie mit Criminalgefangenen, und eben so wenig Schuldgefangene verschiedenen Geschlechts zusammengesperrt werden.

Bei der Belegung der Gefängnisse ist zugleich darauf Rücksicht zu nehmen, daß sich selbst verpflegende Schuldgefangene zusammengebracht werden.

Zu §. 11. — Der Schuldgefangene darf Besuche im Gefängniß empfangen, ohne die Gegenwart eines Aufsichtsbeamten, es sei denn, daß ein dringender Verdacht der Durchstecherei zur Fluchtbeförderung, oder des Verkehrs mit Criminal-Gefangenen obwaltet.

Zu §. 12. — Schuld-Gefangenen ist der Gebrauch von Schreibmaterialien nicht zu versagen, jedoch haben sie sich der nöthigen Controlle über den Verbrauch derselben zu unterwerfen.

Ihre Correspondenz unterliegt, so fern nicht Verdacht eines Mißbrauchs vorhanden ist, keiner Revision. Ankommende Packete müssen jedoch, bevor sie ihnen zu verabfolgen sind, revidirt werden.

Zu §. 13. — Die Visitation der den Schuld-Gefangenen zukommenden Naturalien ist nicht erforderlich, doch ist darauf zu achten, daß dergleichen theilweise Verpflegungszulagen von den Angehörigen der Schuldgefangenen in einer Tageszeit zugetragen werden, wo dies mit dem Dienste in der Anstalt verträglich ist.

Zu §. 15. — Die Wahl der Lectüre ist dem Schuld-Gefangenen unverschränkt.

Zu §. 16. — In den Schuld-Gefängnissen kann bis 10 Uhr Abends Licht gebrannt werden.

Zu §. 18. — Die Schuld-Gefangenen erhalten täglich bis zu 4 Freistunden innerhalb der Anstalt.

Zu §. 19. — Schuld-Gefangene können sich selbst verpflegen, es wird auch ihnen aber nichts zugelassen, was Völlerei und Störungen veranlassen könnte.

Zu §. 20. — Erkrankt ein Schuld-Gefangener, so wird er auf Grund des einzuholenden ärztlichen Attestes sofort der Haft entlassen.

Zu §. 21. — Die Reinigung der Schuld-Gefängnisse und Nachtkübel geschieht vom Gefangenwärter. Die von dem Gläubiger mit dem Alimentenvorschuß einzuzahlenden Reinigungs-Gebühren fließen zur Salarien-Kasse.

Es steht dem Schuld-Gefangenen frei, seine Wäsche außer der Anstalt reinigen zu lassen.

Zu §. 23. — Für die angemessene Beschäftigung des Schuld-Gefangenen zu sorgen, ist Sache des Gläubigers. Was er auf diese Weise verdient, erwirbt er dem Gläubiger.

Zu §. 24. — Jeder Schuld-Gefangene kann am Gottesdienst in der Anstalt Theil nehmen.

Zu §. 27. — Schuld-Gefangene dürfen mit den Disciplinarstrafen sub e. und f. nicht belegt werden.

Zu §. 28. — Schuld-Gefangene werden, wenn der Alimentenvorschuß für sie absorbirt ist, und kein neuer eingezahlt worden, sofort entlassen, sonst aber, wenn nichts anders vom Gericht angeordnet worden, nach Ablauf einer einjährigen Haft.

Wechselschuldner werden nur auf ausdrückliche Anweisung des betreffenden Gerichts in Freiheit gesetzt. Wird außer diesen Fällen die Entlassung des Schuld-Gefangenen vom Gericht verfügt, so kann sie doch nur erfolgen, wenn kein Super-Arrest angelegt ist.

§. 32.

Bestrafung pflichtwidriger Gefangen-Inspectoren und Wärter.

Die Uebertretung dieser Instruction und der nach der Localität nöthig befundenen Erläuterungen wird an den Inspectoren und Gefangenwärtern nach Vorschrift der Gesetze

(§§. 333—341. 352—355. 360—362. Tit. 20. Thl. II. Allg. Land-Rechts.)

Anmerkung. An die Stelle des Allegats tritt jetzt das Disciplinar-Gesetz vom 21. Juli 1852. und das Strafgesetzbuch vom 14. April 1851.

nach Bewandniß der Umstände mit Verweisen, Geld-, Gefängniß- oder Zuchthausstrafe, Dienstentlassung und Cassation geahndet.

Die Gerichts-Dirigenten und Inquirenten haben unnachsichtlich auf die genaue Befolgung dieser Instruction zu halten, und jede Uebertretung, nach Maaßgabe derselben, entweder selbst disciplinarisch zu rügen, oder Behufs Einleitung der Untersuchung dem Obergericht anzuzeigen.

Berlin, den 24. October 1837.

Der Justiz-Minister.
Mühler.

Beilage H.

Reglement

für

das Civil-Gefängniß des Königlichen Stadt-Gerichts zu Breslau.

§. 1.

Bestimmung und Beaufsichtigung des Gefängnisses.

Das Civil-Gefängniß ist ausschließlich zur Aufnahme solcher Gefangenen bestimmt, welche darin sich selbst unterhalten können, oder von Anderen unterhalten werden und

1) wegen Schulden und rechtskräftig feststehender Leistungen, verweigerter Ableistung eines Eides oder Ablegung eines Zeugnisses, sowie der Caution halber zur Haft kommen, oder
2) wegen Injurien, Verletzung der Disciplin im Staatsdienste, oder wegen solcher leichter fiscalischer Vergehen, die keinen Mangel an ehrliebenden Gesinnungen beurkunden, Gefängnißstrafen verbüßen.

Außer den Gefangenen des Stadt-Gerichts werden nur die des Königlichen Ober-Landes- (jetzt Appellations-) Gerichts, und Land- (jetzt Kreis-) Gerichts hierselbst zugelassen.

§. 2.

Das Civil-Gefängniß, der dabei angestellte Gefangen-Aufseher und die Gefangenen ohne Unterschied des Gerichtsstandes stehen unter Leitung, Aufsicht und Disciplinargewalt des Königlichen Stadt-Gerichts und zwar zunächst des zweiten Stadt-Gerichts-Directors. Die ordentlichen Visitationen des Gefängnisses erfolgen monatlich durch den Letzteren, welchem überlassen bleibt, solche einem der älteren Mitglieder der II. Abtheilung des Stadt-Gerichts zu übertragen. Die außerordentlichen Revisionen geschehen durch den zweiten Director.

Die höhere Aufsichts-Behörde in Bezug auf die Angelegenheiten des Civil-Gefängnisses ist (der zweite Senat) das Königliche Ober-Landes-Gericht zu Breslau.

§. 3.

Aufnahme.

Die Aufnahme eines Gefangenen kann nur erfolgen auf den Grund einer Verfügung von einer der im §. 1. am Schlusse genannten

Gerichts-Behörden, worin zugleich das Nöthige über den Grund und die Dauer der Verhaftung enthalten, sowie bei Straf-Gefangenen das Verbrechen genannt ist, für welches die Bestrafung erfolgt. Diese Verfügung wird dem Gefangen-Aufseher entweder schriftlich zugefertigt, oder demjenigen Gerichts-Beamten, welcher mit der Vollstreckung beauftragt, vorgelegt.

§. 4.

Visitation.

Vor der Aufnahme ins Gefängniß wird, so weit es nach den Verhältnissen nöthig erscheint, jeder männliche Gefangene von dem Gefangen-Aufseher und jede weibliche Gefangene von einer zuverlässigen Frau visitirt, und soweit es erforderlich ist, zur Reinigung angehalten. Kranke Personen sind zurückzuweisen und Kinder der Gefangenen dürfen nicht mit aufgenommen werden. Bei der Visitation sind den Gefangenen diejenigen Gegenstände zu belassen, welche Personen ihres Standes zu ihrer Bequemlichkeit zu besitzen pflegen. Auch eigene Betten werden zugelassen, sofern sich nicht ergiebt, daß sie Ungeziefer haben. Möbel, welche größere Räume einnehmen, oder durch welche das Einbringen von Wanzen zu besorgen ist, Waffen und Feuerzeuge sind ausgeschlossen.

Die Wahl der Lectüre ist unverschränkt, auch der Gebrauch von Schreib-Materialien nicht zu versagen, jedoch der nöthigen Controlle über den Verbrauch derselben unterworfen.

Packete müssen vor der Verabfolgung revidirt werden.

§. 5.

Belegung der Gefängnisse.

Männliche und weibliche Gefangene dürfen nicht in einer Gefangenstube zusammengesperrt werden. Bei Belegung der Stuben ist möglichst auf den Stand, die Bildung und das Alter der Gefangenen, welche zusammen gelegt werden, zu sehen, so wie Rücksicht darauf zu nehmen, daß unerwachsene jugendliche Gefangene, welche wegen leichter fiskalischer Vergehen verhaftet sind, nicht in schlechte Gesellschaft gerathen. Sich selbst verpflegende Schuldgefangene sind zusammen zu bringen.

§. 6.

Behandlung und Verhalten der Gefangenen.

Die Gefangenen sollen mit Güte und Menschlichkeit behandelt, aber auch mit angemessener Strenge und Ordnung angehalten werden. Jedem Gefangenen muß anständig begegnet und ihm diejenige Benennung in der Anrede beigelegt werden, welche Personen seines Standes zukommt. Keinem Gefangenen darf der religiöse Zuspruch eines Geistlichen seiner Confession versagt werden, auch ist die Theilnahme an dem Gottesdienste in der Kirche unter Begleitung gestattet, wenn es verlangt und störendes Aufsehen dabei vermieden wird.

Der Gefangen-Aufseher darf keinen Gefangenen wörtlich oder thätlich beleidigen. Er und die Seinigen sollen keinen Umgang mit dem Gefangenen unterhalten, sich auch nicht erlauben, irgend etwas als Geschenk oder Vergeltung von ihnen oder ihren Angehörigen anzunehmen.

§. 7.

Jeder Gefangene hat sich ruhig und friedlich, ordentlich und sittlich im Gefängnisse zu betragen, dem Gefangenaufseher unbedingten Gehorsam zu leisten und diejenigen Vorschriften zu befolgen, welche auf der innern Gefängnißthüre angeheftet sind. Kein Gefangener darf diesen Aushang abreißen oder beschmutzen. Alles laute Reden, Schreien, Singen, Rufen, Fluchen, Zotenreißen, Klopfen, Pfeifen, Musiciren, Zanken und Raufen, alle Karten und Würfelspiele, sowie das muthwillige Beschädigen der Inventarienstücke sind untersagt und zu bestrafen. Nur bis 10 Uhr darf in den Gefängnissen Licht gebrannt werden.

§. 8.

Die Gefängnißthüren müssen stets gehörig verschlossen gehalten werden, ausgenommen während der Freistunden und während der unter Aufsicht des Gefangen-Aufsehers vorzunehmenden Reinigung des Gefängnisses. Auszugehen darf einem Gefangenen nur dann verstattet werden, wenn es von demjenigen Gerichte, welches die Verhaftung verfügt hat, aus Rücksichten für die Gesundheit, oder sonst als nothwendig schriftlich angeordnet ist und auch dann nur unter sicherer Begleitung.

§. 9.

Jeder Gefangene erhält täglich vier Freistunden bei Trennung beider Geschlechter, die Zeit derselben ist mit Vorbehalt der Abänderung Seitens des Stadt-Gerichts dahin bestimmt: Freistunden.

a) für die männlichen Gefangenen von 8 bis 10 Uhr Morgens und von 3 bis 5 Uhr Nachmittags,
b) für die weiblichen von 10 bis 12 Uhr Vormittags und von 5 bis 7 Uhr Abends.

Während der Freistunden dürfen die Gefangenen sich im Hofe aufhalten und bleiben die Gefängnißthüren unverschlossen.

§. 10.

Besuche im Gefängniß kann der Gefangene ohne Aufsichtsbeamte, jedoch in der Regel nur während der Freistunden empfangen, auch darf die Zahl der Besuchenden bei jedem Gefangenen nicht so groß sein, daß dadurch die Mitgefangenen belästigt, oder die Ruhe oder Ordnung in der Anstalt gestört werden. Förmliche Gesellschaften und Gelage der Gefangenen unter sich oder mit Fremden sind untersagt. Besuche.

Beträgt sich ein Besuchender ungehörig, bringt er einem Gefangenen Branntwein zu, oder entsteht der Verdacht einer Durchstecherei zur Fluchtbeförderung, so ist derselbe nicht wieder zuzulassen und nach Befinden zu der etwa verwirkten Strafe zu ziehen.

§. 11.

Die Gefangenen dürfen sich ihre Beköstigung und sonstigen Bedürfnisse außer dem Gefängnisse für ihre eigenen Mittel — oder Schuldgefangene für die vom Gläubiger zu verabreichenden Alimente besorgen. Beköstigung.

Doch wird ihnen nichts zugelassen, was Völlerei und Störungen veranlassen könnte. Die Zutragung erfolgt nur unter Controlle des Gefangen-Aufsehers und zu solcher Tageszeit, wo es mit dem Dienste in der Anstalt verträglich ist. Kein Gefangener erhält Branntwein. Das Tabakrauchen ist in der Regel verboten. Nur wenn keine Feuersgefahr, keine Belästigung der Mitgefangenen oder sonstiger Mißbrauch zu befürchten ist, ist letzteres denen zu gestatten, welche sich durch gute Aufführung auszeichnen.

§. 12.

Reinlichkeit.

Die sämmtlichen Geschirre, die Gefängnisse, die Abtritte und der Hof müssen stets reinlich gehalten, für frische Luft gesorgt und das Weißen der Gefängnisse, so oft es nöthig ist, in Antrag gebracht werden. In jedes Gefängniß ist zur Nacht, sofern es nicht sämmtliche darin befindliche Gefangene ablehnen, ein mit Deckel versehener Nachtkübel zu stellen. Spätestens alle drei Monate werden die Strohsäcke mit frischem Stroh gefüllt, die wollenen Decken gewalkt und die Betttücher gewaschen. Die Reinigung der Gefängnisse, Lagerstätten und Lagergeräthschaften, sowie der Kübel liegt dem Gefangen-Aufseher ob. Bettstellen, Decken, Strohsäcke rc. müssen, so oft es erforderlich ist, und nöthigen Falls täglich zur Vermeidung des Ungeziefers nachgesehen und gereinigt werden. Sobald ein Gefangener entlassen wird, ist seine Lagerstätte, und wenn er allein wohnte, das Gefängniß selbst vollständig zu reinigen. Jeder Gefangene muß sich und seine Wäsche reinlich halten, nichts aus dem Fenster schütten oder werfen, und weder die Utensilien, noch das Gefängniß beschmutzen. Den Gefangenen steht frei, ihre Wäsche außer der Anstalt reinigen zu lassen.

§. 13.

Erkrankung.

Erkrankt ein Gefangener, so steht ihm frei, sich von einem selbst gewählten Arzte besuchen und behandeln zu lassen. Macht er hiervon keinen Gebrauch, so muß dem Gerichte, welches seine Verhaftung verfügt hat, sofort zur weitern Veranlassung schriftliche Anzeige von der Erkrankung gemacht werden. In plötzlichen, gefährlichen Krankheitsfällen muß der Gefangen-Aufseher sofort für Herbeirufung des Arztes der Anstalt oder des nächsten disponiblen Arztes sorgen.

Kranke Schuldgefangene sind auf eine Bescheinigung des Arztes, daß die Haft ohne Gefahr für das Leben des Gefangenen nicht fortgesetzt werden könne, sofort zu entlassen. Schwangere Schuldgefangene sind beim Herannahen der Niederkunft ebenfalls zu entlassen.

Schwangere Strafgefangene müssen, sofern eine öffentliche Entbindungs-Anstalt im Orte besteht, dahin geschafft werden, Falls sie nicht der Haft vorläufig entlassen werden können.

§. 14.

Beschäftigung.

Den Strafgefangenen steht die Wahl erlaubter Beschäftigung frei. Für die angemessene Beschäftigung der Schuldgefangenen zu sorgen, ist Sache des Gläubigers; was ersterer auf diese Weise verdient, erwirbt er dem Gläubiger. An den Sonn- und Festtagen wird jedoch von ihnen nicht gearbeitet.

§. 15.

Gefangene, welche den in diesem Reglement für sie gegebenen und ihnen durch den im §. 7. erwähnten Aushang bekannt zu machenden Vorschriften entgegen handeln, haben Strafe verwirkt. Diese Strafen bestehen außer Verweisen in Strafen.

1) Entziehung der ausnahmsweise verstatteten Vergünstigungen auf vier Wochen oder für immer;
2) Einsperrung in ein dunkeles Gefängniß oder Verdunkelung des Gefängnisses durch Fensterverschluß bis auf acht Tage;
3) Entziehung der Freistunden bis auf vierzehn Tage;
4) Einsperrung bei Wasser und Brot in einem einsamen Gefängniß, wobei nur zweimal wöchentlich warme Kost verabreicht wird, überhaupt bis auf 14 Tage;
5) gleichzeitige Anwendung zweier der vorstehenden Disciplinar-Strafen.

Die Anwendung dieser Strafen setzt ein disciplinarisch-summarisches Verfahren des Stadt-Gerichts voraus (§. 2.), dessen Ergebnisse zum Protocoll zu bringen sind. Mit diesen Protocollen sind General-Akten, betreffend die Handhabung der Disciplin gegen Gefangene anzulegen, welche das Obergericht in Beschwerdefällen einzusehen hat.

§. 16.

I. Schuldgefangene werden entlassen: Entlassung.

1) wenn der für sie eingezahlte Alimentenvorschuß verbraucht und kein neuer eingezahlt ist;
2) auf eine Verfügung des betreffenden Gerichts und wenn kein Superarrest angelegt ist oder dieser ausdrücklich auch aufgehoben wird.

Wenn die Dauer der Haft eines Schuldgefangenen ein Jahr oder bei Wechselschuldnern fünf Jahre erreichen sollte, muß der Gefangenaufseher 14 Tage vor Ablauf des Jahres oder der fünf Jahre bei dem Gerichte wegen der Entlassung anfragen.

II. Strafgefangene werden nach Ablauf der in der Annahme-Verfügung benannten Strafzeit ohne Rückfrage entlassen und, daß dies geschehen, wird von dem Gefangen-Aufseher zu den Akten des betreffenden Gerichts angezeigt.

§. 17.

Der Gefangen-Aufseher wohnt in dem Gefängnißhause und muß dasselbe dergestalt bewachen und unter Verschluß halten, daß ohne sein Vorwissen Niemand in dasselbe oder aus demselben kommen kann. Er muß sorgfältig darauf sehen, daß kein Feuerschaden geschehe und auch alle Obliegenheiten genügen, welche jeder Hausbesitzer in polizeilicher Hinsicht wegen Sicherheit und Reinlichkeit der Häuser und Straßen zu erfüllen hat. Auch ist er dafür besonders verantwortlich, daß kein Gefangener sich der Haft durch die Flucht entziehen könne. Er muß ferner täglich Morgens und Abends die belegten Gefängnisse visitiren und hören, was für Bedürfnisse die Gefangenen haben. Pflichten des Gefangen-Aufsehers.

Er darf auch das Haus nicht einmal auf einen halben Tag verlassen, ohne Urlaub erhalten und für einen genehmigten Stellvertreter gesorgt zu haben. Bei Feuersgefahr hat er vorzügliche Umsicht anzuwenden, die nöthigsten Maaßregeln gleich selbst zu ergreifen und sofort die Hilfe der Polizei und nöthigenfalls der Wache in Anspruch zu nehmen, auch gleichzeitig dem Stadt-Gerichts-Directorium Meldung zugehen zu lassen.

§. 18.

Der Gefangen-Aufseher hat, sobald ein Gefangener aufgenommen wird, denselben in die Gefangenliste einzutragen. Diese ist genau und pünktlich zu führen und nach folgendem Schema einzurichten:

Laufende №	Name, Stand und Alter des Gefangenen.	Tag der Einlieferung.	Von wem und unter welchem Datum der Verhaftsbefehl erlassen ist.	Grund der Verhaftung, u. bei Strafgefangenen Bezeichnung des Vergehens und der Strafzeit.	Tag der Entlassung.	Bemerkungen.

Sie enthält jeden Gefangenen unter den laufenden Nummern nach dem Tage der Einlieferung vom 1. Januar bis letzten December. — Die Annahme des Gefangenen muß der Gefangen-Aufseher dem Gerichte, welches die Verhaftung verfügt hat, entweder unter dem ihm vorgelegten Verhafts-Befehl oder durch eine Eingabe binnen 24 Stunden anzeigen.

Außerdem muß er jeden Morgen einen Meldezettel nach dem eben gedachten Formular über die am vorhergehenden Tage eingekommenen oder entlassenen Gefangenen dem zweiten Stadt-Gerichts-Director einreichen.

§. 19.

Ueber die dem Gefangen-Aufseher überlieferten Vorschüsse auf Alimente 2c. hat derselbe genau Buch und Rechnung zu führen, die Special-Rechnungen gehörig zu den betreffenden Akten, die generelle Berechnung von jedem Monat aber, spätestens am dritten Tage des nächstfolgenden Monats dem Stadt-Gerichte (jetzt Salarien-Kasse) mit einer Gefangen-Liste einzureichen. Er darf diese Vorschußgelder nicht mit seinem eigenen Gelde vermischen, die ihm zukommenden Gebühren niemals davon im Voraus entnehmen und hat wegen dieser Rechnungsführung eine Caution von 100 Thalern zu bestellen.

§. 20.

Der Gefangen-Aufseher hat nach den in diesem Reglement gegebenen Vorschriften sich selbst genau zu achten und dafür zu sorgen, daß sie von den Gefangenen, den Besuchenden 2c. pünktlich befolgt werden. Unregelmäßigkeiten und Umgehungen, denen er nicht selbst ferner steuern kann, und Vergehungen der Gefangenen hat er sofort dem Stadt-Gerichts-Directorium anzuzeigen, ebenso alle ungewöhnlichen erheblichen Ereignisse im Gefängnisse, bei denen er sich nicht aus diesem Reglement selbst zu rathen weiß.

Die Uebertretung dieser Vorschriften und der nach Umständen nothwendig befundenen Erläuterungen wird an dem Gefangenwärter nach Vorschrift des A. L. R. II. 20. §§. 333. bis 341., 352. bis 355. und 360. bis 362., nach Bewandtniß der Sache mit Verweisen, Geld-, Gefängniß- oder Zuchthausstrafe, Dienst-Entlassung oder Cassation geahndet.

(Confer. jetzt das Discpl. Ges. v. 21. Juli 52. u. das Str.Ges. Buch v. 14. April 1851.)

Die Gerichts-Dirigenten haben unnachsichtlich auf die genaue Befolgung dieses Reglements zu halten, und jede Uebertretung nach Maaßgabe derselben entweder selbst disciplinarisch zu rügen oder Behufs Einleitung der Untersuchung dem Ober-Gerichte anzuzeigen.

Gebühren-Taxe.

1) Ein- und Ausschreibe-Gebühren, gleich beim Eintritt zu zahlen . . . 20 sgr. — pf.
2) täglich Sitz-Gebühren . . . . 2 „ — „
3) Aufwarte-Gebühren . . . . 1 „ — „
4) Heitzung . . . . 2 „ 6 „
5) tägliche Alimente, sofern sie von Anderen gezahlt werden, muß der Gefangen-Aufseher nach Bestimmung der verhaftenden Behörde 2 sgr. 6 pf. bis 5 sgr. verabreichen, oder den Unterhalt dafür besorgen.

Die Gebühren zu 1. und 2. fließen zur Salarien-Kasse des Stadt-Gerichts und müssen demselben nach §. 19. monatlich berechnet werden. Die zu 3. und 4. bezieht der Gefangenwärter mit der Verpflichtung, dagegen für Reinigung und Heitzung zu sorgen.

Breslau, den 16. März 1840.

Königliches Stadt-Gerichts-Directorium.

Executions-Ordnung

für

die Verwaltungs-Behörden.

(Cfr. das Gesetz vom 30. Juli 1853.)

Verordnung

vom 30. Juli 1853., wegen executivischer Beitreibung der directen und indirecten Steuern 2c.

Wir Friedrich Wilhelm, von Gottes Gnaden, König von Preußen 2c. haben, zur Herstellung eines gleichmäßigen, möglichst einfachen Verfahrens bei Einziehung der directen und indirecten Steuern und anderer öffentlichen Abgaben und Gefälle, Kosten 2c. in den Provinzen Brandenburg, Pommern, Preußen, Posen, Schlesien und Sachsen, jedoch mit Ausschließung Neuvorpommerns, eine Revision der darüber seither bestandenen Vorschriften veranlaßt, und verordnen nunmehr, auf den Antrag Unseres Staats-Ministeriums, für die gedachten Provinzen, was folgt:

§. 1.

Allgemeine Grundsätze.

Nach den Vorschriften dieser Verordnung sind fortan beizutreiben:

1) die directen Steuern, namentlich die Grund-, Klassen-, klassificirte Einkommen- und Gewerbesteuer so wie diejenigen Abgaben, welche nach §. 11. des Gesetzes über die Einrichtung des Abgabenwesens vom 30. Mai 1820. (G. S. von 1820. S. 134.) als auf einem speciellen Titel beruhend, zu entrichten sind; desgleichen die für Staats-, Provinzial-, Kreis-, Communal-, Kirchen- oder Schulzwecke ausgeschriebenen Beischläge zu diesen Steuern;
2) die durch die Berichtigung, Umschreibung und Erneuerung der alten und die Aufnahme neuer Grundsteuerkataster entstehenden Kosten, deren Einziehung durch die Steuerverwaltung erfolgt,
3) die für die Provinzial-Feuersocietäts-Kassen zu erhebenden Brand-Versicherungs-Beiträge;
4) die indirecten Steuern, die Salzablösungsgelder, die Blei- und Zettelgelder, die Wege-, Brücken-, Fähr-, Waage- und Krahngelder, die Kanal-, Schleusen-, Schifffahrts- und Hafenabgaben, die Niederlage-Gelder, Quarantaine-Gebühren und Pacht-Gelder für verpachtete Abgaben-Erhebungen;
5) die von den Verwaltungs-Behörden innerhalb der Grenzen ihrer Amts-Befugnisse ausgesprochenen Geldstrafen, Kosten und Entschädigungen;

6) diejenigen öffentlichen Abgaben, welche an Gemeinen, Corporationen, sowie an ständischen Kassen zu entrichten, oder als Provinzial-, Kreis- oder Gemeine-Lasten, oder zur Unterhaltung öffentlicher Anstalten aufzubringen sind, als: Communal-, Kirchen-, Schul- und Armenabgaben, und die nach den Bestimmungen des Gesetzes über das Deichwesen vom 28. Januar 1848. (G. S. von 1848. S. 54.) §§. 9. 18. und 19. zu leistenden Beiträge;

7) die Gebühren der Bezirks-Impfärzte für die in den öffentlich bekannt gemachten Terminen vorgenommenen Impfungen;

8) die von den Auseinandersetzungs-Behörden für ihre Kassen festgesetzten Kosten und Gebühren;

9) die Dominial- und Forstgefälle, sofern sie ohne vorgängige gerichtliche Klage auf Grund bloßer Zahlungsbefehle beigetrieben werden können;

10) die nach §. 21. des Rentenbank-Gesetzes vom 2. März 1850. (G. S. von 1850. S. 112.) und nach den im §. 58. daselbst bestätigten Reglements in derselben Art, wie die Staatssteuern, beizutreibenden, den Rentenbanken und Tilgungskassen überwiesenen Renten;

11) die Post-Gefälle und Post-Gebühren;

12) die Eichungs-Gebühren, Lootsen-Gebühren, Gebühren für Prüfungen aller Art, wenn letztere unter öffentlicher Autorität erfolgen;

13) die Bergwerks-Abgaben, Aufsichts-Steuern, Hüttenbetriebs-Gefälle und Markscheider-Gebühren;

14) die Geldbeträge für Leistungen oder Lieferungen, welche nach fruchtlos gebliebener Aufforderung des Verpflichteten für dessen Rechnung durch Dritte im Auftrage der Behörden ausgeführt worden sind (Gesetz vom 11. März 1850. über die Polizeigewalt §. 20. G. S. von 1850. S. 265.);

15) alle sonstigen Geldbeträge, zu deren executivischer Beitreibung die Verwaltungs-Behörden befugt sind.

Wenn von der Leistung von Handlungen die Rede ist, hat es bei den darüber bestehenden gesetzlichen Vorschriften sein Bewenden.

§. 2.

Das Zwangs-Verfahren wird von den mit der Einziehung der Steuern oder Gefälle beauftragten Behörden oder Beamten angeordnet und unter ihrer Leitung durch die ihnen beigegebenen Executoren oder diejenigen Beamten, deren sie sich als solcher zu bedienen haben, ausgeführt. Für die Fälle aber, in welchen den ersteren keine bestimmte, zur Ausführung der Execution dienende Beamte zugeordnet sind, oder in welchen die Aufsichts-Behörde selbst die Execution verfügt, hat diese auch die Behörde oder den Beamten zu bestimmen, von welchen das Zwangs-Verfahren vollstreckt werden soll.

§. 3.

Ueber die Verbindlichkeit zur Entrichtung der geforderten Abgaben und die Befugniß zur Anordnung des eingeleiteten Zwangs-Verfahrens findet der Rechtsweg, wo er bisher zulässig war, auch ferner statt.

Wegen vermeintlicher Mängel des Verfahrens, dieselben mögen die Form der Anordnung, oder die der Ausführung, oder die Frage, ob die abgepfändeten Sachen zu den pfändbaren gehören, betreffen, ist dagegen nur die Beschwerde bei der vorgesetzten Dienstbehörde des Beamten zulässig, dessen Verfahren angefochten wird.

§. 4.

Die Executoren müssen bei ihren amtlichen Verrichtungen den empfangenen schriftlichen Auftrag bei sich führen und dem Schuldner auf Verlangen vorzeigen.

Ihre amtlichen Verhandlungen und Anzeigen haben insoweit, als sie sich auf die ihnen übertragene Einziehung der Gefälle beziehen, bis zum Beweise des Gegentheils vollen Glauben. Die Executoren müssen eidlich verpflichtet werden.

§. 5.

Die Einleitung des Zwangs-Verfahrens kann sofort nach Ablauf der gesetzlich feststehenden oder den Schuldnern besonders bekannt gemachten Zahlungs-Termine stattfinden.

§. 6.

An denjenigen Tagen, an welchen nach gesetzlicher Vorschrift Amtshandlungen der Behörden und einzelner Beamten nicht verrichtet werden sollen, darf kein Executionsakt vorgenommen werden, ebensowenig gegen Juden am Sabbath und an jüdischen Festtagen.

Während der Saat- und Erndtezeit (oder der Weinlese) dürfen gegen Personen, welche sich mit der Landwirthschaft (oder dem Weinbau) beschäftigen, Executionen nur, wenn Gefahr im Verzuge ist, eingeleitet, fortgesetzt und ausgeführt werden.

Für die Saat werden im Frühjahre und Herbst jedesmal vierzehn Tage, für die Erndte vier Wochen in derjenigen Jahreszeit, in welcher nach der Oertlichkeit Saat und Erndte hauptsächlich zu fallen pflegen, freigelassen.

§. 7.

Bei der Executions-Vollstreckung gegen aktive Militair-Personen und pensionirte Officiere sind die über die vorherige Benachrichtigung der competenten Militair-Behörde und über die Executions-Vollstreckung in Kasernen oder anderen zu demselben Zweck bestimmten Dienstgebäuden bestehenden allgemeinen Vorschriften zu beobachten.

§. 8.

Mahnung u. Executions-Ankündigung.

Vor Vollstreckung der Execution muß jeder Schuldner durch einen von der im §. 2. bezeichneten Behörde auszufertigenden Mahnzettel aufgefordert werden, die darin speciell verzeichneten Rückstände binnen acht Tagen einzuzahlen, widrigenfalls zur Pfändung oder zu andern zulässigen Zwangsmitteln werde geschritten werden.

§. 9.

Zu diesem Behuf werden dem mit der Zwangs-Vollstreckung beauftragten Beamten (Executor) die ausgefertigten Mahnzettel nebst einem mit der schriftlichen Anweisung zur Mahnung versehenen und von der betreffenden Behörde vollzogenen Verzeichnisse der anzumahnenden Schuldner und ihrer Rückstände (Restenverzeichnisse) übergeben. Der Executor muß jeden Mahnzettel dem Schuldner selbst oder einem erwachsenen Familiengliede oder Hausgenossen desselben behändigen und, wie solches geschehen, unter Angabe des Namens desjenigen, dem der Zettel zugestellt worden, und des Tages der Behändigung in dem Mahnzettel und dem Restverzeichnisse bescheinigen.

Diejenigen Mahnzettel, deren Annahme verweigert wird, oder deren Behändigung wegen Abwesenheit der vorgedachten Personen nicht bewirkt werden kann, hat der Executor an die Haus- oder Stubenthüre des Schuldners anzuheften. Die achttägige Frist wird in diesem Falle von dem Tage an gerechnet, an welchem der Executor die Mahnzettel angeheftet hat.

§. 10.

Execution, verschiedene Arten der Zwangsmittel.

Nach Ablauf der achttägigen Frist sind, wegen der alsdann noch verbliebenen Rückstände an Abgaben und Mahngebühren, die gesetzlichen Zwangsmittel anzuwenden. Diese sind:

a) die Pfändung;
b) die Beschlagnahme der Früchte auf dem Halme, so wie der gewonnenen Producte oder Fabrikate auf den Berg- und Hüttenwerken;
c) die Beschlagnahme der ausstehenden Forderungen;
d) die Sequestration und Verpachtung nach Maaßgabe der Allerhöchsten Ordre vom 31. December 1825. §. 12. Litt. b. (G. S. von 1826. S. 12.)
e) die Subhastation.

Die Sequestration und Verpachtung, sowie die Subhastation der Grundstücke, Berg- oder Hüttenwerke des Schuldners darf nur in dem Falle, wenn auf andere Weise keine Zahlung zu erlangen ist, veranlaßt werden.

Die Anwendung der übrigen Zwangsmittel ist gleichzeitig zulässig, in der Regel muß jedoch zunächst die Pfändung und nöthigenfalls die Beschlagnahme der Früchte auf dem Halm vorgenommen werden.

§. 11.

Pfändung.

Die Pfändung darf nur auf den Grund eines von der das Zwangsverfahren leitenden Behörde ausgefertigten Pfändungsbefehls vorgenommen werden. Kraft desselben ist der Executor befugt, die im Besitze des Schuldners befindlichen pfändbaren beweglichen Sachen, ingleichen die Früchte auf dem von dem Schuldner benutzten Grundstücke in Beschlag zu nehmen.

§. 12.

Von der Pfändung sind ausgeschlossen:

a) die für den Schuldner, seine Ehefrau und seine bei ihm lebenden Kinder und Eltern nach ihrem Stande unentbehrlichen Betten, Kleidungsstücke und Leibwäsche, so wie die Betten für das Gesinde und das zur Wirthschaft unentbehrliche Haus- und Küchengeräthe;
b) ein zum Heizen und Kochen bestimmter Ofen;
c) bei Künstlern und Handwerkern die zur Fortsetzung ihrer Kunst und ihres Gewerbes erforderlichen Werkzeuge und andern Gegenstände mit der in dem Gewerbesteuergesetze vom 30. Mai 1820. §. 35. (G.S. von 1820. S. 147.) vorgeschriebenen Maaßgabe;
d) bei Personen, welche Landwirthschaft betreiben, das hierzu nöthige Geräthe, Vieh und Feldiventarium, der nöthige Dünger, so wie das bis zur nächsten Erndte erforderliche Brot-, Saat- und Futter-Getreide;
e) bei Militair- und Civil-Beamten die zur Verwaltung ihres Dienstes erforderlichen Bücher, das unentbehrlichste Hausgeräth, Betten, anständige Kleider und Wäsche, welche auch den pensionirten Beamten und Militairpersonen zu belassen sind;
f) das Mobiliar diensthuender Officiere, Unterofficiere und Gemeinen und aller übrigen diensthuenden Personen des Soldatenstandes, welches sich an dem Garnisonorte derselben befindet, ingleichen das Mobiliar der mit Inactivitätsgehalt entlassenen oder mit Pension zur Disposition gestellten Officiere, an ihrem Wohnorte. Geldwerthe Papiere, baares Geld, Schaumünzen, Juwelen und Kleinodien sind von der Pfändung nicht ausgenommen.

§. 13.

Gegen die Pfändung kann sich der Schuldner nur schützen, wenn derselbe entweder:

a) die vollständige Berichtigung der beizutreibenden Summe durch Quittungen oder Vorlegung eines Postscheins sofort nachweist, oder
b) eine Fristbewilligung der competenten Behörde vorzeigt, oder aber
c) zur Abführung der beizutreibenden Summe und Bezahlung der Executionskosten sogleich bereit und im Stande ist.

In diesem letzten Falle, so wie in dem Falle, wenn der Schuldner einen Theil seiner Schuld sofort abtragen will, muß die abzuführende Summe in Gegenwart des Executors verpackt und unter der Adresse des Erhebungsbeamten zur Post befördert, oder dem Ortsvorstande zur weitern Beförderung übergeben werden.

An den Executor dürfen keine Zahlungen, selbst nicht für Executionskosten geleistet werden; die Schuldner haben Dasjenige, was an diesen gezahlt ist, bei etwaiger Nichtablieferung noch einmal zu entrichten.

§. 14.

Die Pfändung selbst wird in der Art bewirkt, daß der Executor von den vorhandenen pfändbaren Gegenständen einen zur Deckung der beizutreibenden Summe und der Executionskosten nach seinem Ermessen hinreichenden Betrag in Beschlag nimmt und sicher stellt, und zwar zunächst diejenigen Gegenstände, welche am leichtesten transportirt und veräußert werden können. Der Schuldner ist, nachdem ihm der Pfändungsbefehl vorgelegt worden, verpflichtet, seine Effecten und Habseligkeiten vorzuzeigen, und zu dem Ende seine Wohnungs- und andere Räume, so wie die darin befindlichen Behältnisse zu öffnen. Auch Sachen, welche angeblich dritten Personen gehören, müssen in Ermangelung anderer tauglicher Pfandstücke in Beschlag genommen und die angeblichen Eigenthümer mit ihrem Anspruch an die Behörde, von welcher der Pfändungsbefehl ausgegangen ist, verwiesen werden.

§. 15.

Sachen, welche auf das Andringen anderer Gläubiger bereits gepfändet worden, sind nur in Ermangelung anderer tauglicher Pfandstücke durch Anlegung eines Super-Arrestes mit Beschlag zu belegen. Dies geschieht in der Art, daß der Executor den etwa angelegten Siegeln sein Amtssiegel beifügt, und dem Schuldner oder dem etwa bestellten Verwahrer eröffnet, daß die Pfandstücke für die Behörde, von der er seinen Auftrag erhalten, gleichfalls in Beschlag genommen seien.

Der Behörde, auf deren Verfügung die frühere Pfändung stattgefunden, ist die Anlegung des Super-Arrestes anzuzeigen; dieselbe ist gehalten, den Verkauf der Pfandstücke möglichst zu beschleunigen, auch der Behörde, die den Super-Arrest hat anlegen lassen, den Verkaufs-Termin bekannt zu machen und darauf zu sehen, daß beide Forderungen, nämlich diejenige,

wegen welcher zuerst die Execution vollstreckt,

und diejenige,

wegen welcher später der Super-Arrest angelegt ist,

aus dem gelösten Kaufgelde nach der gesetzlichen Ordnung befriedigt werden.

Findet der Verkauf nicht statt, so dürfen die Pfandstücke nur mit Genehmigung der Behörde, in deren Auftrag der Super-Arrest angelegt worden ist, freigegeben werden.

§. 16.

Bei der Pfändung ist die Zuziehung des Ortsvorstandes, eines oder mehrerer Gemeine- oder Polizei-Beamten, oder zweier unbescholtener Männer nur dann erforderlich:

a) wenn der Schuldner zu der Zeit, da die Pfändung vorgenommen werden soll, sich entfernt hat,
b) wenn den Anordnungen des Executors wegen Oeffnung der Wohnungsräume ꝛc. keine Folge gegeben, oder ihm thätlicher Widerstand geleistet wird.

In Gegenwart der obgedachten Personen kann die Pfändung nöthigenfalls mit Gewalt vorgenommen werden.

Ist der Widerstand auch auf diesem Wege nicht zu beseitigen, so muß der Executor davon der Behörde, in deren Auftrage er handelt,

Anzeige machen, diese aber das Erforderliche wegen der dem Executor zu gewährenden Hülfe nach den hierüber bestehenden Gesetzen veranlassen.

§. 17.

Abgepfändete baare Gelder und auf jeden Inhaber lautende Papiere müssen, wenn die Kasse sich nicht am Orte selbst befindet, von dem Executor in Gegenwart des Schuldners, oder der bei der Pfändung zugezogenen Personen verpackt und unter der Adresse des Kassenbeamten zur Post befördert oder dem Ortsvorstande, der zur Annahme und weiteren Beförderung verpflichtet ist, übergeben werden.

Andere Gegenstände sind bis zu deren Versteigerung dem Schuldner gegen das Versprechen, für deren Aufbewahrung zu sorgen, und unter Verweisung auf die Strafen der Vereitelung der Pfändung zu belassen.

Nur bei Unzuverlässigkeit des Schuldners sind die gepfändeten Sachen einem zahlungsfähigen Gemeinemitgliede oder dem Ortsvorstande zur Aufbewahrung zu übergeben.

Werden Sachen, deren Benutzung ohne Verbrauch nicht möglich ist, nach stattgefundener Pfändung in der Wohnung des Schuldners belassen, so sind solche, so weit es nach den Umständen geschehen kann, gegen fernere Benutzung Seitens des Schuldners durch Verschließung und Versiegelung sicher zu stellen.

§. 18.

Ueber den Hergang bei der Pfändung muß der Executor an Ort und Stelle eine Verhandlung aufnehmen, und solche nicht nur selbst unterschreiben, sondern auch von dem Schuldner oder dessen Stellvertreter und allen bei der Pfändung zugezogenen Personen unterschreiben lassen, oder aber den Grund der fehlenden Unterschriften vermerken.

Der Executor muß zugleich den Schuldner nochmals zur Zahlung der Rückstände mit dem Bedeuten auffordern, daß, wenn solche nicht geleistet werden sollte, an dem von ihm, in der Regel sofort zu bestimmenden Tage zum Verkaufe der Pfandstücke geschritten werden würde.

Dem Schuldner, so wie Demjenigen, dem die gepfändeten Sachen etwa in Verwahrung gegeben sind, ist auf Verlangen von dem Executor sofort eine Abschrift des Pfändungsprotocolls mitzutheilen und, wie solches geschehen, in diesem zu bemerken.

Die Aufnahme einer Verhandlung ist auch dann erforderlich, wenn bei dem Schuldner keine pfändbaren Gegenstände vorgefunden sind.

§. 19.

Hinsichtlich der Bestrafung der Handlungen, durch welche eine im Verwaltungswege bewirkte Pfändung beweglicher Sachen vereitelt wird, behält es bei der Bestimmung des §. 272. des Strafgesetzbuchs vom 14. April 1851. sein Bewenden.

§. 20.

Verkauf der abgepfändeten Sachen.

Nach Ablauf einer vom Tage der vollzogenen Pfändung an zu rechnenden vierzehntägigen Frist ist, wenn inzwischen keine Zahlung erfolgt, und keine Eigenthumsansprüche Dritter rechtzeitig angemeldet und bescheinigt worden sind, der öffentliche Verkauf der abgepfändeten Sachen von dem Beamten, von welchem die Execution angeordnet worden ist, durch eine unter das Pfändungsprotocoll zu setzende schriftliche Verfügung an dem in dem Protocoll schon bestimmten Termine anzuordnen. Die Anordnung eines früheren Verkaufstermins ist auch ohne Einwilligung des Schuldners zulässig, wenn die abgepfändeten Sachen dem Verderben unterworfen sind, oder in der Behausung des Schuldners wegen dessen Unzuverlässigkeit nicht belassen, anderweitig aber nur gegen unverhältnißmäßig hohe Kosten untergebracht werden können. Der Verkaufstermin ist jedoch auch in diesem Falle nicht unter acht Tagen zu bestimmen (§. 21.) und der Schuldner vorher davon zu benachrichtigen.

§. 21.

Dritte Personen, welche auf die abgepfändeten Sachen Eigenthumsansprüche haben, müssen diese, ohne Unterschied, ob sie bei der Pfändung angemeldet worden sind, oder nicht, binnen acht Tagen nach Bekanntmachung des Verkaufstermins bei der Behörde, von welcher die Pfändung angeordnet worden, unter Vorlegung oder Angabe der Titel, worauf sie sich gründen, bescheinigen. Wird der Anspruch nicht bescheinigt, so behält der Verkauf seinen Fortgang; ist aber eine Bescheinigung beigebracht, so ist nach Befinden der Umstände die Freigebung der Sachen zu veranlassen oder der angebliche Eigenthümer durch eine schriftliche Verfügung zum Rechtswege zu verweisen.

§. 22.

Sollten andere Gläubiger des Schuldners ein Vorzugsrechts vor der öffentlichen Kasse, in deren Interesse die Pfändung geschehen ist, behaupten, so darf der Verkauf der abgepfändeten Sachen dieserhalb niemals ausgesetzt, den Gläubigern muß vielmehr überlassen werden, ihr vermeintliches Vorrecht auf das Kaufgeld geltend zu machen.

Eben so müssen dann, wenn die auf Andringen anderer Gläubiger gepfändeten Sachen auf Antrag dieser Gläubiger verkauft worden sind, die bestrittenen Vorrechte der öffentlichen Kasse für die rückständigen Abgaben und Gefälle auf das Kaufgeld geltend gemacht werden.

§. 23.

Die Abhaltung des Verkaufes muß in der Regel durch den Executor auf dem Marktplatze oder in einem andern, Jedem zugänglichen und zur Auktion geeigneten Lokale des Orts, wo die Pfändung stattgefunden, geschehen. Es bleibt jedoch dem Beamten, welcher die Einleitung des Zwangsverfahrens angeordnet hat, unbenommen, den Exekutor bei dem Verkaufe, sowie bei der Pfändung, zu beaufsichtigen und zu leiten, und deshalb bei diesem Executionsakt gegenwärtig zu sein.

Es können dem Executor zu diesem Zwecke auch andere Beamte beigegeben werden.

Auch steht es dem die Execution leitenden Beamten frei, den Verkauf durch die Ortspolizeibehörde bewirken zu lassen.

Verspricht der Verkauf an einem benachbarten Orte eine vortheilhaftere Versilberung der Pfandstücke, ohne die Transportkosten unverhältnißmäßig zu vermehren, so ist dieser anzuordnen.

Der Verkauf in der Behausung des Schuldners ist nur dann nachzugeben, wenn nicht ohne Verwendung bedeutender Kosten der Verkauf anderswo auszuführen ist.

§. 24.

Der Verkaufstermin muß spätestens acht Tage vorher durch Ausruf oder Anschläge öffentlich bekannt gemacht werden. Ersterer kann später noch wiederholt werden.

Haben die in demselben Termin zu versteigernden Gegenstände zusammen einen Werth von mindestens fünfzig Thalern, so muß die Bekanntmachung auch durch die öffentlichen Blätter des Orts, wo der Verkauf stattfinden soll, oder, wenn daselbst keine solche Blätter erscheinen, durch die eines zunächst belegenen Ortes erfolgen. Noch andere Arten der Bekanntmachung, als die vorgeschriebenen, können veranlaßt werden, wenn die Behörde, welche das Zwangsverfahren betreibt, solche angemessen findet, oder der Schuldner rechtzeitig darauf anträgt und die erforderlichen Kosten bezahlt. Kann der Verkauf nicht in dem im Pfändungsprotocolle anberaumten Termine abgehalten werden, so ist der anderweitige Verkaufstermin dem Schuldner und dem Verwahrer der abgepfändeten Sachen besonders bekannt zu machen.

§. 25.

Bei der Versteigerung werden die Pfandstücke, soweit es thunlich ist, in der Regel einzeln ausgeboten und nach dreimaligem Ausruf dem Meistbietenden zugeschlagen. Die zugeschlagenen Pfandstücke dürfen nur gegen baare Bezahlung verabfolgt, und müssen, wenn solche vor dem Schlusse des Termins nicht erfolgt, anderweit ausgeboten werden. Der erste Käufer haftet in diesem Falle für den Ausfall, welcher von ihm für Rechnung der das Zwangsverfahren betreibenden Behörde sofort durch Execution nach Vorschrift dieser Ordnung beigetrieben werden kann.

Der Ortsvorstand oder ein von diesem bezeichneter Gemein- oder Polizeibeamter ist bei dem Verkaufe zuzuziehen.

Dieser Beamte sowohl, als derjenige, auf dessen Betreiben das Zwangsverfahren angeordnet ist, und der Executor dürfen auf die zu versteigernden Gegenstände weder selbst mitbieten, noch durch Andere für sich mitbieten lassen.

§. 26.

Die Versteigerung muß eingestellt und die noch unverkauften Pfandstücke müssen dem Schuldner zurückgegeben werden, sobald die eingegangenen Kaufgelder die für die beizutreibende Schuld und für sämmtliche Kosten hinreichende Deckung gewähren, oder die fehlende Summe baar eingezahlt wird.

Gewährt die Auctionslosung keine hinreichende Deckung, so kann die Fortsetzung des Executionsverfahrens dadurch abgewendet werden, daß vor Ablauf des Verkaufstermins eine hinreichende Zahl nicht abgepfändeter Sachen übergeben wird, um solche gleichfalls öffentlich auszubieten.

Der Beamte, welcher den Verkaufstermin abhält, ist zur Annahme aller Gelder, welche aus der Versteigerung eingehen, oder an demselben Tage auf die Rückstände angeboten werden, befugt, muß aber, wenn die Kasse, für welche das Zwangsverfahren stattgefunden, nicht am Orte ist und deshalb die Ablieferung an diese nicht sofort erfolgen kann, dieselben in Gegenwart des Schuldners oder der bei dem Verkaufe zugezogenen Personen verpacken und unter der Adresse des Kassenbeamten zur Post befördern oder dem Ortsvorstande zur weiteren Beförderung übergeben.

§. 27.

Ueber den Hergang der Versteigerung muß von den Beamten, welche dabei mitgewirkt haben, eine Verhandlung aufgenommen, und solche auch dem Schuldner, wenn derselbe gegenwärtig gewesen ist, zur Unterschrift vorgelegt werden.

§. 28.

Spätestens binnen acht Tagen nach der Versteigerung muß der Kassenbeamte dem Schuldner, welchem auf besonderes Verlangen eine Nachweisung über die Verwendung der Auctionslosung, nebst einer Abschrift der §. 27. gedachten Verhandlung mitzutheilen ist, den etwaigen Ueberschuß des eingegangenen Geldes durch den Executor zustellen lassen. Ist die Auctionslosung unzureichend, so ist dem Schuldner zugleich die Fortsetzung des Executionsverfahrens mit dem Bedeuten anzukündigen, daß bei unterbleibender Berichtigung des Rückstandes, nach Ablauf von acht Tagen, zu einer abermaligen Pfändung oder zu andern Zwangsmitteln geschritten werden würde.

§. 29.

Von den §§. 20. bis 26. aufgestellten Regeln finden nachstehende Ausnahmen statt:

a) Geldwerthe, auf jeden Inhaber lautende Papiere sind, wenn nicht binnen acht Tagen nach der Beschlagnahme Eigenthumsansprüche von Dritten angemeldet worden sind, an die Regierungs-Hauptkasse zur Versilberung einzusenden.

b) Ausgedroschenes Getreide, Heu, Lebensmittel und andere Gegenstände, welche einen gemeinen Marktverkehr haben, können mit Zustimmung des Schuldners, ohne vorherige Versteigerung und Bekanntmachung an Ort und Stelle, für den letzten Marktpreis verkauft, oder aber, wo möglich mit dem Gespann des Schuldners, auf den nächsten Markt gefahren und daselbst versilbert werden.

c) Goldene und silberne Geräthe dürfen nicht unter ihrem Gold- oder Silberwerthe zugeschlagen werden, Kleinodien und Kunstsachen nicht unter dem Preise, zu welchem sie von Kunstverständigen abgeschätzt sind. Diese Gegenstände sind erforderlichenfalls zur Versteigerung nach dem Hauptorte des Regierungsbezirks, oder einer andern großen Stadt, zu versenden.

§. 30.

Beschlagnahme der Früchte auf dem Halme.

Früchte auf dem Halme dürfen nur in den letzten sechs Wochen vor der gewöhnlichen Reife und nur dann in Beschlag genommen werden, wenn sich keine andere taugliche und sicher aufzubewahrende Pfandstücke vorfinden. Ein Drittel der Erndte jeder Fruchtgattung ist von der Beschlagnahme frei zu lassen.

Von der beabsichtigten Beschlagnahme muß dem Schuldner oder seinen Angehörigen mit der Aufforderung, dabei gegenwärtig zu sein, Nachricht gegeben werden. Die Beschlagnahme wird demnächst in der Art vollzogen, daß der Executor die Felder, auf welchen die abzupfändenden Früchte stehen, der Obhut des Gemeine-Feldhüters oder eines anderen Wächters überweiset und über den Hergang eine Verhandlung aufnimmt, von welcher dem Feldhüter oder Wächter, sowie dem Schuldner, auf Verlangen, Abschrift zu ertheilen ist.

Im Uebrigen kommen die Vorschriften §§. 11. bis 27. zur Anwendung.

§. 31.

Beschlagnahme ausstehender Forderungen des Schuldners.

Die Beschlagnahme ausstehender, von dem Arreste gesetzlich nicht befreiter Forderungen oder bei einem Dritten befindlicher Sachen des Schuldners erfolgt, mit der Wirkung einer gerichtlichen Beschlagnahme, ohne daß es einer Erklärung über die Gültigkeit des Arrestes bedarf, durch eine schriftliche Verfügung des die Execution leitenden Beamten, durch welche der Dritte zur Einzahlung der schuldigen Summe an die Kasse oder zur Aushändigung der schuldigen Sachen an den Executor zum Zweck des öffentlichen Verkaufs angewiesen wird. Der Schuldner muß von der Beschlagnahme durch Zustellung einer Abschrift der Verfügung und des darüber aufgenommenen Zustellungsvermerks mit der Aufforderung benachrichtigt werden, die über die Schuld vorhandenen Urkunden, bei Vermeidung der zulässigen Zwangsmittel, dem Executor auszuantworten. Die Zustellung der Beschlagnahme-Verfügung und die Benachrichtigung des Schuldners muß durch den Executor bewirkt und, wie solches geschehen, von diesem auf dem Concepte jener Verfügung bescheinigt werden.

Die Handlungen, welche der Dritte nach Empfang der die Beschlagnahme anordnenden Verfügung in Ansehung der mit Beschlag belegten Summen oder Sachen zum Nachtheil der Kasse vornimmt, werden in Bezug auf die letztere dergestalt als nicht geschehen angesehen, daß der Dritte zur Zahlung der schuldigen Summe und Auslieferung der schuldigen Sachen oder ihres Werths der Kasse verpflichtet bleibt. Der Schuldner muß dagegen nicht nur jede in Folge der Beschlagnahme zum Besten jener Kasse geleistete Zahlung oder geschehene Auslieferung anerkennen, sondern sich auch jeder Cession, Verpfändung oder anderweiten Disposition über die in Beschlag genommenen Summen oder Sachen enthalten.

Bei verweigerter Zahlung oder Ausantwortung der in Beschlag genommenen Summen oder Sachen ist der die Execution anordnende

Beamte durch eine Verfügung der betreffenden Aufsichtsbehörde (Regierung, Generalcommission, des Provinzial-Steuer-Directors ꝛc.) zur Klage gegen den Dritten zu ermächtigen. Diese Ermächtigung vertritt die Stelle einer Seitens des Schuldners ertheilten Anweisung und Vollmacht zur Klage; der mit Anstellung der Klage beauftragte Beamte muß jedoch den Schuldner zur Theilnahme an dem zu führenden Processe gerichtlich auffordern lassen.

§. 32.

Besteht die Forderung des Schuldners in Renten, deren Uebereignung nach dem Gesetze vom 4. Juli 1822 (G. S. von 1822. S. 178.) zulässig ist, so kann der das Zwangsverfahren leitende Beamte bei der Aufsichtsbehörde die Uebereignung der Renten in der dafür gesetzlich vorgeschriebenen Form in Antrag bringen.

§. 33.

Die Beschlagnahme von Besoldungen und Pensionen erfolgt durch ein auf Innebehaltung und Abführung des schuldigen Betrages gerichtetes Requisitionsschreiben des Beamten, der die Execution anordnet, an diejenige Kasse oder Behörde, bei welcher die Besoldung oder Pension zu erheben ist. Von dem Requisitionsschreiben, welches die Wirkung einer gerichtlichen Beschlagnahme hat, muß dem Schuldner Nachricht gegeben werden.

§. 34.

Subhastation der Grundstücke.

Die Sequestration und Verpachtung, sowie die Subhastation von Grundstücken des Schuldners, ist nur mit Genehmigung der im §. 31. bezeichneten Behörde zulässig. Die Sequestration und Subhastation muß alsdann bei dem competenten Gerichte in Antrag gebracht werden.

§. 35.

Execution gegen Forensen.

Zwangsmaaßregeln, welche in einem anderen Empfangsbezirke zur Ausführung gebracht werden müssen, als demjenigen, in welchem die Zahlung zu entrichten ist, sind durch Requisition der betreffenden Behörde zu bewirken.

§. 36.

Kosten des Executionsverfahrens.

Die Kosten des Executionsverfahrens sind nach dem angehängten Tarif, unter Beachtung der nachstehenden näheren Bestimmungen zu liquidiren:

a) Die Gebührencolonne wird durch den Gesammtbetrag der Abgabenreste und rückständigen Kosten eines jeden einzelnen Schuldners bestimmt, auf welche die betreffende Verfügung lautet.

b) Nach dem Beginnen eines Executionsactes müssen, sofern in dem Tarife selbst nicht ein Anderes bestimmt ist, die vollen Gebühren bezahlt werden, auch wenn der Act wegen inzwischen eingetretener Zahlung, Ausstandsbewilligung, oder aus anderen Gründen nicht zur Ausführung gekommen ist.

c) Die Executionsgebühren müssen, auch wenn der Executor mehrere Executionsacte in derselben Gemeine zu gleicher Zeit vorgenommen hat, von jedem Schuldner besonders entrichtet werden. Die Kosten für die öffentliche Bekanntmachung und den Verkauf der abgepfändeten Sachen werden jedoch, wenn mehrere Massen zusammengenommen werden, nur einmal nach der Gesammtsumme entrichtet und unter die dabei betheiligten Schuldner nach Verhältniß des aus jeder Masse gewonnenen Erlöses vertheilt.

d) Bei Vertheilung der Transportkosten und anderer baarer Auslagen, welche mehrere Schuldner gemeinschaftlich zu tragen haben, muß der das Zwangsverfahren betreibende Beamte auf den Werth der Gegenstände, ihren Umfang, ihre Schwere und die sonst obwaltenden Umstände billige Rücksicht nehmen.

e) Neben den tarifmäßigen Gebühren finden besondere Reise- und Zehrungskosten unter keinen Umständen statt.

f) Die Gebühren der nach §. 29. litt. c. zuzuziehenden Sachverständigen werden nach der gerichtlichen Gebührentaxe bestimmt.

Das Staatsministerium ist ermächtigt, eine Revision und anderweitige Festsetzung des Tarifs im Ganzen, oder für einzelne Landestheile vorzunehmen.

§. 37.

Die Gebühren des Executors und alle andern Executionskosten werden von dem das Verfahren betreibenden Beamten aus den durch den Verkauf der abgepfändeten Sachen oder anderweit eingehenden Geldern gezahlt. Bei Unzulänglichkeit dieser Gelder werden aus denselben zunächst die Gebühren des Executors berichtigt, die übrigen Executions-Kosten aber, so weit sie nicht gedeckt werden, auf die dazu geeigneten öffentlichen Fonds übernommen, oder von derjenigen Behörde eingezogen, für welche die Execution stattgefunden hat.

§. 38.

Alle bisherige Vorschriften über Gegenstände dieser Verordnung werden hierdurch aufgehoben.

§. 39.

Die zur Ausführung gegenwärtiger Verordnung erforderlichen Anordnungen haben die betheiligten Ministerien gemeinschaftlich zu erlassen.

Urkundlich unter Unserer Höchsteigenhändigen Unterschrift und beigedrucktem Königlichen Insiegel.

Gegeben Berlin, den 30. Juli 1853.

(L. S.) Friedrich Wilhelm.

v. Manteuffel. v. d. Heydt. Simons. v. Westphalen. v. Bodelschwingh.

In Vertretung: v. Wangenheim.

Executions-Gebühren-Tarif.

	bis 1 rtlr. einschl.		1 bis 5 rtlr. einschl.		5 bis 50 rtlr. einschl.		über 50 rtlr.		
	sgr.	pf.	sgr.	pf.	sgr.	pf.	rtlr.	sgr.	pf.
A. Gebühren des Executors.									
1) Für die Mahnung	1	—	2	—	4	—	—	7	6
2) Für die Pfändung u. Sicherstellung der gepfändeten Sachen, sowie für Anlegung eines Superarrestes	4	—	8	—	16	—	1	—	—
In dem §. 13. gedachten Falle werden, wenn es zu keiner Pfandziehung kommt, nur die halben Gebühren entrichtet. Dieselben Gebühren passiren für die Freigebung abgepfändeter Sachen, sofern dieselbe nicht bei Gelegenheit eines andern Executionsakts vorgenommen wird.									
3) Für die Anfertigung und Anheftung der Anschläge, sowie für Bewirkung des Ausrufs . .	2	—	2	—	4	—	—	7	6
4) Für die Versteigerung	4	—	8	—	16	—	1	—	—
5) Für die Zustellung eines Zahlungsbefehles an den Schuldner des Abgabenpflichtigen und die Benachrichtigung des letzteren, sowie für jede sonstige Zustellung	2	—	4	—	12	—	—	20	—
6) Für jede Abschrift von einem Pfändungs-, Auctions- oder anderen Protocoll	—	6	—	6	—	6	—	—	6
B. Andere Kosten.									
7) Gebühren der bei einer Pfändung zugezogenen Zeugen	2	—	2	—	4	—	—	5	—
8) Gebühren des Aufbewahrers von Mobiliar-Effecten, täglich	1	—	2	—	3	—	—	5	—
9) Gebühren des Hüters von Früchten auf dem Halme, täglich	1	—	2	—	3	—	—	5	—
Zu 8. und 9. werden, wenn die Aufbewahrung oder Obhut länger als acht Tage dauert, von dem neunten Tage an nur die halben Gebühren bewilligt.									
Die Gebühren können dagegen, wenn mehr als zehn zerstreut liegende Parzellen zu beaufsichtigen sind, um die Hälfte, und wenn mehr als zwanzig zerstreut liegende Parzellen zu beaufsichtigen sind, um das Doppelte erhöht werden.									

Gegeben Berlin, den 30. Juli 1853.

Friedrich Wilhelm.

v. Manteuffel. v. d. Heydt. Simons. v. Westphalen. v. Bodelschwingh.
In Vertretung: v. Wangenheim.

Inhalts-Verzeichniß.

Druck von Robert Nischkowsky in Breslau.

Kolibri 360 GmbH
Ferdinand-Jühlke-Straße 7
99095 Erfurt, Deutschland
produktsicherheit@kolibri360.de